北京联合大学学术著作出版基金资助

秦汉时期
士人犯罪研究

吕红梅　著

人民出版社

责任编辑:邵永忠
封面设计:杨林楠

图书在版编目(CIP)数据

秦汉时期士人犯罪研究/吕红梅 著. -北京:人民出版社,2012.6
ISBN 978 - 7 - 01 - 010699 - 1

Ⅰ.①秦⋯   Ⅱ.①吕⋯   Ⅲ.①士-犯罪-研究-中国-秦汉时代
   Ⅳ.①D924.02

中国版本图书馆 CIP 数据核字(2012)第 027910 号

秦汉时期士人犯罪研究

QINHAN SHIQI SHIREN FANZUI YANJIU

吕红梅 著

人民出版社 出版发行
(100706 北京朝阳门内大街166 号)

北京集惠印刷有限责任公司印刷 新华书店经销

2012 年 6 月第 1 版 2012 年 6 月北京第 1 次印刷
开本:710 毫米×1000 毫米 1/16 印张:11.5
字数:210 千字 印数:0,001-2,000 册

ISBN 978 - 7 - 01 - 010699 - 1 定价:28.00 元

邮购地址 100706 北京朝阳门内大街166 号
人民东方图书销售中心 电话 (010)65250042 65289539

目　录

绪　论

第一节　选题缘起

史学界关于秦汉史的研究成果多若星辰。专家学者们从政治、经济、文化等各方面对秦汉史进行了研究，如20世纪80年代有熊铁基先生《秦汉新道家论稿》（上海人民出版社，1984年）；安作璋先生、熊铁基先生《秦汉官制史稿》（齐鲁书社，1984年）；黄留珠先生《秦汉仕进制度》（西北大学出版社，1985年）；张传玺《秦汉问题研究》（北京大学出版社，1985年），等等。

近年来的著作也很多，如关健英《先秦秦汉德治法治关系思想研究》，（人民出版社，2011年）；万昌华《秦汉以来地方行政研究》（齐鲁书社，2010年）；吕亚虎《战国秦汉简帛文献所见巫术研究》（科学出版社，2010年）；徐卫民《秦汉历史文化研究》（中国社会科学出版社，2010年）；王爱清《秦汉乡里控制研究》（山东大学出版社，2010年）；贾丽英《秦汉家族犯罪研究》（人民出版社，2010年）；阎盛国《秦汉招降战略战术研究》（人民出版社，2010年）等。

在众多秦汉史研究者中，研究秦汉法制史的也大有人在。20世纪80年代以来，中国法制史的研究获得了长足发展，逐渐形成了以法律制度史、法律思想史、法律传统为主的研究格局。其中，秦汉法制史的研究更是成果显著，主要包括栗劲的《秦律通论》、曹旅宁《秦律新探》、高恒《秦汉法制史论考》、孔庆明《秦汉法律史》、张景贤《汉代法制史》等。此外还有日本学者大庭修的《秦汉法制史研究》、堀毅的《秦汉法制史论考》等。张晋藩主编的十卷本《中国法制通史》中有"秦汉卷"，可以看作是对20年来秦汉法制史研究的一个总结。1992年出版的俞荣根的《儒家法思想通论》是法律思想方面的专著，该书重点对战国秦汉时期的儒家法律思想进行了探讨。1999年，张国华主编了十三卷本的《中国法律思想通史》，其中的"秦汉卷"对20年来秦汉法律思想史的研究进行了总结。

法律制度史和思想史的研究注重的是社会的大方面，其中也涉及了对历史上法律制度的状态和历史沿革、某些杰出人物的法律思想的研究，但法律对社会某些阶层的执行情况和产生的影响等问题的研究却不充分。这也是一个值得研究和探讨的问题。法律制度是为了控制犯罪而设立的，社会的法律法规会随着犯罪状况的变化而变化，法律思想也可以认为是社会犯罪在思想家头脑中的反映。社会存在决定社会意识，社会犯罪是一切法律制度、法律思想出现的前提条件。所以说，研究犯罪也是认识社会法律制度、法律思想的一个重要方面，但众多秦汉法制史、思想史的研究者们却忽略了这个问题。

有鉴于此，研究秦汉社会的犯罪现象，一来可以在一定程度上解决秦汉法律制度和法律思想产生的本源问题，重现当时法律的真实执行情况及社会影响等；二来可以为现代社会的法律提供历史借鉴。马克思说："犯罪和现行统治都产生于相同的条件"[1]。考察当时历史条件下的社会犯罪现象可以更全面地再现封建社会的面貌以及人们的生存状况。所以秦汉社会的犯罪研究是非常有必要的。近年来，学界涌现了许多关于秦汉时期犯罪问题的研究成果，专著如张功《秦汉士人逃亡犯罪研究》（湖北人民出版社，2006年）；贾丽英《秦汉家族犯罪研究》（人民出版社，2010年）等。论文的数量更是众多。本书《秦汉时期士人犯罪研究》是针对秦汉时期士人阶层的犯罪进行研究，也是其中一个重要的方面。

秦汉时期是中国封建专制主义中央集权确立的时期。与先秦时期相比，此时期的政治环境有了根本性的变化。这种变化势必会影响到社会的各个阶层。士人，也可以说是知识分子，是封建社会的一个重要阶层，他们凭借自己所掌握的文化知识积极参政议政，与政治的关系极为密切，对王朝的兴衰存亡有着高度的责任感和使命感。他们是封建官僚的主体后备力量，是社会中比较活跃的阶层。历来研究者都比较重视对士人的研究，但大多数研究者将目光更多地投向了士大夫，即官僚阶层的研究。虽然两汉以察举、征辟为主体的选官制度在不断完善，但能通过这种途径为官的士人还是少数，朝廷吸纳的官僚数量也是有限的，大量不为官士人的行为还是比较值得探讨的。

---

[1] 《马克思恩格斯全集》第3卷，人民出版社1965年版，第379页。

第二节　学术史回顾

研究者对士人的关注较少或者说在研究时将士人和士大夫放在一起，实际上，士人同士大夫虽有很多共同之处，但其处境和地位的不同使他们的行为也有很大差异。另外，研究者对士人的研究多从文化、政治身份方面进行。相关专著如余英时的《士与中国文化》、于迎春的《秦汉士史》、阎步克的《士大夫政治演生史稿》、刘泽华的《士人与社会》（分为先秦卷和秦汉魏晋南北朝卷）等。有关士人研究的论文数量非常多，研究先秦士人的文章如郭杰《先秦"士"阶层的文化心态与历史命运》（《贵州文史丛刊》1991年第2期）；李德平《论中国古代知识分子的自觉意识：从春秋战国到魏晋南北朝》（《江苏社会科学》1994年第3期）；易思平《〈战国策〉士人种种》（《文史杂志》1996年第2期）；陈桐生《战国时期的价值观和士林文化心态》（《江汉论坛》1992年第7期），等等。秦汉士人研究的相关文章数量更多，这些文章从士人与政权、文化、社会的关系，士人自身的价值观念的演变等多个方面做了论述。如张华松《秦代的博士与方士》（《孔子研究》1999年第1期）；王长华《论秦国士人与政治之关系》（《河北学刊》1996年第3期）；邱少平《从"文景之治"看汉初知识分子的作用与特性》（《益阳师专学报》1993年第2期）；李伯齐《博士议论与两汉政治》（《管子学刊》1997年第1期）；魏良弢《中国历史上社会大动乱时期士人的价值取向》（《江海学刊》1998年第1期），等等（详细参见文后的参考论文）。从这些专著或文章中可以看出，对士人犯罪现象的研究相对欠缺，并且对士人犯罪的研究成果多集中在士大夫即官僚犯罪上面，关注的是为官的那部分士人的犯罪现象。官僚士大夫毕竟只是士人的一部分，所以他们的犯罪行为在一定程度上不能代表士人的犯罪，但两者有共同之处，可以相互借鉴。研究士大夫犯罪的专门著作为数不多，如安作璋《秦汉官吏法研究》对官僚犯罪进行了全面的研究，其他如《九朝律考》、《士人与社会》等也包含了很多士人犯罪的例子。

近年来，秦汉简牍的出土使秦汉法制史的研究成为一个热点问题，其中的一些研究成果对于研究士人犯罪提供了很有意义的材料和借鉴，对士人犯罪的研究不仅可以完善秦汉法制史的研究，还可以使士人的研究更为全面，再现当时社会中的士人生存状态和他们与统治者的冲突、矛盾以及在两者中共处的情况。列宁在《论民族自决权》中严肃地指出："在分析任何一个社会问题时，马克思列宁主义理论的绝对要求，就是把问题提到一定的历史范围之内。此外，如果谈到某一国家，那就要估计到在同一历史时代这个国家不同于其他各国的特点。"[1]秦汉时期的士人犯罪既带有封建社会士人犯罪的共性，也有其独特的时代特点，因此极具研究价值。

第三节　研究内容和方法

一、研究对象

翻开史书，官吏犯罪的例子比比皆是，历来研究者也是把目光更多地投向了他们。但是，官吏的后备军——士人也是非常值得关注的一个群体，他们的犯罪现象更是不可忽视。

秦朝的建立结束了春秋战国时期诸侯林立的局面，同时也使士人参与政治的出路骤然变得狭窄了。除了一部分可以为官，直接参与政治以外，其他很大一部分士人只能以在野的身份存在，他们对政治活动的干预一般是间接的，在忧国忧民的同时将入仕作为自己的奋斗目标。士人是官员的主要后备力量，但能够入仕者毕竟还是少数，绝大多数的士人一生都在为能够入仕而努力，只有少数的闲云野鹤甘愿隐居，不问世事。

笔者认为，在秦汉时期，士人是非常值得关注的一个群体。他们出于知识分子的本性，虽然不为官，但对政治的关心和狂热程度不亚于官僚。受先秦遗风以及两汉察举、征辟等选官制度的影响，他们势必会与统治者发生诸多的冲突和矛盾，导致犯罪。尤其是在乱世，即秦朝、西汉和东汉的末年，大批的士大夫因为时局的动荡和最高统治者的腐朽无能而隐居不仕，使士人人数比平时有所增加，即使他们的身份发生了变化，他们对时局的关心并未因为不仕而有所减退，他们以另外的方式干预政治，为挽救王朝的危亡做出种种努力。当他们的一些言行与腐朽的统治者发生冲突时，统治者为了自己所谓的权威和利

---

[1]　《列宁选集》第2卷，人民出版社1979年版，第512页。

益，便将士人们治罪。由此，治世、乱世时士人的犯罪问题及处罚的轻重各有不同。也就是说，士人犯罪与统治者的统治状况有直接的关系。

本书从两方面对犯罪主体进行了界定：一是泛指没有做官的知识分子，即采用了广义的士人定义；二是指士人曾为官，但在离职期间犯罪的一部分人。即本书的犯罪主体包括了士人当中不具备官僚身份的人，既有文士，也有武士。

二、定罪标准和研究方法

本书并不是单纯从刑法学或者犯罪学的定义来看待士人犯罪。因为在封建社会里，虽然制定了相对严密的法律，但是统治者并没有严格地按照法律来办事，尤其是没有单纯用法律的准绳来约束大臣，更多的是当权者（在政治清明时，这个主宰者一般是皇帝本人；在王朝后期政治昏暗的时候一般是外戚和宦官、权臣）用自己的意志来决定当事人犯罪与否。这在当时的犯罪判定中占有很大的比重。《史记·李斯列传》中记载君主"独制于天下而无所制"，也就是说皇帝一人可以超越法律之外，凌驾于法律之上，拥有对任何人、任何事施行任何一种刑罚的擅断权力。这也就是通常所说的"法外擅权"现象。

在汉代，皇帝的诏令越来越广泛地发挥着法律的效力，它可以修改、补充，甚至取消某些现行法规，成为封建社会立法的一种主要形式。西汉酷吏杜周断狱，只是依据皇帝的意旨，不顾原有的法律。"前主所是著为律，后主所是疏为令；当时为是，何古之法乎！"[1]酷吏张汤也是根据武帝的好恶审案。大司农颜异"以廉直稍迁至九卿。上与汤既造白鹿皮币，问异。异曰：'今王侯朝贺以苍璧，直数千，而其皮荐反四十万，本末不相称。'天子不说。汤又与异有隙，及人有告异以它议，事下汤治。异与客语，客语初令下有不便者，异不应，微反唇。汤奏当异九卿见令不便，不入言而腹非，论死。自是后有腹非之法比，而公卿大夫多谄谀取容。"[2]如此无中生有的罪名一般是得到皇帝的默许才能成立。武帝根据自己的意志给大臣治罪的现象比较突出，武帝时丞相李蔡、严青翟、赵周、公孙贺、刘屈氂皆因罪被杀；御史大夫赵绾、张汤、王卿、暴胜之、商丘成等因罪或下狱自杀，或被诛。这些人并非都是真的触犯了法律。太初二年，丞相石庆去世，武帝拜太仆公孙贺为丞相，公孙贺"不受印绶，顿首涕泣，曰：'臣本边鄙，以鞍马骑射为官，材诚不任宰相。'上与

---

[1] 《汉书·杜周传》，中华书局1962年版，第2659页。
[2] 《汉书·食货志》，第1168页。

左右见贺悲哀，感动下泣，曰：'扶起丞相。'贺不肯起，上乃起去，贺不得已拜。出，左右问其故，贺曰：'主上贤明，臣不足以称，恐负重责，从是殆矣。'"[1]公孙贺之妻是卫皇后的姐姐，他本人又多次随卫青出击匈奴，以功封侯。他不愿为丞相，显然是深知武帝之为人。后仅数年，公孙贺被其子案所牵连，父子死狱中，并被灭族。武帝为他编织的罪名很多，但其实只不过是卫氏势衰，武帝开始翦除其羽翼而已。在王朝末年，皇帝或权臣的意志就成了法律之外的第二个定罪标准。

在秦汉时代，皇帝的法外擅权行为影响了"犯罪"的定义。对官僚来说是如此，对士人当然也不例外。因此，用犯罪学或刑法学上的犯罪定义来理解或框定本书的犯罪未免有些偏颇。历经秦朝、西汉、东汉三朝，封建专制主义中央集权逐渐完善，士人犯罪的类型也有所变化，明显的趋势就是犯罪类型逐渐多样化。秦朝的记载相对少一些，两汉士人的犯罪类型就比较多样化了，处罚措施势必也会随之发生变化，对政权、社会文化、士人生活的影响也会变化。顾炎武说"西汉师儒虽盛而大义未明"，东汉的儒学才是"真儒学"，由此影响了士人对政权的态度。西汉至新莽时期，"明哲保身"的士风弥漫在士人中间，并且此时的士人还深受先秦时期遗留的功利主义的影响，为了保全自己的官位和俸禄或者性命，往往会说些言不由衷的话，做些违心的事，很少有人会为了抗奸佞或维护王朝的利益而谏诤直言。而东汉时期的士风却不是这样，随着忠君观念的灌输和经学日益普及，士人的忠君程度大大增强，为王朝利益而谏诤直言、勇抗奸佞的士人增多了。这也是为什么党锢之祸会出现在东汉，而非前两朝。士人与普通民众的联系更紧密一些，他们的犯罪行为及政府的处罚措施会对社会产生许多影响。东汉末年，外戚宦官专权，正直的士人们为了挽救时局，奋起抗争，同腐朽势力进行了不懈的斗争，但损失也是惨重的，党锢之祸使得大批士人罹难。之后，许多士人隐居不仕，以评论干预时事，"清流"、"清议"之风兴起。魏晋时期玄学的兴起也是以此为渊源的。其他诸如对社会风俗、文化、思想等影响也很大。

士人犯罪不同于官僚犯罪或其他人物的犯罪，因为史料记载相对缺乏。正史中犯罪现象的记录多为官员或者外戚、豪强，对没有官位的知识分子的记载极少。因此，本书对士人犯罪的类型，只能做大致的归类和罗列，一些犯罪名目也只能靠相关记载加以推测，力求再现那些在当时不为史家重视、却对政局

---

[1] 《汉书·公孙贺传》，第2877—2878页。

异常关心的士人的犯罪情况。

　　本书定义犯罪的标准是站在统治者的立场上，包括两种情况：一是明确触犯了律条或者诏令的，虽然他们不一定被治罪；二是并没有触犯法律，只是忤逆了最高统治者或当权者的主观意图却被加以惩治的。从犯罪学角度来讲，即采用了广义的犯罪定义，即犯罪不仅包括法律明确规定的犯罪行为，而且包括法律虽未规定，但被统治者所禁止、不允许，已对统治阶级的政治、经济利益和社会生活造成了危害的某些活动、行为。[1]

　　本书对秦汉士人犯罪的考察，力求在联系时代背景的前提下，具体论述士人犯罪的类型、犯罪原因、犯罪预防以及影响等问题；注重文献资料的运用；借鉴了犯罪学的分析框架，犯罪学是一门新兴的学科，在分析现代社会犯罪成因、犯罪机制、犯罪影响、犯罪控制的系统结构方面形成了一套完整的分析理论和框架，这些理论和框架在实践中得到了验证。借鉴现代犯罪学的分析理论和框架，可以为分析秦汉士人犯罪提供参照。

三、主要内容

　　本书一共分为六章，第一章主要回溯了先秦时期士人犯罪的概况，分犯罪类型和犯罪影响两节论述。因为史料记载的缺乏，对先秦士人犯罪的回溯只能是大致的、粗略的。第二章主要是叙述两汉时期士人犯罪的类型，用排比史料的方式展现两汉士人犯罪的客观情况。第三章主要从士人犯罪的角度对焚书坑儒和党锢之祸两次事件做了论述，揭示了秦朝到东汉士人犯罪的动态发展。两次事件都有大量的士人罹难，在引发原因和影响上两者也有一定的相似之处，言论是引发士人与统治者冲突的主要因素，而统治者对士人的残酷迫害又深深打击了士人对王朝效忠的信心，加速了王朝的灭亡。第四章对士人犯罪的原因进行了阐述，封建专制主义中央集权确立之初，士人还没有真正领悟到环境的质变，春秋战国时期的一些士风仍然存在于秦以及汉代，士人对专制皇权的认识还不够充分，由此导致了与中央政权的一系列矛盾和冲突。士人在封建社会只有一个可以效忠的君主，那就是皇帝，而且也只有皇帝才可以给士人发挥聪明才智的天地。两汉士人仕进的途径是察举和征辟，而想要被察举和征辟就要使自己有优于其他士人的地方，要引起统治者的注意。士人天生具有极强的责任感和使命感，过度或不适宜的政治热情反而会导致犯罪的发生。第五章从政

[1]　康树华：《犯罪学通论》，北京大学出版社1996年版，第87—92页。

府和士人本身两个方面着手，阐述了预防犯罪的措施。政府着重从士人的思想上着手，灌输强烈的忠君思想，让他们只知为王朝效忠而不知其他。政府兴办官学，允许私学的发展，利用学校来宣扬统治者的信条和思想，利用高官厚禄来吸引士人的效忠，同时也不放弃严刑酷法对士人的震慑作用。士人隐居不仕，切断自己与政治的联系，也是个体采取预防犯罪的措施。第六章是士人犯罪的影响，主要从对民风、士人本身、政权等几个方面的影响进行论述。士人犯罪的情况比较特殊，那就是有些被治罪的士人并不是真正的触犯了法律，尤其是王朝末年，统治者依据自己主观意志给士人定罪的情况比较常见，这使得士人犯罪及其处罚措施的影响普及面更广了。士人受到不公正的处罚以后会选择不同的道路，有的士人选择了隐居不仕，这种现象在王朝末年更为多见，有的士人选择了效忠于新的主人，以期在新王朝建立之后一展宏图，对旧政权失望的士人将自己的注意力投向了政治以外的领域，或移情山水，不问世事，或苦心向学，终成大家，等等。士人的不仕和无心政治对政权的打击是致命的。失去了士人这个智囊团，王朝灭亡之日也就不远了。

第一章　先秦时期士人犯罪的回溯

何为"士人"？他们是何时产生的？具有什么样的特征？关于这个问题学界研究成果较多，意见也比较一致。士人作为一个阶层产生于春秋战国时期，以一技之长作为生存之计，从游离在社会之中到慢慢向统治者靠拢，并与统治者发生千丝万缕的联系，生活开始以政治为核心，士人们通过自己的行为影响了自他们出现以后至清朝灭亡的整段历史。

刘泽华先生认为："殷周时期的士与知识有关，但还不是知识分子。到春秋战国时期，士的含义仍十分广泛，不过其主体已是知识分子了。此后，说到士，主体可视同知识分子。"[1]阎步克先生认为，"时至战国，几乎凡是拥有一德一艺者皆可称'士'。据刘泽华之统计，其时以士为中心词的称谓已达百种，其中如武士、锐士、剑士、死士等等，当来源于六乡军士的传统，亦即作为战士之称的士的沿袭。在技艺之士、商贾之士、筋力之士等语中，'士'为'男子之大号'，即从事某种行业的男子之称。而如学士、文士、术士等，则特别地用以指称一批未必居官、非必世族，而特以道义才艺见长之人。他们可能来源于贵族或平民，但又决不等同于贵族或平民，并且构成了一个影响巨大的分立阶层。他们仍然名之为'士'，这显示了传统的某种连续性；但是他们与春秋以上之士已经大异其趣。"[2]

西周施行宗法分封制，即天子是全体姬姓宗族的"大宗"，掌握全国最高的族权和政权，天子只能由嫡长子继承，其他诸子或受封为诸侯，或在王室担任官职，他们在自己的封地内建立起宗庙和相应的政权机构，分成若干新的别宗，诸侯国的国君又分封自己的兄弟以采邑，建立卿大夫之家，卿大夫以下再

---

[1] 刘泽华：《士人与社会——先秦卷》，天津人民出版社1988年版，第8页。
[2] 阎步克：《士大夫政治演生史稿》，北京大学出版社1996年版，第126页。

分出他们的亲属，建立各自的家庭，这些家庭的家长就是士。士以下其他更为疏远的宗族成员就成了一般的平民。层层相属的宗法关系，使得政权和族权合一，士虽然处于统治阶梯的末端，是宗法贵族的最后一等，政治地位不高，但仍然属于贵族的行列，经济上占有一定的土地，可以不劳而食；文化上享有受教育的权利，拥有军事和行政能力，可以担任一些社会职务。士的政治、经济利益和最高统治者是融为一体的，一荣俱荣，一损俱损。西周时期的士人不同于春秋战国以后的士人，政治和经济利益使他们不会与统治者发生实质性的冲突，西周统治者预防犯罪的对象是民众等被统治者，而不是统治集团中的士人。

西周灭亡后，世官制度被破坏，士从贵族阶层中分离出来，变成了"无恒产"的士人，同时，一些庶民接受教育，具备了一定的文化知识，从下层进入了士人的行列。于是，士的队伍壮大了，成分也变得复杂了。在春秋战国时期，士人是个体的，游离于政权之外，他们的身份比较自由，思想也相对活跃，他们可以自由流动，自主择业或择主。可以说，在这个时期，士人基本能够做到人格独立。在诸侯并列、各国争霸的局面下，各个相对独立的政治集团之间没有统一的法律，因此，士人的具体犯罪行为无法详细考察，即使是犯了罪的士人，由于有其他的国家可以避难，惩处或刑罚就很难一一落到实处了，也就是说，犯了罪的士人如果逃到其他国家去，就成了无罪之身，可以重新入仕或从事其他事情。

第一节　先秦时期士人犯罪的类型

先秦时期，士人的情况非常复杂，这里借用刘泽华先生对战国时期士的分类的描述："战国时期的士，是一个令人眼花缭乱的阶层，从王廷到社会底层，从文到武，从高雅的思想理论界到汗水滴滴的劳动场所，从神秘的外交到公开对垒厮杀的战场，从豪杰到流氓，到处都可见到士的身影。" 刘向《战国策》认为，先秦时期的士人主要有四种类型：说士、谋士、勇士、义士；《墨子·杂守篇》把士分为"谋士"、"勇士"、"巧士"、"伎士"；《庄子·徐无鬼》把士分为"知士"、"辩士"、"察士"、"中民之士"、"筋力之士"等，由此可见，士的具体类型是非常复杂的。司马迁在《史记·游侠列传》中引用韩非子的话："儒以文乱法，而侠以武犯禁。"从研究士人犯罪的角度来看，可以简单的以文士、武士为分类来论述。

一、文士犯罪

《韩诗外传》中说："君子避三端，避文士之笔端，避武士之锋端，避辩士之口端"。这里将靠笔杆子谋生的士称之为文士。文士并不仅仅局限于这一种，辩士、游说之士等皆可以成为文士。前文所说"儒以文乱法"，此处的"文"不仅指文字著述，还包括了言论。文士大多以著述、言论和不符合统治者意图的思想等触怒统治者，导致犯罪。

《商君书·算地》："说谈之士资在于口。"游士也包括了辩士，是指那些为了实现自己的理想而奔走在各个诸侯国的士人。春秋以后，社会动荡，许多士人失去了原来的地位和职守，流亡各地，有的人甚至生活窘迫。战国时期多元化的政治格局和各国诸侯的激烈竞争为士人提供了施展才华的机会，士人在各国之间的流动非常普遍，这种流动不仅可以使士人解决个人生计问题，而更重要的是可以实现他们的政治理想和个人价值。如果在这个诸侯国得不到赏识，士人们便会转到另一个诸侯国去游说，以期遇到赏识自己的君主。但由此导致了游士的政治立场往往不够坚定，从一定程度上损害了诸侯国的利益，破坏了各国礼法制度。顾炎武在《日知录集释·士何事》中提到："春秋以后，游士日多。《齐语》言桓公为游士八十人奉以车马衣裘，多其资币，使周游四方，以号召天下之贤士，而战国之君遂以士为轻重，文者为儒，武者为侠。呜呼！游士兴而先王之法坏矣！"

首先，一些诸侯国规定，游士之"游"本身就是违法的，如秦国。

春秋战国时期，农民和有职业的人是不能随便流动的。而士人没有固定的职业，所以可以自由流动。游说之士们在列国之间自由来去，宣传自己的政治主张，"游士"一词正是由此而来的。游士的自由流动势必会给各统治者的统治带来混乱，《商君书·算地》："故事诗书游说之士，则民游而轻其君。"当时的一些思想家和统治者是很反对游士的，例如，法家对游士进行了猛烈抨击。《韩非子·和氏》："商君教秦孝公……禁游宦之民。"而且，从云梦秦简《秦律杂抄·游士律》中可以看出，秦对游士有很严格的限制。《睡虎地秦墓竹简》：

> 游士在，亡符，居县赀一甲；卒岁，责之。
>
> 有为故秦人出，削爵，上造以上为鬼薪，公士以下刑为

城旦。[1]

游士在秦国居留而没有凭证的，所在的县罚一甲，居留满一年者，应加以诛责。帮助秦人出境或除去名籍的，上造以上罚为鬼薪，公士以下刑为城旦。这些规定表明，秦国对出入境的控制是很严格的，尤其是对士人。王稽把范睢带到秦国，在半路上遇到穰侯的搜查一事也可以证明秦对游士的限制。

> 王稽辞魏去，过载范睢入秦。至湖，望见车骑从西来。范睢曰："彼来者为谁？"王稽曰："秦相穰侯东行县邑。"范睢曰："吾闻穰侯专秦权，恶内诸侯客，此恐辱我，我宁且匿车中。"有顷，穰侯果至，劳王稽，因立车而语曰："关东有何变？"曰："无有。"又谓王稽曰："谒君得无与诸侯客子俱来乎？无益，徒乱人国耳。"王稽曰："不敢。"即别去。范睢曰："吾闻穰侯智士也，其见事迟，乡者疑车中有人，忘索之。"于是范睢下车走，曰："此必悔之。"行十余里，果使骑还索车中，无客，乃已。[2]

范睢是须贾的宾客，他受到当权者的迫害，装死逃过了一劫，改名张禄，跟随秦昭王谒者王稽到了秦国。范睢到秦国以后，以远交近攻之策帮助秦国对付韩魏，对秦的统一事业做出了巨大的贡献。

游士还可以为主人到其他国家去充当间谍。《管子·小匡》载：齐桓公"游士千人，奉之以车马衣裘，多资粮财币足之，使出周游于四方，以号召收求天下之资士；饰玩好，使周游于四方，鬻之诸侯，以观上下之所贵好，择其忧乱者以先政之"。《六韬·龙韬·五翼》中直接称这些游士为间谍："游士八人，主伺奸候变，开阖人情，观敌之意，以为间谍。"这是诸侯国限制游士的一个重要原因。

既然国家法律禁止游士，那么，随意在国家间的流动就成为了非法的行为。而当时的大部分诸侯国没有此方面的法律规定，所以在战国时期，游士是一直存在的，而且数量不少。游说之士虽然使社会秩序发生了一些混乱，但他们的游动对于改变各个诸侯国的力量对比、活跃思想起了很积极的作用。

其次，文士中的辩士或说士以言犯禁或者挑拨诸侯国之间的关系。

说士、辩士就是指那些凭借口舌谋生的士人。先秦时期，各个诸侯国之间

---

[1] 《睡虎地秦墓竹简》，文物出版社1990年版，第129—130页。

[2] 《史记·范睢列传》，中华书局1959年版，第2402—2403页。

的混战持续了很多年，士人的社会地位和经济生活每况愈下，一些士人的品格也随之堕落。诸多政权的存在为他们的立场不坚定提供了客观条件，各国统治者需要一个提供智谋并且供其驱使的智囊团，而士人是这个智囊团的主体。为了谋生和争取功名利禄，他们没有固定的政治主张，更没有固定效忠的主人，靠游说各国，奔走卿相门下谋生。其间难免会有人为了个人利益做出有违道义和法律的事情。如公孙衍是魏人，仕于秦，却让西戎国的义渠君偷袭秦国；成语"朝秦暮楚"的主人公陈轸是夏人，先仕秦，后仕楚，既仕楚又贰于秦。这样的人是战国时期的"特产"，人数不在少数。

针对文士活动会带来负面影响，以韩非子为首的法家竭力斥责这些人。《韩非子集解·忠孝》："故世人多不言国法而言纵横，……山东之言纵横，未尝一日而止也，然而功名不成、霸王不立者，虚言非所以成治也。……是以三王不务离合而正，五霸不待纵横而察，治内以裁外而已矣。"游士的政治立场也很不坚定，往往在君主有权势的时候追随，而君主失势时他们就会舍君主而去。除这种情况以外，当时肯定还存在一些为诸侯国所不允许甚至严厉反对的行为存在。

从法律角度来讲，这些士人中的多数既没有被统治者治罪，也没有触犯明确的律条，似乎不是犯罪。但从国家的立场来看，这些士人身在本国却为他国服务，如果被统治者知道了，应该不会容忍士人的这种行为。所以，应该算作犯罪行为之一。

二、武士犯罪

本书将武士界定为见义勇为、愿为知己者死的那部分士人。这些人通常被称为"侠"，又可以称为"游侠"、"节侠士"，"侠以武犯禁"，侠的行为通常是与国家的法令规定相抵触的。其中有勇士，《商君书·算地》："勇士资在于气。"侠或者勇士一般是指用剑斗争的士人。他们是讲求气节和忠义之士，有时会为了故主或朋友不惜献出自己的生命。在春秋战国时代，为主或为友报仇是他们表现自己气节的一种主要方式。但从法律角度讲，这种行为本身就是犯罪，如为故主或朋友报仇而杀人就犯了杀人罪。

著名的刺客荆轲"好读书击剑"，可见他是一个有文化的侠士。他"以术说卫元君，卫元君不用"。后来荆轲到了燕国，与高渐离相善，两人经常饮酒于市，酒酣之际还引吭高歌，旁若无人。但"荆轲虽游于酒人乎，然其为人沈深好书；其所游诸侯，尽与其贤豪长者相结。其之燕，燕之处士田光先生亦善待之，知其非庸人也"[1]。其后，田光向燕太子丹推荐荆轲去刺杀秦王，由此有了流传于世的"荆轲刺秦王"的故事。刺杀秦王从小处说是杀人罪，从大处讲就是后世的谋反罪了。其后，荆轲的好友高渐离为荆轲报仇又以筑击秦王而死难。再如刺杀赵襄子不成而死的豫让。豫让"故尝事范氏及中行氏，而无所知名。去而事智伯，智伯甚尊宠之"[2]。后来，赵襄子与韩、魏联合灭了智伯，而且赵襄子还"最怨智伯，漆其头以为饮器"。豫让遁逃山中，感叹说："嗟乎！士为知己者死，女为说己者容。今智伯知我，我必为报仇而死，以报智伯，则吾魂魄不愧矣。"[3]虽然他两次刺杀赵襄子都被发现，但赵襄子认为他是一个讲求义气的人，没有加罪于他。赵襄子曾质问豫让："子不尝事范、中行氏乎？智伯尽灭之，而子不为报仇，而反委质臣于智伯。智伯亦已死矣，而子独何以为之报仇之深也？"豫让回答说："臣事范、中行氏，范、中行氏皆众人遇我，我故众人报之。至于智伯，国士遇我，我故国士报之。"[4]豫让的话是非常具有代表性的，表明了此类士人犯罪是为了报效知遇之恩，完全不计较自己行为带来的后果。最后，豫让象征性地砍了几下赵襄子的衣服，然后自杀而死。

　　还有齐国的聂政为报严遂的知遇之恩，为严遂刺杀韩国的宰相韩傀，功成而剖腹自杀等，这些人在自己的能力所及范围内报效故主，但客观上来说，他们的行为是触犯法律的。但在讲求报恩、报仇风气的春秋战国时代，无论是受害者还是人民，都把这种行为看作是一种侠义而加以褒扬，这一点与后世差异极大。秦汉时期，一些门生故吏为了报答知遇之恩，为主人出谋划策，有时这些行动与统一中央集权是相抵触的，从统治者的角度来说构成了犯罪，这种行为也可以看作是春秋战国时期侠义行为的演变。文士和武士各有其报恩的方式。由于先秦时期对这种因为"义气"或忠心而犯罪行为的容忍甚至赞许，给当时的社会造成了很大的影响。人们争相效仿这些行为，复仇、侠义之风盛行。

三、春秋战国时期士人的逃亡罪

　　春秋战国时期，政治风云变幻莫测，一些士人为了寻找实现自己理想的乐

---

[1] 《史记·刺客列传》，第2527—2528页。
[2] 《史记·刺客列传》，第2519页。
[3] 《史记·刺客列传》，第2519页。
[4] 《史记·刺客列传》，第2521页。

土，会在各个诸侯国之间游走。除了自愿的流动之外，还有一些人是迫于压力不得不出逃到别的国家。杜预《春秋释例》：

> 奔者，迫窘而去，逃死四邻，不以礼出也。放者，受罪点免，宥之以远也。臣之事君，三谏不从，有待放之礼，故传曰："义则进，否则奉身而退，迫窘而出奔，及以礼见放，俱去其国，故传通以进为文。放者，缘遣者之意为义；奔者，指去国之人。……叛者，以地适他称叛，入鲁则称来奔。"[1]

春秋时期各国的政治非常不稳定，国君或掌权者更换频繁，一派得势时，失势的一派在国内便不能容身，只有逃亡他国避祸保命或图东山再起。士人往往选择能吸纳自己的主张、有发展前途的国家作为逃亡的去处，一旦得势，他们不但可以加官晋爵，实现自己的政治主张，而且可以借助新国君的力量报仇，可谓一举多得。

范睢自魏逃至秦国，当上了秦国的相国，借助秦昭王的力量为自己报了仇。史载"昭王乃遗赵王书曰：'王之弟在秦，范君之仇魏齐在平原君之家，王使人疾持其头来；不然，吾举兵而伐赵，又不出王之弟于关。'赵孝成王乃发卒围平原君家，急，魏齐夜亡出，见赵相虞卿。虞卿度赵王终不可说，乃解其相印，与魏齐亡，间行，念诸侯莫可以急抵者，乃复走大梁，欲因信陵君以走楚。……魏齐闻信陵君之初难见之，怒而自刭"[2]魏齐、虞卿也属于受到政治压力而出逃的士人。春申君的门客朱英认为"世有无妄之福，又有无妄之祸"，劝春申君防止李园夺权，要他先发制人，夺取楚国的政权，但春申君没有采纳他的建议，"朱英恐，乃亡去"[3]。"韩傀相韩，严遂重于君，二人相害也。严遂政议直指，举韩傀之过，韩傀以之叱之于朝，严遂拔剑趋之，以救解。于是惧诛，亡去，游求人可以报韩傀者。"[4]朱英、严遂都是亡命他乡者。

春秋战国时期的逃亡，一般都是在本国不能容身或无法施展抱负之故。这里既有个别士人在本国犯罪或不能容身而逃亡，又有因为士人支持或依附的政治势力失势而集体逃亡的情况。之所以称为集体逃亡，是指士人依附的主人

[1] 杜预：《春秋释例》，中华书局1985年版，第90页。
[2] 《史记·范睢蔡泽列传》，第2416页。
[3] 《战国策·楚四》，上海古籍出版社1998年版，第578—579页。
[4] 《战国策·韩二》，第993页。

出逃时，士人跟随在他身边一同逃亡。"主人"可以是国内有势力的贵族或者权臣，也可以是一国之君。例如，在本国被强大的诸侯国灭亡后，君主一般都会带着对他忠心的追随之士出逃。这些士人本身可能没有官职，身份只是门客或舍人。还有在各诸侯国的内讧斗争中失败的公子或者公孙也大多出逃避祸，而他们的追随者势必在国内也已经无法立足，只有跟着逃亡。许多出逃的公子或公孙再打回本国时，本身就是篡权，从法律角度讲是谋反的大罪，但他们一旦成功后就成为了最高统治者，当然也不会有人追究他们的责任了，即便不成功，他们或者被处死或者继续逃亡。

战国时期，士人逃亡的现象比春秋时期有增无减，许多在政治斗争中失败的士人和政治家为了逃避惩罚而逃亡的现象非常普遍。在诸侯争霸日益激烈的情况下，各诸侯国都非常注重吸引人才为自己的政权服务，士人在一国犯罪，逃亡到他国之后不但可以逃避惩罚，还有可能得到重用。这种情况鼓励了士人的逃亡行为。而逃亡的士人中不乏栋梁之材，他们可以为逃入国的力量增减起至关重要的作用。

第二节　春秋战国时期士人犯罪的原因和影响

春秋战国时期，诸侯国并立，各国的法律规定也不尽相同，而且，由于士人可以择主而仕或者犯罪之后逃亡，所以在这个时期，对士人犯罪的惩罚非常松散，很多时候政权根本对他们无可奈何。由于各国对犯罪行为的界定也不尽相同，有些用后世的标准来看是犯罪的行为在当时却不被认为是犯罪。各国出于笼络人心的需要，对士人犯罪的界定相对要宽泛一些，如与秦汉时代相比，君主对士人言语的顶撞比较容忍，被治罪的大臣和士人较少一些。定罪行为的不严格和不规范，处罚措施就相应比较松散、没有固定的规律可循了。

春秋战国时期，重侠义之风盛行，很多士人的杀人行为不但不会被治罪，反而为统治者所赞赏，从上述故事的流传就可以看出当时以及后世人对此类行为的赞赏之情。人们对这些行为的赞赏也说明统治者也不是竭力反对这一因素。在社会政治激烈变动的春秋战国时期，士人的逃亡、杀人或者朝秦暮楚、政治立场不坚定等犯罪行为，一般是政治原因引起的，在政治斗争失败后，为了逃避惩罚而到新的国家去实现自己的理想。由于作为知识分子的士人是靠知识、聪明才智为谋生手段的，他们必须与统治者发生联系才能实现自己的价值，因此，他们的一些行为对社会的影响还是比较大，并且与普通民众犯罪的影响有不同之处，士人犯罪的影响主要集中在社会风气、国家政权的兴衰等方面。

一、春秋战国时期士人犯罪的原因

春秋战国之际的士人犯罪原因可以从两个方面来考察：一是春秋战国时期复仇、侠义之风的影响；二是诸侯并立的情况不但为士人提供了施展才能的多项选择，也使犯罪后的惩处无法真正落实，在法令不统一的情况下，士人对犯罪行为客观上可以不承担相应的后果。在这种情况下，士人的行为显得相对自由。

（一）春秋战国时期复仇、侠义之风盛行

于迎春先生认为，"春秋晚期以来，一直到汉初，可以看做是士在理论和价值上的建设阶段，有关士的理论上的摛定十分突出"[1]，孔子、孟子、荀子等人都从人生理想和行为等方面为士阶层设计价值。士在行为上讲究知恩图报，《孟子·离娄下》："君之视臣如手足，则臣视君如腹心；君之视臣如犬马，则臣视君如国人；君之视臣如土芥，则臣视君如寇仇。"士人讲求的报恩、报仇之义不仅仅局限于上级，还包括朋友、同乡或其他人。春秋战国时期的士人因为其具体类型的不同，其报效知遇之恩的方式也不一样。战国时期的士人有一种大无畏的精神，为了自己的主人，可以不惜牺牲自己的生命。很多士人采取比较激烈的方式为故主或亲人、朋友报仇，那就是杀人。这种行为得到了当时人们的赞同，复仇、侠义之风由此盛行于时。复仇、侠义之风的盛行在一定程度上也影响了士人的行为。复仇、侠义风气的盛行与当时社会舆论是相互作用的。而"社会舆论是蕴藏在人们思想深处的共同心理倾向，无形无体，但却是一种巨大的精神力量，对社会成员的价值取向和行为方式产生很大的影响。"[2]侠义、复仇之风的盛行，使更多的士人采取了此种方式报效主人或者报复仇人。他们普遍不能接受主君、父母、兄弟、朋友或自身被轻慢、受侮辱，奋起报仇、等待时机报仇是一种社会认同，复仇雪耻是一种风俗时尚，对社会大众的意识、行为有非常深刻的影响。

[1] 于迎春：《秦汉士史》"引言"，北京大学出版社2000年版，第3页。

[2] 郑杭生主编：《社会学概论新修》，中国人民大学出版社2000年第2版，第467页。

士人对给自己不同待遇的人给予不同的回报，表明了士人高扬自我价值的思想。聂政将严遂视为"知己者"，他说："嗟乎！政乃市井之人，鼓刀以屠，而严仲子乃诸侯之卿相也，不远千里，枉车骑而交臣。……然是深知政也！夫贤者以感忿睚眦之意，而亲信穷僻之人，而政独安可嘿然而止乎……政将为知己者用。"[1]聂政认为，严遂以相之尊，不远千里，结交自己这个"轵深井里"的屠夫，是对自己的赏识和重视。聂政从严遂的"亲信穷僻之人"，认识到了自身的价值，为了实现这种价值，他宁愿舍弃自己的生命。聂政刺杀韩傀之后，为了不牵连他人，他刺脸毁容，挖眼剖腹，肠流满地而死。后来他的姐姐认为他浩气雄壮，应该扬名后世，抱着他的尸体痛哭，说出了聂政的名字以后自刎于旁。以此扬名的勇士在战国时期不只聂政一个，这种行为在当时确实赢得了人们的尊敬。《战国策》以赞赏的语气记载这件事："聂政之所以名于后世者，其姊不避菹醢之诛，以扬其名也。"[2]

司马迁在《史记》中也赞扬了"士为知己者死"的精神。司马迁认为"自秦以前，匹夫之侠，湮灭不见，余甚恨之。以余所闻，汉兴有朱家、田仲、王公、剧孟、郭解之徒，虽时扞当世之文罔，然其私义廉絜退让，有足称者。名不虚立，士不虚附"[3]。虽然这些侠士会触犯法律，但司马迁认为他们还是值得赞扬的。游侠的特点就是"其行虽不轨于正义，然其言必信，其行必果，已诺必诚，不爱其躯，赴士之厄困，既已存亡死生矣，而不矜其能，羞伐其德"[4]。先秦时期的行侠仗义之士是比较多的，但因为"儒、墨皆排摈不载。自秦以前，匹夫之侠，湮灭不见"[5]。汉初的朱家、田仲等侠义之士可以说是受到了战国时期侠义风气的影响。司马迁以他们的所作所为推断先秦时期侠士的行为，证明司马迁认为两个时期的侠士是有相似之处的。

（二）诸侯并立的局面为士人提供了客观条件

春秋战国时期，互相吞并和弱肉强食的征战非常频繁，各国为了增强实力，都很注重拉拢士人，将他们的智慧为己所用。政治和军事上的斗争需要智能，而智能主要蕴涵在士人当中。《墨子·亲士》："入国而不存其士，则国亡矣。……非士无与虑国，缓贤忘士，而能以其国存者，未曾有也。"《管子校

---

[1] 《战国策·韩二》，第996页。
[2] 《战国策·韩二》，第1000页。
[3] 《史记·游侠列传》，第3183页。
[4] 《史记·游侠列传》，第3181页。
[5] 《史记·游侠列传》，第3183页。

注·霸言》："夫争强之国，必先争谋。"《吕氏春秋新校释·赞能》："得地千里，不若得一圣人。"智能和人才在争霸战争中起到了至关重要的作用。争士、养士是当时各个诸侯国和上层人物的要求，并逐渐成为了一种社会风尚。

士人对君主的选择一是看是否能实现自己的价值和理想，二就是看这个君主是否尊重自己，因此，吸引士前来的一个主要手段就是尊士，即礼贤下士。战国时期的一些君主很注重礼贤下士。如魏文侯礼遇段干木就是很著名的例子。魏文侯每次经过段干木的门口，都要扶轼，行注目礼，以此来表示对段干木的尊重，此举在魏国激起了强烈的反响。再如，邹衍到梁国去，梁惠王"执宾主之礼"。虽然君主礼遇的只是极少数有名的士人，但是对其他士人的鼓舞作用是不可小觑的。正因为如此，士人们才会四处游动并且敢于直言，发表自己对时局的看法，为实现自己的理想和主张而立场摇摆不定，即便牺牲生命也在所不惜。

除了礼贤下士之外，各国君主还很注意用物质利益来吸引士人。《墨子·尚贤》："必且富之、贵之、敬之、誉之，然后国之良士，亦将可得而众也。""高予之爵，重予之禄，任之以事，断予之令。"授予爵位、俸禄是招贤纳士的基本方法之一。《荀子集解·议兵》强调"好士者强"。好士的表现之一就是"富士"。燕昭王筑黄金台以吸引士人，"士争趋燕"。丰厚的物质奖励也是国君重视士人的一种表现形式。另外，上层贵族也是当时士人投靠的对象之一。著名的战国四公子都大量养士，齐国的孟尝君"食客数千人"。他们对士人的态度也是很恭敬的。

各国君主礼贤下士的举动往往都会得到士人的回报。苏秦利用合纵之策，没有费一兵一卒就使得秦国不敢东向。士人个人的智慧可以转变为无穷的力量。认识到了这一点的各个诸侯国自然会竭尽所能来吸引士人的归附。秦孝公曾经下令："宾客群臣有能出奇计强秦者，吾且尊官，与之分土。"[1]士人在这样的环境里如鱼得水，正好可以云游诸国，寻找自己实现价值的契机。社会上尊士的风气使得士人很容易恃才自傲，不把君主放在眼里。而这种情况在秦汉时期是没有生存余地的。孟子曾经公开说梁惠王不仁，称士人可以"乐其道而忘人之势"。在当时的社会环境下，士人真的有自傲的资本和条件，因此，士人们口出不敬之语就是可以理解的了。

[1] 《史记·秦本纪》，第202页。

二、春秋战国时期士人犯罪的影响

春秋战国时期，游说士人影响到了各诸侯国的力量强弱变化。因为政治原因逃亡的士人到其他诸侯国以后，还是以政治活动为主，由于四处游动，他们对各国的政治、经济状况比较熟悉，包括一些国家机密，例如，军事力量和布防、君主的政治意向等，为了报复旧主人、讨好新主人，这些情况成为士人们在新的国家建功立业的政治资本。而这对士人的出逃国来说负面影响是巨大的，有时是致命的。但对逃入国来说则是一件好事。

士人在各诸侯国的流动影响了诸侯国力量的强弱变化。接纳其他国家的士人，利用他们的聪明才智为自己服务是春秋时期各国增强自己实力的方法之一。楚国令尹子木问声子，晋国的大夫与楚国的大夫相比，哪国的大夫更贤明？声子回答说："晋卿不如楚，其大夫则贤，皆卿材也。如杞梓、皮革，自楚往也。虽楚有材，晋实用之。"声子认为，因为"今楚多淫刑，其大夫逃死于四方，而为之谋主，以害楚国，不可救疗，所谓不能也"[1]。在声子看来，楚国属于有贤士却不能好好利用的国家，这样只能使得自己国家的实力削弱，而善于利用士人的国家国力会得到发展。

这种情况在春秋战国时期非常普遍。《春秋左传注·成公二年》记载，楚国国君下令禁锢巫臣，但巫臣出奔到了晋国，晋人任用巫臣为刑大夫。巫臣劝说晋侯与吴国通使，并且教吴国射御之术，教唆吴国叛楚。"吴始伐楚、伐巢、伐徐，马陵之会，吴入州来，子重自郑奔命，子重、子反于是乎一岁七奔命。"当时正是楚晋争霸之际，巫臣为晋人"开辟了另一条对楚战线。此后，楚国频繁出兵应付吴国的袭扰，疲于奔命，难以再投入大量兵员、财力与晋国在中原进行逐鹿争霸了"[2]。虽然巫臣属于贵族，不是士人，但是从巫臣的境遇也可以一窥当时士人的情况。

春秋战国时期，各国之间的关系错综复杂，士人逃出本国后，一般都会有其他的诸侯国接收，士人一般选择投奔能施展自己的才能或者比本国实力强大的国家。士人从一个国家逃到另一个国家并得势以后，一方面如范雎等人可以回头报仇；而另一方面，如果士人得罪的人太多，势必会影响到自身的安危，所以，逃亡和逃亡后的成功既可以使士人风光无限，也又有可能使士人命丧黄泉。

[1] 杨伯峻：《春秋左传注·襄公二十六年》，中华书局1990年版，第1119页。

[2] 宋杰：《先秦战略地理研究》，首都师范大学出版社1999年版，第106页。

商鞅因为政治理想在魏国得不到实现，到了秦国后被秦孝公任为相，于是有了著名的"商鞅变法"，秦国由此实力大增，一跃成为诸国中的强者。这其中商鞅的贡献是不可忽视的。商鞅在辅佐秦孝公的过程中与魏国是敌对的。秦孝公死后，

> 太子立。公子虔之徒告商君欲反，发吏捕商君。商君亡至关下，欲舍客舍。客人不知其是商君也，曰："商君之法，舍人无验者坐之。"商君喟然叹曰："嗟乎，为法之敝一至此哉！"去之魏。魏人怨其欺公子卬而破魏师，弗受。商君欲之他国。魏人曰："商君，秦之贼。秦强而贼入魏，弗归，不可。"遂内秦。商君既复入秦，走商邑，与其徒属发邑兵北出击郑。秦发兵攻商君，杀之于郑黾池。[1]

魏国一方面怨恨商鞅帮助秦孝公灭魏国的军队，另一方面畏惧秦国的实力，所以商鞅又为躲避秦国的迫害逃到魏国时，魏国人便不再容纳他了。由于这种政治逃亡在战国时代比较常见，所以有些士人便利用逃亡作假象，瓦解对手。洪迈《容斋随笔》卷二"秦用他国人"曰："七国虎争天下，莫不招致四方游士。然六国所用，……皆其宗族及国人，……独秦不然，其始与之谋国以开霸业者，魏人公孙鞅也。其他者楼缓赵人，张仪、魏冉、范雎皆魏人，蔡泽燕人，吕不韦韩人，李斯楚人。皆委国二听之不疑，卒之以兼天下者，诸人之力也。"

苏秦与文侯夫人私通，因为害怕被燕王治罪，便想出了一招反间计。

> ［苏秦］详为得罪于燕而亡走齐，齐宣王以为客卿。齐宣王卒，愍王即位，说愍王厚葬以明孝，高宫室大苑囿以明得意，欲破敝齐而为燕。燕易王卒，燕哙立为王。其后齐大夫多与苏秦争宠者，而使人刺苏秦，不死，殊而走。齐王使人求贼，不得。苏秦且死，乃谓齐王曰："臣即死，车裂臣以徇于市，曰'苏秦为燕作乱于齐'，如此则臣之贼必得矣。"于是如其言，而杀苏秦者果自出，齐王因而诛之。燕闻之曰："甚矣，齐之为苏生报仇也！"[2]

由于齐宣王的信任，苏秦的反间计获得了成功。齐国和燕国的矛盾又加深了一步。苏秦之弟苏代、苏厉也奔走于各诸侯国之间。苏代先仕于燕，燕失势

---

[1] 《史记·商君列传》，第2236—2237页。
[2] 《史记·苏秦列传》，第2265—2266页。

后归齐，又归宋，在齐伐宋时又求救于燕，破齐后又仕于燕，以寿终。苏代在各个诸侯国之间的来回变动并没有影响他的仕途，但像他这样能以寿终的士人并不多见。大多数士人都是以自己的性命为代价的。士人的出谋划策可以直接影响到政权的兴衰，很多战争也是因为他们的挑拨而爆发的，这些战争和冲突使诸侯国的力量时增时减，最终为出现一个强国统一天下奠定了基础。这个特点在春秋战国诸侯并争的局面下尤其明显。

先秦时期对士人犯罪的处罚比较混乱，虽然各国有各自的处罚措施，但是，因为列国林立，士人可以出逃到别的国家，即便在本国是罪犯，却可以在别国成为将相，所以，处罚就显得鞭长莫及了。各国法律的具体规定也不一样，甚至有些国君为了拉拢士人，大度地容忍他们的一些犯罪行为，因此这一时期对士人犯罪的处罚非常松散。

士人是春秋战国时期政治舞台上的活跃人物，在各国争霸称雄的背后，士人的贡献也不可小觑。春秋战国特殊的政治经济环境为士人们提供了一个广阔的舞台，也决定了士人们的犯罪和处罚措施与后世有很大的不同。随着封建专制主义中央集权的建立，秦朝的政治形势与先秦时期有了根本的不同。在这种情况下，秦汉士人的处境也有了变化，由此导致犯罪类型、犯罪原因、政府的惩治措施及其影响都发生了很大变化。

第二章　秦汉时期士人犯罪的类型

"自从崛起于春秋末期以来，'士'这个阶层就始终以辅佐君主为职事，这种角色承担自然取决于他们的阶层属性和特点，除了自身的才干、智能，他们缺乏政治、经济等有效的独立资源。"[1]秦朝封建专制主义中央集权建立以后，士人可选择的余地更少了，要实现理想和抱负，只能围绕最高统治者——皇帝来进行自己的活动。士人与政治的关系是不可分割的，而伴君如伴虎，既然总与政治发生千丝万缕的联系，就不可避免地会与统治者发生冲突，引起犯罪。

第一节　秦汉时期士人犯罪的主要罪名

一、不道罪

不道罪是个古老的罪名，《尚书·盘庚》："乃有不吉不迪。"《说文》："迪，道也。"《史记·殷本纪》："不道，毋之在国。"这里的"不道"意为不有功于民，祸乱百姓。《晋书·刑法志》引张斐《律表》："逆节绝理，谓之不道。"这可以视作封建社会对"不道"的基本解释。《唐律疏议》："汉制《九章》，虽并湮没，其不道不敬之目见存，原夫厥初，盖起诸汉。"秦汉时期，随着封建专制主义中央集权的建立，不道罪成为统治者约束臣民的主要罪名之一。在汉代，不道又称为"大逆不道"、"大逆无道"，简称"不道"或

---

[1]　于迎春：《秦汉士史》，第8页。

者"无道"[1]。

在秦朝和西汉前期，大逆不道主要指的是谋反。经安作璋先生考证，在汉景帝三年以前，历史没有留下任何有关非谋反的不道罪的个案记录。[2]但随着专制主义中央集权的发展，越来越多的犯罪行为都被定为不道罪，不道罪由最初的谋反罪的代名词变成了包含多种罪行的罪名。秦王政九年，长信侯嫪毐作乱被发觉，一年后相国吕不韦也因为嫪毐事件被处置。十二年，秦王宣布："自今以来，操国事不道如嫪毐、不韦者籍其门。"[3]秦始皇三十二年又宣布："遂兴师旅，诛戮无道，为逆灭息。"[4]因为在此时，关东六国的贵族仍对秦王朝虎视眈眈，歼灭反对力量、完成统一的战争还没有完全结束。秦始皇针对六国残余势力和其他反秦力量发布惩罚无道的命令。

汉文帝二年曾下诏："民或祝诅上，以相约而后相谩，吏以为大逆，其有他言，吏又以为诽谤。此细民之愚无知抵死，朕甚不取。自今以来，有犯此者勿听治。"这则材料证明，在文帝时期，诽谤罪、妖言罪是和大逆相并列的罪名，而不是属于大逆，并且文帝对在实际司法执行过程中，将祝诅判为大逆的官员进行了谴责，禁止此类行为的发生。但在西汉中后期，诽谤和妖言都纳入了大逆不道的范围。秦汉时代，最早的非谋反而被定为大逆不道的是晁错。七国之乱爆发后，朝臣认为晁错"不称陛下德信，欲疏群臣百姓，又欲以城邑予吴，亡臣子礼，大逆无道"[5]。根据《晋书·刑法志》引张斐《律表》，"亏礼废节，谓之不敬"，晁错应该冠以"不敬"的罪名才对，由"不敬"上升为"大逆不道"，固然是因为当时特殊的政治背景所致，但也从侧面反映了法律对君主权力的维护，任何侵犯君主权威的言论或行为，不管其出发点是好是坏，都会被处以极刑。到汉武帝时期，不道罪的范围更是急剧扩大，包括了巫蛊、祝诅上等。汉武帝以后，诬罔、匿反者、妖言、上僭、诽谤、奉使无状、泄漏省中语、迷国不道、赃百万以上等都被视为大逆不道并加以严惩。

秦汉时期，不道罪的界定也有两种情况，一是主观上确实有犯罪动机的，如在当朝无道时，图谋推翻王朝统治或意图刺杀最高统治者，或者因为受到了

[1] 如《汉书·杨恽传》："为妖言大恶，大逆不道"，而《律历志上》则称妖言为"不道"。再如，《史记·高祖功臣侯者年表》："嗣阳河侯其仁"坐与母祝诅，大逆无道"。
[2] 安作璋：《秦汉官吏法研究》，附录一《秦汉"不道"罪考述》，齐鲁书社1992年版，第316页。
[3] 《史记·秦始皇本纪》，第231页。
[4] 《史记·秦始皇本纪》，第252页。
[5] 《汉书·晁错传》，第2302页。

不公平的待遇，出于私人恩怨而犯罪；二是受价值观和自身所具有的文化知识的影响，为了王朝的利益为统治者出谋划策，但士人的所作所为违反了最高统治者本人的意愿或者触动了整个统治集团的利益，出于统治者的主观认定需要将他们治罪。也就是说，犯罪的界定有两个标准，客观的法律和统治者的主观意志。在封建社会里，这两个标准是同时存在的。从这些标准出发，不道罪主要包括：

1. 谋反罪

谋反是指凭借暴力或者其他手段，杀害最高统治者或夺取最高统治权、推翻现行统治的罪行。在封建社会，最高统治者皇帝是一个王朝存在的标志，皇帝的人身安全和地位受到法律的严格保护。任何威胁皇帝地位和生命的行为都会被视为谋反大罪。士人的谋反罪又分为两种情况：一是在统一的王朝存在时，被统治者明确定罪的；二是统一政权基本处于崩溃状态，无力约束它的臣民时，士人的行为是谋反，但此时已经没有人可以为之定罪了。秦汉时期，第二种情况一般出现在秦末、王莽新朝、东汉末年等政局极不稳定的时候。如张良"少，未宦事韩。韩破，良家僮三百人，弟死不葬，悉以家财求客刺秦王，为韩报仇，以大父、父五世相韩故。"后来秦始皇东游，到博浪沙这个地方的时候，张良与刺客狙击秦始皇，"误中副车"。秦始皇大怒，"大索天下，求贼急甚，为张良故也。良乃更名姓，亡匿下邳"。[1]试图谋杀皇帝的行为直接威胁到了皇帝的性命，自然应属于谋反。张良此时未仕于秦，其身份应为士人。

秦末，由于统治者的残暴，陈涉首先揭竿而起，举起了反秦的大旗。同时，一大批士人知识分子也不满意自身的处境，跟随起义军反秦，他们是为了自己的政治前途，希望政局的改变能有助于人生理想和价值的实现。他们对起义军的胜利起了很重要的作用。《史记·儒林传》载："陈涉起匹夫，驱瓦合适戍，旬月以王楚，不满半岁竟灭亡，其事至微浅，然而缙绅先生之徒负孔子礼器往委质为臣者，何也？以秦焚其业，积怨而发愤于陈王也。"这些"缙绅先生之徒"就是当时的知识分子。此时，秦政权只有组织所有的力量集中对付武装反抗的农民军，已经无力追究为起义军献计献策的知识分子们了，从性质上讲，这些士人无疑犯的也是谋反罪。如孔鲋、陆贾、郦食其、张耳、陈余、张良、张苍、叔孙通等。萧何、曹参原本是秦沛县的掾、主吏，在秦末起义浪

---

[1] 《史记·留侯世家》，第2033—2034页。

潮中，建议沛令召集"诸亡在外者"，响应陈涉。这些亡在外者，应该包括一部分士人。从秦统治者的角度来看，萧何、曹参也成了谋反者。并且，萧何、曹参对自己的行为后果是很明白的，在沛令被杀后，众人推举领袖时，萧、曹"皆文吏，自爱，恐事不就，后秦种族其家"[1]，于是竭力主张推选刘邦。他们原为秦朝的官吏，深知谋反罪的后果，所以才不愿意当领导，而只愿意当在背后出谋划策的英雄，以免失败后遭到灭族的严惩。从身为文吏的萧何、曹参的行为也可以一窥当时士人的行为。张苍"秦时为御史，主柱下方书。有罪，亡归。及沛公略地过阳武，苍以客从攻南阳"[2]。张苍是士人，"亡归"后他已不再是秦政权的官员，他以士人的身份跟随刘邦起兵反秦。同萧何、曹参等人一样，也在谋反之列。

西汉时期，周勃父子的事例很有典型性。周勃在诛诸吕、立文帝的过程中功不可没，在他荣宠之际，有人劝他："君既诛诸吕，立代王，威震天下，而君受厚赏、处尊位以厌之，则祸及身矣！"[3]于是周勃自请免相就国，文帝当即答应。在丞相称平死后，文帝重新起用周勃为相，但不久又让他免相就国。文帝对他的防范之心日渐增长，周勃也很明白皇帝的猜忌之心，"每河东守尉行县至绛，绛侯勃自畏恐诛，常被甲，令家人持兵以见"[4]。于是有人告发周勃谋反，周勃被捕入狱，在公主和太后的担保下保全了性命。其子周亚夫在景帝时军功卓著，任丞相。但他在立太子一事上得罪了景帝和梁孝王，因病免相。周亚夫免相之后，"亚夫子为父买工官尚方甲楯五百被可以葬者。取庸苦之，不与钱。庸知其盗买县官器，怨而上变告子，事连污亚夫。书既闻，上下吏。吏簿责亚夫，亚夫不对"。皇上的意思是要杀掉他，"诏诣廷尉"，吏说他："君纵不欲反地上，即欲反地下耳。"[5]周亚夫绝食而死。真是欲加之罪，何患无辞。这说明，皇帝对一些权臣的防范之心无时不在，即便解除了他们的职位，仍然时刻注意这些人的动向。一些士大夫在荣宠之际脱身避祸保全性命，不失为一个明智之举。

统治者主观上认为某个重臣对他的统治有威胁，便会找一个借口，而谋反这么重的罪名一旦按到士大夫身上，士大夫就百口莫辩了。曹操与杨彪不和，

---

[1] 《史记·高祖本纪》，第349—350页。

[2] 《史记·张丞相列传》，第2675页。

[3] 《汉书·周亚夫传》，第2055页。

[4] 《汉书·周亚夫传》，第2056页。

[5] 《汉书·周亚夫传》，第2062页。

于是曹操"托彪与术婚姻，诬以欲图废置，奏收下狱，劾以大逆"[1]。此事纯属曹操的无中生有，但此项罪名确实不小，如果不是孔融以杀杨氏会丧失人心来规劝曹操，不知道会有多少人会为此事罹难，杨彪也因此捡回了一条性命。而这也是很多人如汉初张良的聪明之处。司马迁评论说："陈丞相平少时，本好黄帝、老子之术。方其割肉俎上之时，其意固已远矣。倾侧扰攘楚魏之间，卒归高帝。常出奇计，救纷纠之难，振国家之患。及吕后时，事多故矣，然平竟自脱，定宗庙，以荣名终，称贤相，岂不善始善终哉！非知谋孰能当此者乎？"[2]

谋反是不道罪的最早定义和主体内容，处罚当然也是最重的。《汉书·刑法志》："汉兴之初，尚有夷三族之令。"《张家山汉墓竹简·二年律令·贼律》载，谋反者腰斩，其父母、妻子、同产，无少长皆弃市。这里的父母、妻子、同产就是指"三族"了。在《史记》、《汉书》、《后汉书》中记载的对谋反者李斯、赵高、贯高、韩信、彭越、翟义、董卓、李催、马腾、董承等人的处罚，均是"夷三族"。项梁因为杀人，与项籍避仇吴中。"秦始皇帝东游会稽，渡浙江，梁与籍俱观。籍曰：'彼可取而代也。'梁掩其口，曰：'无妄言，族矣！'"[3]这种"妄言"已经威胁到了现存的皇权，因此不能算作普通的言论犯罪。《史记·郦生列传》中也说："秦法至重，不可以妄言，妄言者无类。""无类"与"族"的意思相似，就是灭族的惩罚。关于"三族"的说法也不太一致。沈家本认为是"父族、母族、妻族"[4]，与如淳的解释一致；而张晏、程树德则认为是"父母、妻子、同产"[5]；安作璋先生认为："不仅包括了主犯的祖父而下至父、己身、子、孙这个五代的主干，而且还包括了同一祖父的其他男性后裔，以及每人的妻和姐妹。"[6]《后汉书·章帝纪》元和元年诏书中所说的"一人犯罪，禁至三属"，"三属"应该与此处"三族"的范围相同。

但本书所涉及的士人，他们的谋反罪一般都在王朝末期或者旧政权已经基本被摧毁，而新的政权还没有建立的时候，从旧的统治者的立场上来看是谋反罪，但政权已经没有能力追究他们的犯罪行为了。所以，虽然谋反罪要处以

[1] 《后汉书·杨震列传》，中华书局1965年版，第1788页。
[2] 《史记·陈丞相世家》，第2062—2063页。
[3] 《史记·项羽本纪》，第296页。
[4] 沈家本：《历代刑法考》，中华书局1985年版，第72页。
[5] 程树德：《九朝律考》，中华书局2003年版，第48页。
[6] 安作璋：《秦汉官吏法研究》，附录二《秦汉族刑考》，第332页。

重刑，对本书的犯罪主体——士人来说，大部分都不存在被处罚的情况。而且，随着专制主义中央集权的加强，士人与政权的关系越来越密切，士人对政权的依赖性也越来越强，所以在王朝稳定时期，士人更不可能犯谋反罪。只要王朝的统治还可以维系，他们还有入仕、实现政治理想的可能性，士人们就不会否定该朝存在的合理性，而是积极帮助统治者出谋划策，尽量维系王朝的存在。秦朝封建专制主义中央集权建立以后，士人们的处境并不好。《法言义疏十一·五百》："周之士也贵，秦之士也贱；周之士也肆，秦之士也拘。"[1]许倬云认为："秦帝国需要的是一批称职的官吏，而不是求知心切的知识分子，……天下的教育则只限于以吏为师，学习书写。……知识分子们无所用于秦，折而为秦的敌人。"[2]本来是满腔热情的知识分子们在大失所望之际，为了改善自身的处境，所以很多士人加入了秦末农民起义的行列。

秦末农民起义中，有许多士人直接参加了反秦的起义。而两汉时期尤其到东汉，士人直接谋反的事例已基本不可见。这是秦汉时期士人犯罪情况演变的特点之一。

首先，在秦朝还没有灭亡时，就有张良等人刺杀秦始皇的"博浪沙事件"。张良之所以散尽家财，弟死不葬，是因为他五世相韩，他想在国家被灭亡以后为国家报仇，将矛头指向了新王朝的建立者。由此推之，在当时，大量的六国贵族以及他们的门客都有这样的念头，只是没有机会付诸实践罢了。所以在陈胜、吴广举起起义的大旗以后，在跟随起义的人当中，士人也不少。其次，在陈胜、吴广、刘邦和项羽的起义队伍中，有大批的士人为他们献计献策。虽然外戚、宦官、权臣、诸侯王也有在王朝初期或中期意图谋反的行为，但士人们一般是规劝者居多，怂恿者和追随者较少。秦朝建立的中央专制主义中央集权制发展到两汉已经更加完善，士人们已经由对秦政的单纯攻击变成了对汉政的拥护。吕思勉认为，"自西汉以前，言治者多对社会政治，竭力攻击，东汉以后，此等议论，渐不复闻"[3]。蒙文通也说："西汉之儒家承晚周之绪，……东京之学不为放言高论，谨固之风起而恢宏之致衰，士趋于独行而减于精思理想。"[4]

[1] 汪荣宝撰，陈仲夫点校：《法言义疏》，中华书局1987年版，第268页。
[2] 《中央研究院国际汉学会议论文集（历史考古组）》，许倬云：《秦汉的知识分子》中册，第946页。
[3] 吕思勉：《秦汉史》，上海古籍出版社1983年版，第197页。
[4] 蒙文通：《论经学三篇》，《中国文化》第4期，三联书店1990年版。

秦朝统一全国以后，采取了很多巩固统一的措施，例如，强化了中央集权的政治制度，将皇帝置于封建国家的权力顶端，在皇帝之下设立了一套完整的官僚系统，即三公九卿制度，在地方上实行郡县制，由此建立起了从中央到地方的国家机器；还扩充了军队，制定了比较完整的封建法典——《秦律》；从全国范围内确认了土地私有，统一了文字、货币和度量衡。从这些措施可以看出，秦王朝的建立重在加固经济基础和政治制度，对统一人民的思想却没有给予足够的重视。秦始皇信奉法家思想，对人民的行为采取了粗暴的镇压，结果却适得其反。其例证就是焚书坑儒。秦始皇对议论朝政和批评自己的儒生大开杀戒，殊不知，防民之口甚于防川，过度的压制只会使人民走向更强烈的反抗。

秦末，许多士人参加了农民起义军，直接加入到了谋反的行列中，还有一个原因就是利禄的吸引。刘邦在得天下以后问他的大臣们成功的原因，王陵说："陛下慢而侮人，项羽仁而爱人。然陛下使人攻城略地，所降下者因以予之，与天下同利也。项羽妒贤嫉能，有功者害之，贤者疑之，战胜而不予人功，得地而不予人利，此所以失天下也。"[1]这些士人想"因天下之力而攻无道之君，报父兄之怨而成割地有土之业"[2]。求功利是士人归附刘邦的主要原因之一。张良阻止刘邦分封六国贵族之后而主张将爵禄给那些跟随刘邦的游士："天下游士离其亲戚，弃坟墓，去故旧，从陛下游者，徒欲日夜望咫尺之地。"[3]

两汉的统治者吸取了秦朝没有统一思想的教训，在强化臣民的思想上付出了很多努力。西汉建国之初就注重了对大臣进行忠君观念的灌输，从公孙弘制定体现皇帝至尊的礼仪开始，到宣扬各种忠君言论，从制度和思想上给臣民灌输绝对效忠皇帝的观念，汉武帝"罢黜百家，独尊儒术"，确立了儒家思想在汉朝的统治地位，从此以后，儒家思想在社会上得到了普遍的宣传，并且日益深入人心，它所宣传的教条成为人们日常的行事准则；有人说西汉的儒学只能算是"假儒学"，而东汉儒学才是真儒学。且不论真假，毕竟西汉统治者与秦朝统治者有了非常大的不同，在统一人民的思想问题上迈出了一大步。东汉更是加强了忠君观念的宣传，尤其是儒家思想的传播和普及，使士人逐渐成为了"顺民"，不再参加武力谋反来对抗王朝，代之以言论干政，这也是东汉时期

[1] 《史记·高祖本纪》，第381页。
[2] 《史记·张耳陈余列传》，第2574页。
[3] 《史记·留侯世家》，第2041页。

党人集团遭到大规模屠杀的原因之一。这个问题在后面的章节中有详细论述，此不赘述。

2．祝诅

《尚书·无逸》："否则厥口诅祝。"[1]孔颖达疏："诅祝，谓告神明加殃咎也。以言告祝谓之祝，请神明加殃谓之诅。"祝诅，就是指通过巫祝，借助于鬼神的力量加害君主。

汉文帝二年的诏书中有"民或祝诅上"，说明祝诅一罪在文帝以前早就存在了。"民"之中就包括了大批的士人，即未仕的知识分子。从汉武帝以后，祝诅罪才被归在不道罪内，本书的犯罪主体是士人，其在秦朝的犯罪记载相对较少，虽然此时祝诅罪不在不道罪的范围内，但本书为了分类更加明确，暂且将之归在不道罪内列出。一般来讲，士人很少有这种犯罪行为，大多是因罪被免官的士大夫，认为自己受到了不公正的待遇，而本身又没有能力反抗，只好想借助鬼神的力量发泄心中的不满和愤怒。

息夫躬少为博士子弟，受《春秋》，通览记书。后来因为告发东平王的祝诅而被封为"宜陵侯"。丞相王嘉认为他"有佞邪材"。后来，息夫躬果然犯罪被免官归国。息夫躬归国后，"未有第宅，寄居丘亭。奸人以为侯家富，常夜守之。躬邑人河内掾贾惠往过躬，教以祝盗方，以桑东南指枝为匕，画北斗七星其上，躬夜自被发，立中庭，向北斗，持匕招指祝盗。人有上书言躬怀怨恨，非笑朝廷所进，（侯）［候］星宿，视天子吉凶，与巫同祝诅"。皇帝派人将息夫躬逮捕入狱，后来息夫躬死在狱中，"党友谋议相连下狱百余人"[2]。

息夫躬的祝诅罪其实有些牵强，他祝诅的是"盗"，即觊觎他家财产的盗贼。但因为息夫躬是有罪之身，为皇帝所厌恶，如果此时有人又告发他祝诅，自然有可信之处。息夫躬的母亲也因为祝诅被视为"大逆不道"，弃市，息夫躬的妻子与家属被迁徙到了合浦，"同族亲属素所厚者，皆免废锢"[3]。息夫躬和他的母亲都犯了祝诅罪，处罚是本人弃市，亲戚禁锢。根据《汉书·诸侯王表》和《王子侯表》，犯祝诅罪的鄗侯舟、澎侯刘屈氂、嗣曲侯终根、嗣阳河侯其仁、嗣戴侯秘蒙、嗣弓高侯韩兴等被腰斩。腰斩和弃市都是死刑，《九朝律考》："《史记》李斯具五刑，要斩咸阳市，是要斩本秦制。凡斩皆裸行伏

[1] 李民、王健：《尚书译注》，上海古籍出版社2000年版，第315页。
[2] 《汉书·息夫躬传》，第2186—2187页。
[3] 《汉书·息夫躬传》，第2187页。

锧。"[1]弃市，秦法论死于市，谓之弃市。景帝时改磔为弃市。祝诅罪的处罚是很重的。从史书记载来看，秦朝和东汉的士人没有犯祝诅罪的记录。

3. 訞言

訞言，又作妖言，颜师古将妖言解释为"过误之语"，实际上是指散布不利于统治者的言论来迷惑百姓，达到动摇王朝统治的目的。《史记·秦始皇本纪》："或为妖言，以乱黔首。"《汉书·淮南王安传》："荧惑百姓，背叛宗庙，妄作妖言。"有时候，士人的忧国忧民的言论也会被统治者认为是妖言。妖言属于言论罪。

秦始皇三十六年，"有坠星下东郡，至地为石，黔首或刻其石曰'始皇帝死而地分'"。始皇闻之，遣御史逐问，莫服，尽取石旁居人诛之，因燔销其石。…… 秋，使者从关东夜过华阴平舒道，有人持璧遮使者曰：'为吾遗滈池君。'因言曰：'今年祖龙死'"[2]。这里的"黔首"应该是士人，因为一般的平民百姓不会故弄玄虚制造咒语。西汉的眭弘"少时好侠，斗鸡走马，长乃变节，从嬴公受《春秋》。以明经为议郎，至符节令。孝昭元凤三年正月，泰山、莱芜山南匈匈有数千人声，民视之，有大石自立，高丈五尺，大四十八围，入地深八尺，三石为足。石立后有白乌数千下集其旁。是时昌邑有枯社木卧复生，又上林苑中大柳树断枯卧地，亦自立生，有虫食树叶成文字，曰'公孙病已立'，孟推《春秋》之意，以为'石柳皆阴类，下民之象，泰山者岱宗之岳，王者易姓告代之处。今大石自立，僵柳复起，非人力所为，此当有从匹夫为天子者。枯社木复生，故废之家公孙氏当复兴者也'。孟意亦不知其所在，即说曰：'先师董仲舒有言，虽有继体守文之君，不害圣人之受命。汉家尧后，有传国之运。汉帝宜谁差天下，求索贤人，禅以帝位，而退自封百里，如殷周二王后，以承顺天命。'孟使友人内官长赐上此书。时，昭帝幼，大将军霍光秉政，恶之，下其书廷尉。奏赐、孟妄设祅言惑众，大逆不道，皆伏诛。"[3]公然号召更换皇帝，否认现存皇帝的合理性，自然罪不可赦。宣帝即位以后，却为眭孟平反，认为眭孟所说的公孙氏就是自己，因为宣帝就是已故皇太子的孙子，被迫流落民间，而眭孟的学说正好为自己的即位提供了理论依据。不同的皇帝对待同一个人态度如此不同，证明了统治者正是从自己的利益出发评判士人的言论，一旦士人的言论触犯了统治者的利益，轻则被刑罚，重

---

[1] 程树德：《九朝律考》，第38页。

[2] 《史记·秦始皇本纪》，第259页。

[3] 《汉书·眭弘传》，第3153—3154页。

则丢掉身家性命。

李固为官期间得罪了梁冀，被免官，后来，"甘陵刘文、魏郡刘鲔各谋立蒜为天子，梁冀因此诬固与文、鲔共为妖言，下狱"[1]。虽然在门生王调等人的请求下获赦，但梁冀怕李固的名声最终会损害自己的利益，还是将李固杀死。

妖言的目的是惑众，除了言论之外，还有些行为也可以定为妖言惑众，例如，赵炳"东入章安，百姓未之知也。炳乃故升茅屋，梧鼎而炊，主人见之惊懅，炳笑不应。既而炊孰，屋无损异。又尝临水求度，船人不和之，炳乃张盖坐其中，长啸呼风，乱流而济，于是百姓神服，从者如归。章安令恶其惑众，收杀之"。[2]

以上所举例子的处罚都是处死，妖言罪还有其他的处罚措施，例如，东汉章帝"元和元年，诏诸以前妖恶禁锢者，一皆除之"，这里犯妖言罪的处罚是禁锢。安帝永初四年，"诏自建初以来，诸妖言他过徙边者，各归本郡，其没入官为奴婢者，免为庶人"，这里是徙边。可见，妖言罪可以有各种轻重不一的处罚，有死罪、禁锢、徙边、没为官奴婢等，应该是按照犯罪的具体原因来定的。

4. 诽谤

"诽谤"一词古来已有，原义为非议，指责过错。《说文通训定声》："放言曰谤，微言曰诽，曰讥"，诽谤也有谣言之意。诽谤作为一种罪名，在西周晚期已经出现。《国语·周语上》："厉王虐，国人谤王。"厉王"弭谤"后，"行人道路以目"。最早将诽谤罪上升为法律形式的大概是齐国。[3]《七国考·齐刑法》："《琐语》云：齐威王时，国中大靡，民不衣布，于是威王造锦绣之禁，罪若诽谤王矣。"诽谤的罪名，在战国时的秦也有。《韩非子·难言》："小者以为毁訾诽谤，大者患祸灾害及其身。"《睡虎地秦墓竹简·为吏之道》："吏有五失……五曰非上，身及于死。"秦律中也有诽谤的罪名，汉承秦制，将诽谤列为不道罪。例如，严延年"坐怨望诽谤政治不道弃市。"秦汉时期，诽谤的基本内涵是"非上"，即对当政者言行的非议。《后汉书·儒林列传》中孔僖认为："凡言诽谤者，谓实无此事而虚加诬之也。"诽谤罪的具体含义随时代的变化而有所不同。秦朝对诽谤的定义是"以古非今"，即"人善其所私学，以非上之所建立"，"夸主以为名，异取以为高，率群下以造

---

[1]　《后汉书·李固列传》，第2087页。
[2]　《后汉书·方术列传》，第2742页。
[3]　安作璋：《秦汉官吏法研究》，第219页。

谤"[1]。汉代，诽谤罪主要是指非议政治和君主的言行，但其具体含义有所扩大，包括诽谤宗室、大臣等。诽谤还可以称为"诽讪"、"谤讪"等，"讪"意为"谤"。[2]

我国《刑法》对诽谤罪的定义是："故意捏造并散布虚构的事实，足以贬损他人人格，破坏他人名誉，情节严重的行为。"诽谤罪没有明确的标准，大多以统治者的主观意志定罪。贾谊在《新书·保傅》中评论秦二世曰："故今日即位，明日射人，忠谏者谓之诽谤，深为之计者谓之妖言，其视杀人如艾草菅然。岂胡亥之性恶哉？其所以集道之者非理故也。"秦朝大臣的忠言被认为诽谤，随着君主专制的强化，两汉时期诽谤罪的证据更加抽象，诽谤罪成了大臣之间相互倾轧和报复的工具。

众所周知的秦朝"坑儒"事件的前奏就是卢生等"诽谤"秦始皇。秦朝虽在形式上统一了六国，但其中不和谐的因素还很多。客观上六国的旧贵族残余势力还在蠢蠢欲动，如策划谋杀事件的张良等。而且，当时全国的思想并没有统一，一个国家如果没有统一的思想，要想维持长治久安是很难的。因此，此时的秦始皇最怕的就是对政权不利的议论，这会严重地动摇民心，危及王朝的生命。在这种情况下，一些儒生就显得有些不识时务了。公元前213年，秦始皇置酒咸阳宫，

> 博士七十人前为寿。仆射周青臣进颂曰："他时秦地不过千里，赖陛下神灵明圣，平定海内，放逐蛮夷，日月所照，莫不宾服。以诸侯为郡县，人人自安乐，无战争之患，传之万世。自上古不及陛下威德。"始皇悦。博士齐人淳于越进曰："臣闻殷周之王千余岁，封子弟功臣，自为枝辅。今陛下有海内，而子弟为匹夫，卒有田常、六卿之臣，无辅拂，何以相救哉？事不师古而能长久者，非所闻也。今青臣又面谀以重陛下之过，非忠臣。"[3]

周青臣和淳于越引发了一场关于古今之争的论战，丞相李斯由此认为诸生议论会动摇民心，提出了焚书的建议并得到了秦始皇的首肯。焚书事件之后，儒生与政权的离心倾向更加明显了。一年后的坑儒事件的直接诱因就是方士卢生以言论得罪了秦始皇。卢生与侯生议论秦始皇"贪于权势至如此，未可为求

---

[1] 《史记·秦始皇本纪》，第255页。
[2] 《睡虎地秦墓竹简》，第284页。
[3] 《史记·秦始皇本纪》，第254页。

仙药"，于是乃亡去。"始皇闻亡，乃大怒曰：'吾前收天下书不中用者尽去之。悉召文学方术士甚众，欲以兴太平，方士欲练以求奇药。今闻韩众去不报，徐市等费以巨万计，终不得药，徒奸利相告日闻。卢生等吾尊赐之甚厚，今乃诽谤我，以重吾不德也。诸生在咸阳者，吾使人廉问，或为訞言以乱黔首。'于是使御史悉案问诸生，诸生传相告引，乃自除犯禁者四百六十余人，皆坑之咸阳，使天下知之，以惩后。益发谪徙边。"[1]

西汉武帝时诽谤的定罪标准更加抽象，仅仅凭借神色有异就可以定罪。典型的是颜异"腹诽案"。颜异身为大司农，对币制改革发表意见本为职责所在，但其言论使武帝不满。后来仅仅因为"微反唇"就被张汤认定为"腹诽罪"论死。东汉时有孔僖和崔骃的诽谤先帝案。孔僖与崔骃相善，共游于太学。"因读吴王夫差时事，僖废书叹曰：'若是，所谓画龙不成反为狗者。'骃曰：'然。昔孝武皇帝始为天子，年方十八，崇信圣道，师则先王，五六年间，号胜文、景。及后恣己，忘其前之为善。'僖曰：'书传若此多矣！'邻房生梁郁儳和之曰："如此，武帝亦是狗邪？"僖、骃默然不对。郁怒恨之，阴上书告骃、僖诽谤先帝，刺讥当世。事下有司，骃诣吏受讯。"[2]梁松因为"数为私书请托郡县，二年，发觉免官，遂怀怨望"。四年冬，乃县飞书诽谤，下狱死，国除。[3]飞书，注曰：无根而至，若飞来也，即今匿名书也。其家属也被徙到了九真。弟弟梁竦"坐兄松事，与弟恭俱徙九真。"[4]显宗时诏还本郡。

在宦官专权的情况下，诽谤成了宦官诬陷忠直大臣的工具。例如，史弼拒绝了中常侍侯览的无理要求，并且大义凛然地说："太守忝荷重任，当选士报国，尔何人而伪诈无状！"史弼被侯览诬为诽谤，但朝廷没有查证就将史弼抓捕入狱。

由此看来，诽谤罪的定罪标准有的是证据确凿，真有其事，有的却是捕风捉影，没有真凭实据的。这也正体现了君主专制体制下法律的主观性和不严格性。汉宣帝时，狱吏出身的路温舒认为腹诽、诽谤之罪严重堵塞了言路，是君主与酷吏网罗罪名陷害士人的主要方式，于是在上书中以秦喻汉，要求废除诽谤罪："臣闻秦有十失，其一尚存，治狱之吏是也。秦之时，羞文学，好武勇，

---

[1] 《史记·秦始皇本纪》，第258页。

[2] 《后汉书·儒林列传》，第2560页。

[3] 《后汉书·梁统列传》，第1170页。

[4] 《后汉书·梁统列传》，第1170页。

贱仁义之士，贵治狱之吏；正言者谓之诽谤，遏过者谓之妖言。故盛服先生不用于世，忠良切言皆郁于胸，誉谀之声日满于耳；虚美熏心，实祸蔽塞。此乃秦之所以亡天下也。……唯陛下除诽谤以招切言，开天下之口，广箴谏之路，扫亡秦之失。"[1]只有"诽谤之罪不诛，而后良言进"。但实际上诽谤罪一直没有废除。

西汉高祖、吕后、文帝时都曾除妖言诽谤罪，文帝时："古之治天下，朝有进善之旌，诽谤之木，所以通治道而来谏者。今法有诽谤妖言之罪，是使众臣不敢尽情，而上无由闻过失也。将何以来远方之贤良？其除之。民或祝诅上以相约结而后相谩，吏以为大逆，其有他言，而吏又以为诽谤。此细民之愚无知抵死，朕甚不取。自今以来，有犯此者勿听治。"[2]汉哀帝即位之初即下令除诽谤法，但《后汉书·申屠刚列传》中申屠刚在平帝时上书说："今朝廷不考功校德，而虚纳毁誉，数下诏书，张设重法，抑断诽谤，禁割论议，罪之重者，乃至腰斩。伤忠臣之情，挫直士之锐，殆乖建进善之旌，县敢谏之鼓，辟四门之路，明四目之义也。"可见，诽谤法仍在继续沿用。《三国志·魏书·崔琰传》注引《魏略》，曹操以为崔琰"腹诽心谤，乃收付狱，髡刑输徒"。虽然具体的刑罚有了变化，但诽谤罪到此时仍然没有被彻底废除。

对诽谤罪的处罚，秦朝时最重，秦统一后，规定对犯诽谤罪者处以族刑，秦始皇三十三年，李斯上言："以古非今者族。"制曰："可。"这使得对诽谤罪处以族刑就上升为法律的形式了。但在实际执行过程中并没有严格执行族刑，如诽谤秦始皇的卢生、侯生及非议朝政的儒生被集中在咸阳坑杀，但没有灭其族的记载；扶苏犯的也是诽谤罪，但从实际上来看，对扶苏施以族刑也是不可能的。这里的"族"指的是父母、妻子和同产。

汉承秦制，对诽谤罪的刑罚也是族刑。汉中期以后专制政权为控制舆论，曾明文规定，"腹非者论死，诽谤圣制者当族"。汲黯是汉武帝时一个非常敢于直言进谏的大臣，曾因为大宛千里马的事情说得武帝心中不悦，公孙弘就说汲黯"诽谤圣制，当族"。在汉代，诽谤罪被列入了不道罪的范围，一般的结果是弃市，但其处罚也会因具体情况的不同而有所不同。例如，杨恽因为诽谤仅仅被免为庶人，没有处以其他刑罚。京房、张博兄弟因为"诽谤政治，狡猾不道"被弃市，妻子徙边。夏侯胜诽谤先帝，宣帝大怒，夏侯胜被判处死刑，

---

[1] 《汉书·路温舒传》，第2369—2371页。
[2] 《史记·孝文本纪》，第424页。

但后来幸遇大赦，只被"系狱三年，免为庶人"。如果夏侯胜遇不上大赦，肯定就被杀了。因为诽谤先帝如果不治以重罪，既不足以表明现任皇帝的孝心，又不能显示皇帝的权威。此外，《汉书·刑法志》："汉兴之初，虽有约法三章，网漏吞舟之鱼。然其大辟，尚有夷三族之令。令曰：'当三族者，皆先黥，劓，斩左右止，笞杀之，枭其首，菹其骨肉于市。其诽谤詈诅者，又先断舌。'"[1]如果犯了应该夷三族的罪后，又犯诽谤罪的，要先断舌再施行其他刑罚。

东汉时期，诽谤罪的处罚又出现了新的特点，一是增加了禁锢的内容；二是诽谤宗室的处罚与其他诽谤罪处罚相比偏轻。就具体例子来讲，梁松死后，其家属包括妻子、弟弟梁竦和梁恭"俱徙九真"[2]。栾巴被"下狱，抵罪，禁锢还家"，栾巴本来是要被杀头的，正好赶上了京师地震，太后才饶了他一命。史弼被侯览诬为诽谤之后，事当弃市，他的门生魏劭和同郡的人卖掉郡邸，贿赂侯览，得减死罪一等，论输左校。东汉时期，出现了诽谤宗室的罪名，其处罚就比诽谤皇帝或当朝政治要轻。比如，李燮因为指责安平王刘续在国无政，又曾为张角所掳掠，不适合复国。但其他支持刘续复国的大臣居多，李燮便被认为是"诽谤宗室"，"输作左校"。章帝时，太后兄马廖的儿子马豫坐"县书诽谤"，马廖只是"就国"而已，没有记载其他处罚。可见，根据犯罪主体和诽谤对象的不同，处罚措施也有很大的不同。

由秦延至两汉，对诽谤罪的处罚有减轻的趋势。如秦时的很多儒生为此丢掉了性命，而两汉时期，情节重的本人下狱死，家属徙边，情节轻的可以免除死罪。虽然以上所举例中有的犯罪主体不是士人，但可以从对他们的处罚中推及士人。

5. 诬罔

诬，《说文》，"加也。"徐锴曰："以无为有也。"《韩非子·八经》："无故而不当为诬，诬为罪臣。"诬罔属于欺骗罪，但如果诬罔的对象是皇帝就成了不道罪。《汉书·李寻传》："诬罔主上不道。"其罪名的内涵基本可以用"诬罔君臣，使事失实"来概括[3]。在实际执行过程中，诬罔不道的范围更加扩大，臣民上书的内容触怒了皇帝，即便所陈述的内容属实，也会被论以"罔上不道"或者"诬上罔事"，在没有皇帝开恩的情况下会被处以重刑，甚

---

[1] 《汉书·刑法志》，第1104页。

[2] 《后汉书·梁统列传》，第1170页。

[3] 程树德：《九朝律考》，第103页。（《周礼》为邦诬注，《辑证》云此八字疑汉律语）

至被处死。

郅恽以平民的身份给王莽上书，结果"莽大怒，即收系诏狱，劾以大逆。犹以恽据经谶，难即害之，使黄门近臣胁恽，令自告狂病恍忽，不觉所言。恽乃瞑目臵曰：'所陈皆天文圣意，非狂人所能造。'遂系须冬，会赦得出，乃与同郡郑敬南遁苍梧。""桓帝时，宦官专朝，政刑暴滥，又比失皇子，灾异尤数。"襄楷"自家诣阙上书"，尚书认为"楷不正辞理，指陈要务，而析言破律，违背经艺，假借星宿，伪讬神灵，造合私意，诬上罔事。请下司隶，正楷罪法，收送洛阳狱。"帝以楷言虽激切，然皆天文恒象之数，故不诛，犹司寇论刑。[1] "河间男子赵腾诣阙上书，指陈得失。帝发怒，遂收考诏狱。结以罔上不道。虽然有杨震上书皇帝为他说情，但是'帝不省，腾竟伏尸都市。'"[2]被认为是党羽而被治罪的多达80多人，"皆以诽谤当伏重法"[3]。赵腾应该是士人，具有一定的文化知识，有参政议政的意识。

诬罔的处罚有腰斩、弃市等，一般都是死刑，诬罔主上不道，也有免除死罪的情况。

6．怨望

这个罪名并没有明确的标准，有时仅仅靠统治者的个人意愿、好恶来判罪。一些被免官或夺爵的士人难免会觉得有失公平，而稍微的牢骚之意便有可能被认为是"怨望"，事主本人便会性命不保。

早在秦昭王五十年，武安君白起被免为士伍，迁之阴密。因为有病暂时没有动身，三个月后，秦军战况失利，"秦王乃使人遣白起，不得留咸阳中。武安君既行，出咸阳西门十里，至杜邮。秦昭王与应侯群臣议曰：'白起之迁，其意尚怏怏不服，有余言。'秦王乃使使者赐之剑，自裁"[4]。武安君自杀以后，民众觉得他死非其罪，立祠纪念他。

平通侯杨恽"坐前为光禄勋有罪，免为庶人。不悔过，怨望，大逆不道，腰斩"[5]。杨恽素日为官时就在朝廷得罪了不少人，与太仆戴长乐的矛盾冲突使两人皆免为庶人。杨恽居家"治产业，起室宅，以财自娱"，一般官吏被免后，尽量销声匿迹，不引起统治者的注意才能免除随后而来的祸患，杨恽的友

[1] 《后汉书·襄楷列传》，第1083页。
[2] 《后汉书·杨震列传》，第1776页。
[3] 《后汉书·杨震列传》，第1816页。
[4] 《史记·白起列传》，第2337页。
[5] 《汉书·宣帝纪》，第266页。

人安定太守孙会宗劝他要收敛一些，要表现得可怜一些。但杨恽对自己被免本身就不服气，更没有听从孙会宗的劝告，修书一封与孙会宗，结果被认为是"不悔过，怨望"，被腰斩，妻子徙酒泉郡，其兄子安平侯杨谭、与杨恽关系不错的未央卫尉韦玄成、京兆尹张敞、孙会宗等皆免官。怨望一般以处死论。

随着不道罪包含罪名的增多，对不道罪的处罚也变得多样化。与谋反罪相比，其他的不道罪的危害并没有那么严重，因此，处罚也会相应地减轻一些。例如，晁错"亡臣子礼，大逆无道"被腰斩，"父母妻子同产无少长皆弃市"。[1]这个处罚比"夷三族"轻多了。到了西汉中后期，对非谋反罪的不道罪的处罚进一步减轻了。例如，武帝时丞相刘屈氂因为祝诅上，"妻子枭首华阳街"。汉宣帝时，杨恽大逆无道被腰斩，"妻子徙酒泉郡"[2]。汉哀帝时，息夫躬"与巫同祝诅"，也属于大逆不道之罪，息夫躬死在狱中，"妻充汉与家属徙合浦。躬同族亲属素所厚者，皆免废锢"[3]。由这些案例可以看出，对不道罪的处罚趋势是越来越轻的，宽大处理的情况越来越多，甚至事主本人都不再处以死刑，如汉元帝时，陈咸漏泄省中语，被"髡为城旦"，并被禁锢，但到了成帝时禁锢就解除了。

从士人犯不道罪的情况来看，言论犯罪占据了主要地位，不道罪中祝诅、妖言、诽谤都属于言论犯罪，其中又以诽谤罪为主，士人对皇帝的行为或政事发表自己的看法或提出不同意见，都有可能会被当作诽谤治罪，随着君主专制主义中央集权的日益发展，诽谤罪逐渐成为了统治者约束、陷害大臣和士人的主要工具。

二、大不敬罪

不敬罪是同礼节紧密联系在一起的，在《尚书·盘庚》中就有不敬罪的记录："乃有不吉不迪，颠越不恭……"不恭，即不敬。《汉书·贾谊传》引颜师古注："恭，敬也。"

《晋书·刑法志》注引张斐《律表》："亏礼废节，谓之不敬。"《唐律疏议》卷一："礼者，敬之本，礼之舆。故《礼运》曰：'礼者，君之柄，所以别嫌明微，考制度，别仁义。'责其所犯既大，皆无肃敬之心，故曰：'大不敬'。"《睡虎地秦墓竹简·为吏之道》："吏有五失……四曰犯上弗智（知）

---

[1] 《汉书·晁错传》，第2302页。

[2] 《汉书·杨敞传》，第2898页。

[3] 《汉书·息夫躬传》，第2187页。

害。"[1]不敬罪成为维护封建等级制度的工具，并逐渐成为封建社会臣民必须遵守的法律规范。

1. 非所宜言

非所宜言，指说了不该说的话。非所宜言是同君主专制相始终的，因为什么该说什么不该说是很难界定的，法律也不可能对之做出明文规定，所以，大多数情况下，非所宜言的衡量标尺就是最高统治者，即定罪与否在很大程度上取决于君主的个人意志。战国时代，处士横议是时代使然。但随着封建专制主义中央集权的建立，君主对言论的控制越来越严格。臣民因为言论失误被处罚的现象也日渐增多。韩非子曾对这一现象作过形象的论述："夫龙之为虫也，柔可狎而骑也，然其喉下有逆鳞径尺，若人有婴之者，则必杀人。人主亦有逆鳞，说者能无婴人主之逆鳞，则几矣。"[2]臣民的某些言论"度量虽正，未必听也；义理虽全，未必用也，大王若以此不信，则小者以为毁誉诽谤，大者患祸灾害，死亡及其身，故子胥善谋，而吴戮之，仲尼善说，而匡围之，管夷吾实贤，而鲁囚之"[3]。这在《睡虎地秦墓竹简·为吏之道》中也有反映："贵不敬，失之毋口，君子敬如饴，戒之戒之，言不可追。"[4]"口，关也；舌，机也。一堵（曙）失言，四马弗能追也。口者，关；舌者，符玺也。玺而不发，身亦毋薜。"[5]口舌之失会带来杀身之祸。秦时，项梁曾杀人，与项籍避仇吴中。"秦始皇帝东游会稽，渡浙江，梁与籍观。籍曰：'彼可取而代也。'梁掩其口，曰：'无妄言，族矣！'"[6]项梁告诫项籍的话表明，如果让别人听见了，项籍就犯了"妄言罪"了，是要被灭族的。这里的"妄言"，从意思上来看，说的是大不敬之语，应该等同于"非所宜言"。陈胜起义以后，秦二世召集诸儒生博士询问对策，博士诸生三十余人前曰："人臣无将，将则反，罪死无赦。愿陛下急发兵击之。"二世听了非常生气，于是他"令御史案诸生言反者下吏，非所宜言。诸言盗者皆罢之"[7]。结果这30多位博士儒生皆被处死。这是较早出现的比较明确的非所宜言罪。

有些士人被杀或者被处罚的罪名并没有被明确界定为非所宜言，但其言

[1] 《睡虎地秦墓竹简》，第283页。
[2] 《诸子集成》（五），《韩非子集解·说难》，中华书局1954年版，第66页。
[3] 《韩非子集解·难言》，第15页。
[4] 《睡虎地秦墓竹简》，第290页。
[5] 《睡虎地秦墓竹简》，第295页。
[6] 《史记·秦始皇本纪》，第295页。
[7] 《史记·叔孙通列传》，第2720页。

论触怒了掌握法律准绳的人，从其具体犯罪原因来讲，当属非所宜言。项羽攻占咸阳以后，"杀秦降王子婴，烧其宫室，火三月不灭；收其宝货，略妇女而东。秦民失望。于是韩生说羽曰：'关中阻山带河，四塞之地，肥饶，可都以伯。'羽见秦宫室皆已烧残，又怀思东归，曰：'富贵不归故乡，如衣锦夜行。'韩生曰：'人谓楚人沐猴而冠，果然。'羽闻之，斩韩生"。[1]在秦亡汉未立之前，项羽就是最高统治者，触犯他就相当于触犯皇帝。韩生的身份即为士人，他的本来目的是想为项羽出谋划策，让他坐稳江山，但却因此忤逆了项羽，丢掉了性命。按照非所宜言的定义，韩生所犯之罪应该归在"非所宜言"一类中。《汉书·梅福传》中有"非所宜言，大不敬"之语，因此，在汉代，非所宜言也属于大不敬。

2. 废诏命

在秦汉时代，诏、命、令都是皇帝发布的命令，臣民不得违抗。秦律对此有明确的规定："可（何）谓'犯令'、'法（废）令'？律所谓者，令曰勿为，而为之，是谓'犯令'；令曰为之，弗为，是为'法（废）令'也。廷行事皆以'犯令'论。"[2]意思是做了法律禁止的事叫"犯令"，不按照法律规定做事叫"废令"，在司法审判时，废令罪按照犯令罪处理。废诏命的另一种说法是"废格"，什么是"废格"呢？《史记·淮南衡山王列传》注引如淳曰："谓被阁不行。"又曰："废格天子文法，使不行也。"

简单地说，废诏命就是指不执行皇帝的命令。本书主要是指士人不应统治者的征召而使诏令不行的情况。王莽新朝和东汉末年，由于政治腐败，一大批对现实失望的士人在皇帝下诏征辟时，往往会不应诏命，并且隐居深山来避开征召。这些人有的没有被追究，有的却因此而受到各种惩罚。马融"忤邓氏，滞于东观，十年不得调。因兄子丧自劾归。太后闻之怒，谓融羞薄诏除，欲仕州郡，遂令禁锢之。"[3]马融"自劾归"即解除了他的官僚身份，成了士人。"羞薄诏除"在此处的意思应该是轻视皇帝的命令，可以等同于废诏命。张奋的父亲张纯死后，光武"诏奋嗣爵，奋称纯遗敕，固不肯受。帝以奋违诏，敕收下狱，奋惶怖，乃袭封"[4]。为了避免刑罚，虽然不愿意，还是得接受诏命。

"为（伪）听命书，法（废）弗行，耐为侯（候）；不辟（避）席立，訾

---

[1] 《汉书·项籍传》，第1808页。

[2] 《睡虎地秦墓竹简》，第211页。

[3] 《后汉书·马融列传》，第1791页。

[4] 《后汉书·张纯列传》，第1198页。

二甲。"[1]这里说的"为听命书"意思是不执行诏书，诏书即皇帝的命令，因此，与废诏命基本等同。随着时代的发展，对不执行诏书和废诏命的处罚越来越比违反礼节的处罚严重了。秦代废诏命罪的处罚一般是"耐为候"，是劳役刑。废诏命和废格法的内涵一致，但是刑罚却不一样。废格诏命应该弃市，到汉武帝时，废格之法才成为定制，《史记·淮南衡山王列传》："淮南王安拥阏奋击匈奴者雷被等，废格诏命，当弃市。"由此来看，随着专制中央集权的加强，对废诏命的处罚越来越重了。

但不应征罪的涵义和处罚与废诏命又有不同之处。虽同为不敬罪，都是不执行皇帝的诏命，士人的不应征罪对朝廷的危害不明显，只是让皇帝觉得没有面子而已，而官僚或者诸侯王的废诏命却会直接影响到王朝的利益。《史记·酷吏列传》："至冬，杨可方受告缗，（义）纵以为此乱民，部吏捕其为可使者。天子闻，以为废格沮事，弃纵市。"因此，针对不同的犯罪主体，刑罚也有不同。汉高祖对征召不来的"商山四皓"没有任何的处罚措施，在吕后用张良计招来四人之后，汉高祖仍对四人尊敬备至。"圣王有不宾之臣"，一般情况下，封建皇帝可以容忍一些士人不应征召，以对他们大度包容来显示自己的"圣王"风范。但一些特殊时期，统治者笼络士人不成就会将他们杀死，例如，王莽对不愿意为他效命的士人举起了屠刀，很多人为此丢了性命。王莽居摄，谯元变易姓名，归家隐遁，公孙述聘之补肯起，赐以毒药。子瑛泣血叩头，愿奉家钱千万赎父死，述听许之，遂隐藏田野。李业以王莽居摄，称疾去官，遂隐藏山谷，公孙述召之，业固疾不起，述羞不致之，赐之以药，业叹曰"危国不入，乱国不居"，遂饮毒药而死。与王莽相同的还有公孙述等。

东汉中后期，外戚宦官专权，政局腐败，士人不应征召者明显增加，但都没有受到处罚。韦著少以经行知名，不应州郡之命。大将军梁冀辟，不就。延熹二年，桓帝公车备礼征，至霸陵，称病归，乃入云阳山，采药不返。有司举奏加罪，帝特原之。杨秉"有诏公车征秉及处士韦著，二人各称疾不至。有司并劾秉、著大不敬，请下所属正其罪"[2]。黄琼"永建中，公卿多荐琼者，于是与会稽贺纯、广汉杨厚俱公车征。琼至纶氏，称疾不进。有司劾不敬"。黄琼在李固的劝说下应征。[3]

在两汉时期，如果士人被察举或征辟而不应征，那就是违抗了上级或皇帝

[1] 《睡虎地秦墓竹简》，第129页。
[2] 《后汉书·杨震列传》，第1771页。
[3] 《后汉书·黄琼列传》，第2032页。

的旨意，这是一种犯罪行为。而春秋时期，士人的去就是非常自如的。士人们可以同时在几个国家献计献策，选择自己最愿意投靠的政权，之所以能这样，是因为那时很多政权并列，各国之间只有利益冲突和争夺，没有从属关系。而秦统一中国以后，最高统治者只有一个，士人除了投靠秦朝廷之外，没有其他的人可以让士人施展自己的政治抱负。东汉中后期，士人们更加讲求名节，不应征表明了这个人不愿意与统治者同流合污，以隐居不仕表明自己的志向。而且，此时宦官垄断了选举之权，即使这些人应征做官，也难以有所作为，他们的出仕无益于政局的改变。经过两次党锢之祸，士人数量大大增加，但对时局心灰意冷者居多，宦官集团也不愿意让士人们出来做官，增加敌对力量。由此引发的后果就是政权更加腐败，灭亡之日越来越近。

《礼记·王制》："山川神祇，有不举祭者为不敬。不敬者，君削以地。"不敬罪最初是从祭祀活动中产生的，后来逐渐有了不敬君主的涵义。从罪名轻重来讲，不敬罪比不道罪轻，不敬罪属于一种过失犯罪。例如，《汉书·陈汤传》载，"丞相御史奏：'汤惑众不道，妄称诈归异于上，非所宜言，大不敬。'廷尉增寿议，以为：'不道无正法，以所犯剧易为罪，臣下承用失其中，故移狱廷尉，无比者先以闻，所以正刑罚，重人命也。明主哀悯百姓，下制书罢昌陵勿徙吏民，已申布。汤妄以意相谓且复发徙，虽颇惊动，所流行者少，百姓不为变，不可谓惑众。汤称诈，虚设不然之事，非所宜言，大不敬也。'制曰：'廷尉增寿当是。汤前有讨郅支单于功，其免汤为庶人，徙边。'"[1]

秦朝不敬罪又叫"不臣"。《史记·秦始皇本纪》："二世使令将闾曰："公子不臣，罪当死，吏致法焉。"将闾曰："阙廷之礼，吾未尝敢不从宾赞也；廊庙之位，吾未尝敢失节也；受命应对，吾未尝敢失辞也。何谓不臣？臣闻罪而死。"

不敬罪在汉朝时，范围也急剧扩大，超出了亏礼废节的内容，这也同封建专制主义中央集权的加强有很大的关系。

三、阿党与交通

《广雅·释诂》："阿，邪也。"《楚辞·逢纷》："阿，曲也。"《离骚》注："所私为阿。"《礼记·月令》："阿党，谓治狱吏以私恩曲挠相为

---

[1] 《汉书·陈汤传》，第3026页。

也。"实际上，秦汉阿党罪的内涵比这要宽泛得多。统治者为了防止大臣或诸侯培植私人势力，对统治构成威胁，对阿党罪的处罚和定义都日趋严厉。在秦汉时代，随着入仕途径的日趋艰难，很多的士人聚集在官僚或者诸侯周围，成为他们的门客或者门生，通过影响投靠的主人来施展自己的抱负和理想。由此，以官僚、名儒和诸侯为核心形成了一个个小集团，一旦这个小集团的核心人物犯罪被惩治时，其手下的幕僚就自然背上了阿党或交通的罪名，死伤无数。鉴于本书关注的犯罪主体，受到牵连的幕僚的身份大多是士人。虽然明确记载这些士人身份的史料不多，但是我们可以肯定，这些人大部分是士人。

在不同时期，朝廷防范的对象也有所不同。汉初，汉高祖要防范的主要是项羽余部和异姓诸侯王。《新论·求辅第三》："高帝既定天下，念项王从函谷入，而己由武关到，推却关，修强守御，内充实三军，外多发屯戍，设穷治党与之法，重悬告反之赏。"文景时期，同姓诸侯王的势力开始增强，对同姓诸侯王的防范又成了此时的重点。汉武帝设左官律和附益法，防止其他政治力量和诸侯王结成集团，一旦发现，处罚也非常严厉，如汉武帝治淮南王谋反事，《汉书·五行志》："治淮南狱，党与死者万余人。"这其中不乏跟随淮南王的士人。而到东汉中后期，对外戚和宦官集团与其他势力结党的防范就显得比较重要了。不管是哪个集团的垮台，都会有很多的士人牵连在内。

据安作璋先生考证，交通罪的最早记载是《史记·范睢列传》秦昭襄王五十二年，王稽为河东守与诸侯通，坐法诛。[1]汉代交通罪的内涵是不断扩大的，从最早的与诸侯交通延伸到与宗族、官僚、外戚等。《后汉书·孔融传》载，汉律，与罪人交关三日以上者，皆应知情。与犯罪的人交往也会被冠以交通的罪名。

阿党主要是以官僚或者权贵人物为中心，交通则范围更广泛一些。阿党主要是政治性的，而交通包括了非政治性的、正常的联系，阿党的处罚比交通要更严重一些。在《史记》、《汉书》、《后汉书》中记载有大量的阿党和交通犯罪的例子，一般牵连在内的人都很多，在这些人里面，一定会有许多的士人。焦永"以事被考，诸弟子皆以通关被系。"李贤注曰："为交通关涉也。"[2]袁敞"坐子与尚书郎张俊交通，漏泄省中语，策免"[3]。袁敞"少传《易经》教授"，所以推知他的儿子应该为有知识的人，又没有他做官的记

---

[1] 安作璋：《秦汉官吏法研究》，第244页。
[2] 《后汉书·乐恢列传》，第1477页。
[3] 《后汉书·袁安列传》，第1524页。

录，所以归入士人一类。他本人犯了交通罪，连及他的父亲。"漏泄省中语"的应该是袁敞，因为朱济、丁盛告发张俊"私书与敞子"，才牵连到了袁敞。张俭事起，收捕钩党，乡人对李膺说："可去矣"。李膺对曰："事不辞难，罪不逃刑，臣之节也。吾年已六十，死生有命，去将安之？"乃诣诏狱。考死，妻子徙边，门生、故吏及其父兄，并被禁锢。[1]杜密免官归故郡后，"与李膺俱坐，而名行相次，故时人亦称'李杜'焉。……明年，会党事被征，自杀"。[2]魏朗免官归家以后，窦宪被诛，魏朗以党被征，自杀。夏馥虽不交时宦，然以声名为中官所惮，遂与范滂、张俭等俱被诬陷，诏下州郡，捕为党魁。范滂免官归家以后，党锢之祸时又以党人身份被杀。

秦汉时代，统治者对阿党和交通罪是非常重视的，在汉高祖时为了对付项羽及残余力量，就"设穷治党与之法"。到汉武帝时设立左官律和附益法，针对的是朝野士人与诸侯王的亲密关系，防治对策更加严密。每一个以权臣或诸侯王为首的小集团覆灭时，势必有一大批的士人因为阿党和交通被治罪。而到了东汉党锢之祸时期，阿党和交通罪的犯罪率到达了顶峰。宦官动辄就拿此来压制那些有正义感的士人，这将在以后的章节里详细论述。

大臣结党历来是朝廷防范的重点，但对士人来说，秦和西汉的士人犯结党罪的记载极少，而东汉因此而被治罪的士人比比皆是，一方面是因为东汉党锢之祸中，宦官有意扩大了党人也就是正直士人的范围，借以打击更多的政敌；另一方面，这也与东汉察举、征辟制度的完善，门生、故吏集团的形成有很大的关系。在朝的正直士大夫或名儒、名士都有大量的门生、故吏，他们有相同的政治利益，老师或举主的行为是门生、故吏的榜样，他们对某一事件的反应往往是一呼百应，可以造成很大的声势。所以，士人的结党在东汉比前两朝都要普遍。这也是士人犯罪的阶段性特点之一。

四、其他类型的犯罪

1. 首匿

首匿，《急就篇》："谩（言也）首匿愁勿聊。注：首匿为头首而藏匿罪人也。"

就是指因为藏匿罪犯而犯罪。秦时有"舍人之法"。《史记·商君列传》：秦孝公死后，公子虔等人"告商君欲反，发吏捕商君。商君亡至关下，

---

[1] 《后汉书·党锢列传》，第2197页。
[2] 《后汉书·党锢列传》，第2198页。

欲舍客舍。客人不知其是商君也，曰："商君之法，舍人无验者坐之。'"[1]汉代对匿罪人的规定在《张家山汉墓竹简·二年律令》中有明确记载："匿罪人，死罪，黥为城旦舂，它各与同罪。"[2]文帝时也有舍匿之法，淮南厉王"收聚汉诸侯人及有罪亡者，匿与居，为治家室，赐与财物爵禄田宅"[3]。文帝的舅舅薄昭劝他说："亡之诸侯，游宦事人，及舍匿者，论皆有法。其在王所，吏主者坐。"[4]汉武帝时，"军役数兴，豪杰犯禁，奸吏弄法，故重首匿之科"[5]。王充在《论衡》中说："《汉》正首匿之罪，制亡从之法，恶其随非而与人人为群党也。"

按照藏匿罪犯所犯罪行的轻重，首匿者的罪行也有轻重之分。最严重的是首匿反者，在汉代，首匿反者属于大逆不道罪。首匿反者会被弃市。藏匿的罪犯所犯罪轻，首匿者受到的处罚也随着减轻。《张家山汉墓竹简·二年律令》："匿罪人，死罪，黥为城旦舂，它各以同罪。其所匿未去而告之，除。诸舍匿罪人，罪人自出，若先自告，罪减，亦减舍匿者罪。"[6]刘邦灭项羽之后，以千金求项羽的大将季布，并且规定有敢舍匿季布的，罪及三族。这是比较严重的处罚了，这是刘邦针对季布而下的特别的命令，只是说明舍匿或首匿的对象不同，处罚轻重就不相同。

到东汉党锢之祸时期，首匿党人的现象非常多，首匿反者的罪犯的家属都要受到连坐的处分。陈蕃被害后，友人陈留朱震，"时为铚令，闻而弃官哭之，收葬蕃尸，匿其子逸于甘陵界中。事觉系狱，合门桎梏"[7]。朱震原为官僚，但辞官后身份即为士人。张俭流亡的时候去投奔孔褒(孔融的哥哥)，孔褒不在，孔融见其有窘色，谓曰："兄虽在外，吾独不能为君主邪？"因留舍之。后事泄，国相以下，密就掩捕，俭得脱走，遂并收褒、融送狱。后来孔褒获罪。[8]

党锢之祸时，史书没有明确记载的此类事件肯定还有很多，民众对党人大多都是破家相容，不惧生死。而此时的统治者只追究党人本身就筋疲力尽了，

---

[1] 《史记·商君列传》，第2236页。
[2] 《张家山汉墓竹简·二年律令》，文物出版社2001年版，第155页。
[3] 《汉书·淮南厉王传》，第2141页。
[4] 《汉书·淮南厉王传》，第2139页。
[5] 《后汉书·梁统列传》，第1166页。
[6] 《张家山汉墓竹简·二年律令》，第155页。
[7] 《后汉书·陈蕃列传》，第2171页。
[8] 《后汉书·孔融列传》，第2262页。

已无力再——追究那些藏匿他们的人的罪行了，所以这个时期，犯首匿罪的人被治罪的只有少数比较出名的士人或者官僚，一般的士人或百姓被治罪的记录不多见。

2．擅出界

擅出界属于擅为罪的一种。《说文》："擅，专也。"擅为即擅自做出了有违法律或规定的事情，主要是指个别官吏脱离中央集权的控制而独断专行的行为。秦代法律将擅为罪列为官吏的五种主要过失之一："吏有五失……三曰擅制割。"[1]联系到本书的犯罪主体——士人，他们虽然不属于官吏，但中央集权对知识分子有一些异于普通百姓的限定，如被免罢的守令，如果没有受到皇帝的征召，不得妄到京师。《后汉书·苏不韦传》载，汉法，免官守令，自非诏召，不得妄到京师。如果违反了就会被治罪。桓荣因为"性矜洁自贵，于人少有所与，以此见害于权宠"，延熹中，遂陷以罪辟，与宗族免归故郡。后来刺史张敬追劾荣以擅去边，有诏捕之。[2]苏章的父亲苏谦勇于打击权贵，结果在免官以后又被人抓住了把柄。"时魏郡李暠为美阳令，与中常侍具瑗交通，贪暴为民患，前后监司畏其势援，莫敢纠问。及谦至，部案得其臧，论输左校。谦累迁至金城太守，去郡归乡里。汉法，免罢守令，自非诏征，不得妄到京师。而谦后私至洛阳，时暠为司隶校尉，收谦诘掠，死狱中，暠又因刑其尸，以报昔怨。"[3]

两汉相比，擅为罪的犯罪情况变化不大。擅为罪一般是针对官员来说的，士人涉及此罪的并不多见。

3．被牵连或被诬陷获罪

尽管汉代盛行"引经决狱"，反对株连原则，但在实际执行过程中，被牵连治罪的人很多。受牵连的这些士人本身并没有犯罪行为，但是因为他们的亲戚、学生或与之关系密切的人犯了罪，牵连他们也一并被治罪。两汉相比，东汉的牵连情况更加严重，范围更广。

张楷因为有人自称跟随他学习过，就被牵连治罪，后来证明是假的才免去了牢狱之灾。裴优"行雾作贼，事觉被考，引楷言从学术，楷坐系廷尉招狱，积二年，恒讽颂经籍，作《尚书注》。后以事无验，见原还家"[4]。梁松

[1]　《睡虎地秦墓竹简》，第283页。
[2]　《后汉书·桓荣列传》，第627页。
[3]　《后汉书·苏章列传》，第1107页。
[4]　《后汉书·张楷列传》，第1243页。

犯诽谤罪，其弟梁辣、梁恭被徙到九真。之后专心于学问，推动学术的发展。桓帝时，"汝南有陈伯敬者，行必矩步，坐必端膝，呵叱狗马，终不言死，目有所见，不食其肉，行路闻凶，便解驾留止，还触归忌，则寄宿乡亭。年老寝滞，不过举孝廉。后坐女婿亡吏，太守邵夔怒而杀之。时人罔忌禁者，多谈为证焉。"[1]李固的儿子李基、李兹，在李固被梁冀杀死以后弃官逃亡，但仍被杀。[2]

东汉党锢之祸时期，大批的士人被牵连，很多人被禁锢。郑玄及党事起，乃与同郡孙嵩等40余人俱被禁锢，遂隐修经业，杜门不出。[3]荀爽弃官以后，在党锢时仍被禁锢。陈寔在党锢时也被连及。及后逮捕党人，事亦连寔。余人多逃避求免，寔曰："吾不就狱，众无所恃。"[4]延笃因病免归以后，教授家巷。党锢之祸时，亦被禁锢。孔昱在党锢之祸时被禁锢。符融在党锢之祸时并未仕进仍被禁锢。范冉居家被禁锢。

被诬陷获罪的士人也很多。被诬陷获罪说明了封建社会法律的不严肃性。统治者宁可在最大范围内将那些对统治不利的人治罪，这是出于维护封建统治的需要。有时候，不分是非即将士人治罪，造成了很多冤案。桓晔"初平中，天下乱，避地会稽，遂浮海客交趾，越人化其节，至闾里不争讼。为凶人所诬，遂死于合浦狱。"[5]邹阳、严忌、枚乘等先是为吴王刘濞的门客，吴王不听从邹阳的劝告，于是他们又转而投靠梁孝王。梁孝王门下的羊胜与邹阳不和，羊胜在孝王面前诋毁邹阳，结果邹阳入狱，孝王将杀之，阳"客游以谗见禽"，在狱中上书，感动了孝王，不但没死，还成了孝王的座上客。[6]

严格说，这些士人并没有犯罪，但从后果来看，他们实际上受到了处罚，所以还以犯罪论处。

4. 挟书律

秦时规定，"天下敢有藏《诗》、《书》、百家语者，悉诣守、尉杂烧之"[7]。但《汉书·艺文志》所载，六经先秦遗留五百四十多篇，诸子经过秦火尚余存二千七百多篇。知识分子在秦朝保存这些书，本身就是违反了统治者的诏令，是要承担很大的风险的。《汉书·惠帝纪》惠帝四年，除挟书律。注

---

[1] 《后汉书·郭躬列传》，第1546页。
[2] 《后汉书·李固列传》，注引袁宏《后汉纪》，第2088页。
[3] 《后汉书·郑玄列传》，第1207页。
[4] 《后汉书·陈寔列传》，第2066页。
[5] 《后汉书·桓荣列传》，第1260页。
[6] 《汉书·邹阳传》，第2346页。
[7] 《史记·秦始皇本纪》，第255页。

引应劭曰:"挟藏也。"

挟书律的施行主要是在秦朝。西汉鲁恭王破孔子壁所得的书,应该是孔子的九世孙孔鲋藏起来的。当秦下焚书令时,陈余告诉他说:"秦将灭先王之籍,而子为书籍之主,其危矣。"孔鲋回答说:"吾不为有用之学,知吾者惟吾友,秦非吾友,吾何危哉!然顾有可惧者,必或求天下之书焚之,书不出则有祸。吾将藏之以待其求,求至无患矣。"[1]伏生"秦时焚书,伏生壁藏之。其后兵大起,流亡,汉定,伏生求其书,亡数十篇,独得二十九篇,即以教于齐鲁之间。"[2]颜芝在秦焚书时,把《孝经》藏了起来,汉时其子献出。《隋书·经籍志》载,《孝经》,秦时遭焚,为河间人颜芝所藏,汉初芝子贞出之,凡十八章。挟书律在惠帝时废除。秦朝刚统一之时,社会思想非常不统一,挟书律有利于思想上的统一。"秦既得意,烧天下《诗》《书》,诸侯史记尤甚,为其有所刺讥也。"[3]

有学者认为:"汉初私学源于'秦火'之后先秦文化典籍的私人保存和私家传播,正是这些经私人保存和私家传播而保留下来的先秦文化典籍,便成为汉初私学复兴的学术基础和文化背景。"[4]这是有道理的。如济南人伏生在秦焚书时壁藏《尚书》二十九篇,后在齐鲁一带私家传授,故山东学者多通《尚书》。汉惠帝四年挟书律的废除,"改秦之败,大收篇籍,广开献书之路"[5]。由此文化上的禁锢解除以后,更有利于学术的传播和发展。

5. 受诸侯金

这是士人为了自己的政治前途和经济利益,利用自己的才智为诸侯王出谋划策,同时接受诸侯王的贿赂。士人犯此罪的人非常少。在封建社会,统治者对大臣的要求最重要的是忠心,而不是清廉,所以针对大臣的经济犯罪行为都很少追究,更不用说不仕的士人了。

主父偃"始为布衣时,尝游燕、赵,及其贵,发燕事。赵王恐其为国患,欲上书言其阴事,为偃居中,不敢发。及为齐相,出关,即使人上书,告言主父偃受诸侯金,以故诸侯子弟多以得封者。及齐王自杀,上闻大怒,以为主父劫其王令自杀,乃征下吏治。主父服受诸侯金,实不劫王令自杀。上欲勿诛,

[1] 《孔丛子》,上海古籍出版社1990年版,第59页。
[2] 《史记·儒林传》,第3124—3125页。
[3] 《史记·六国年表》,第686页。
[4] 孙峰、肖世民:《汉代私学考》,《西安联合大学学报》1999年第3期。
[5] 《汉书·艺文志》,第1701页。

是时公孙弘为御史大夫，乃言曰：'齐王自杀无后，国除为郡，入汉，主父偃本首恶，陛下不诛主父偃，无以谢天下。'乃遂族主父偃。"[1]

主父偃在没有做官时所犯的罪在其做官后仍被揭发出来，虽然最后主父偃并不是因为受贿被灭族的，但是，由赵王派人告发此事可以看出，收受诸侯王的贿赂应该也是犯罪。

6．造意

《晋书·刑法志》引张斐《律表》："唱首先言，谓之造意。"《唐律疏议·名例律》："诸犯共罪者，以造意为首，随从者减一等。"一些官僚或者诸侯王的犯罪行为是其门客为其策划的，一旦主人被治罪，这些出谋划策的人就犯了"造意"罪，即教唆罪。虽然有时并不是他们的本意，只是按照主人的意思来做事的。但是，一旦出事，大部分人都得背上造意的罪名。

许多士人经常以宾客的身份跟随君主或者官僚，这个现象在中国历史上是长期存在的。春秋战国时期，各个诸侯国纷纷出台各种措施，拉拢士人为自己的政权服务，诸侯和贵族们养士蔚然成风。这些士又称为客。客不是官职，也不能算是什么头衔，往往没有具体的职事规定，于迎春认为"客乃是士在正式的官吏结构之外的一种身份状态，是士与君主不通过政权机制所缔结的非契约的相互往还和合作，体现着士与君关系中灵活、松散、私人化的一面，是固定而刻板的君臣关系的一种旁逸或补充"[2]。延至汉初，诸侯王蓄养门客和士，一种是为了治理国家，探讨国家治乱之因；另一种是不安分的诸侯王，借养士之名，培植死党，图谋不轨，如吴王刘濞、梁孝王、淮南王刘安等；此外还有有野心的大臣，借养士扩展个人的势力。这些士为自己直接的主人服务，有时会触犯中央政府的利益，因此，站在中央政府的立场上来说，这些人支持诸侯王，对中央有敌对意识或表现出冒犯之举就是犯罪了。

蒯通曾劝说韩信起兵自立，但是韩信没有听从他的意见，其后韩信因谋反被杀之前，后悔没有用蒯通的计谋，刘邦知道后便想要杀掉蒯通，他在刘邦勉强巧言辩解说："跖之狗吠尧，尧非不仁，狗因吠非其主。当是时，臣唯独知韩信，非知陛下也。且天下锐精持锋欲为陛下所为者甚众，顾力不能耳。又可尽亨之邪？"高帝……乃释通之罪。[3]刘邦最初要杀害蒯通就是因为他为韩信出谋背叛自己。刘邦曾经侮辱赵王张敖，赵相贯高、赵午甚为不平，主张杀死刘

[1] 《史记·平津侯主父列传》，第2962页。
[2] 于迎春：《秦汉士史》，第35页。
[3] 《史记·淮阴侯列传》，第2629页。

邦以泄愤，张敖没有允许。后来张敖以谋反的罪名被拘至长安，贯高便一口咬定谋反之事与张敖无关，虽被"榜笞数千，刺爇，身无完者"[1]，仍不改口，最后张敖被赦免，贯高认为自己已经尽到了臣下的责任，便自杀而死。汉文帝时，淮南厉王杀辟阳侯，以诸吕故。文帝闻其客平原君为计策，使吏捕欲治。闻吏至门，平原君欲自杀。诸子及吏皆曰："事未可知，何早自杀为？"平原君曰："我死祸绝，不及而身矣。"遂自刭。其实文帝要抓的是为平原君出谋划策的那个人。

造意罪一般是在乱世，士无定主的情况下出现。它在一定程度上体现了由春秋战国时期延续下来的相对忠君观念，士人各为其主的意味很浓厚，这在两汉时期是一直存在的，尤其是在两汉的选官制度的影响下，形成了大大小小的门生、故吏集团，举荐者和被举荐者之间存在着君臣之义，因此，小集团的犯罪有时是核心人物门下的士人出谋划策造成的，从这个意义上来说，这些士人就犯了造意罪。

7. 杀人

杀人罪在秦汉时期主要是指复仇杀人。复仇杀人在古代氏族社会时已经存在，在宗法社会里，为自己的亲人或朋友报仇是被社会认同的事。《孟子·尽心下》："吾今而后知杀人亲之重，杀人之父，人亦杀其父；杀人之兄，人亦杀其兄。然则非自杀之也，一间也。"可见，孟子是赞同复仇杀人的。《礼记·曲礼》："父之仇，弗与共戴天。兄弟之仇，不反兵。交游之仇，不同国。"进一步将父母、兄弟、朋友之仇细化到了复仇的不同程度上，是人必须完成的一个任务。先秦时期，人们是提倡复仇的。

秦朝厉行法治，复仇杀人之风稍有收敛。汉代，先秦时期的复仇杀人之风又开始盛行。为父母、兄弟、朋友报仇而杀人的现象很多，其中就包括了很多士人。孔子、孟子都是赞同复仇行为的，两汉时期儒家思想盛行，儒家思想对复仇行为的提倡和赞同影响了士人的复仇行为。王常字颜卿，颍川舞阳人也。王莽末，为弟报仇，亡命江夏。汉武帝时的酷吏王温舒"少时椎埋为奸"。椎埋之意为杀人而埋之，或者说是发冢。苏不韦的父亲苏谦因为"妄到京师"被李暠治罪，李暠因为私人恩怨在苏谦死后"刑其尸"，苏不韦便决定为父报仇。杀了李暠的妾和小儿子，并且"掘其父阜冢，断取阜头，以祭父坟，又标之于市曰'李君迁父头'"。后来苏不韦被追究此罪："初，弘农张奂睦于苏

---

[1] 《汉书·张耳陈余传》，第1840页。

氏，而武威段颎与暠素善，后奂、颎有隙。及颎为司隶，以礼辟不韦，不韦惧之，称病不诣。颎既积愤于奂，因发怒，乃追咎不韦前报暠事，以为暠表治谦事，被报见诛，君命天也，而不韦仇之。又令长安男子告不韦多将宾客夺舅财物，遂使从事张贤等就家杀之。乃先以鸩与贤父曰：'若贤不得不韦，便可饮此。'贤到扶风，郡守使不韦奉谒迎贤，即时收执，并其一门六十余人尽诛灭之，诸苏以是衰破。"[1]翟酺"四世传《诗》，酺好《老子》，尤善图纬、天文、历筭。"因此，应该是士人。他"以报舅仇，当徙日南，亡于长安，为卜相工，后牧羊凉州"[2]。何颙的友人虞伟高有父仇未报，而笃病将终，颙往候之，伟高泣而诉。颙感其义，为复仇，以头醳其墓。[3]有人盗李充母墓上的树，李充将之杀死。

这样的例子很多，一般他们杀人犯罪以后都亡命他乡，很多人由此逃避了朝廷的处罚。杀人与逃亡是紧密联系在一起的。在复仇之风的影响下，很多人为了复仇破家舍业，杀人之后亡命他乡，这些行为对社会治安和人民的正常社会生活影响很大。东汉思想家桓谭曾针对这种情况发表过议论：

> 今人相杀伤，虽已伏法，而私结怨仇，子孙相报，后忿深前，至于灭户殄业，而俗称豪健，故虽有怯弱，犹勉而行之，此为听人自理而无复法禁者也。今宜申明旧令，若已伏官诛而私相伤杀者，虽一身逃亡，皆徙家属于边，其相伤者，加常二等，不得雇山赎罪。如此，则仇怨自解，盗贼息矣。[4]

桓谭主张严禁私家复仇的行为，他呼吁国家应该加重对复仇逃亡者的惩罚，以此来杜绝此类现象的发生。但是，朝廷并没有重视桓谭的建议，社会上的复仇、逃亡之风依然盛行。

8. 逃亡

春秋战国时期的士人逃亡多是因为政治原因，这一点秦汉也颇有相似之处。大多士人是因为政治原因逃亡的。一般发生在王朝末期，政治腐败，政局动荡之际。

---

[1] 《后汉书·苏章列传》，第1107—1109页。
[2] 《后汉书·翟酺列传》，第1602页。
[3] 《后汉书·党锢列传》，第2217页。
[4] 《后汉书·桓谭列传》，第958页。

（1）秦朝的逃亡

秦灭六国以后，六国的贵族和官员之中有很多人不愿意归顺朝廷，只好逃亡各处。秦朝末年，统治严苛，大量士人逃亡保命。尤其是陈胜、吴广起义以后，士人脱籍逃亡的现象非常严重。这些士人逃亡的原因有二：一是为了保全性命。在战乱的情况下，朝廷腐朽不堪，士人不愿意同秦朝一起走向灭亡，纷纷外出逃命；二是因为犯罪逃亡。犯罪的原因有很多种，如政治犯罪、杀人等。秦朝统治者的昏庸使得一些大臣和六国贵族被无端治罪，他们为了保全性命，宁愿舍弃自己的官位和爵位，走上逃亡的道路。

荆轲刺杀秦王失败以后，他的朋友高渐离为了躲避朝廷的迫害而"变名姓，为人佣保，匿作于宋子"[1]。"张耳者，大梁人也。其少时，及魏公子毋忌为客。张耳尝亡命游外黄。"《索隐》晋灼曰："命者，名也。谓脱名籍而逃。"崔浩曰："亡，无也。命，名也。逃匿则削除名籍，故以逃为亡命。"[2] 脱籍逃亡的张耳被当地的富户女儿看中，"女家厚奉给张耳，张耳以故致千里客"。一般逃亡者都没有资产，张耳以岳父的资助为政治资本，网罗了一大批追随者，其中也以士人居多，例如，好儒术的陈余等。另外比较著名的逃亡者就是张良。张良刺杀秦始皇未遂后，只能变更姓名，亡匿下邳。

秦朝的方士和儒生的逃亡也是非常普遍的。秦朝的文化专制政策使得很多士人不愿意为它服务。例如，叔孙通原为秦朝待召博士，因为秦二世的昏庸，他"亡去之薛，而薛已降楚也"[3]。秦始皇追求长生不老之术，网罗了一大批方士在身边，为他炼制丹药。而真正的长生之术是不存在的，这些方士不可能为秦始皇找到这种丹药，因此，他们为了保命便脱身逃亡。方士卢生、侯生的逃亡令秦始皇大怒，并且直接引发了"焚书坑儒"事件。

（2）西汉及王莽时期的逃亡

西汉初年存在着项羽集团余党的逃亡现象，还有秦时遗留的六国贵族及其拥戴者，这些人里面就有许多的士人。

田横兵败后逃到了一个海岛上，但他在齐地仍有很大的影响。出于统一的需要，刘邦是不会容忍这样的小集团存在的。"汉灭项籍，汉王立为皇帝，以彭越为梁王。田横惧诛，而与其徒属五百余人入海，居岛中。高帝闻之，以为田横兄弟本定齐，齐人贤者多附焉，今在海中不收，后恐为乱，乃使使赦田横

---

[1]《史记·刺客列传》，第2536—2537页。
[2]《史记·张耳陈余列传》，第2571页。
[3]《汉书·叔孙通传》第2124页。

罪而召之。田横因谢曰：'臣亨陛下之使郦生，今闻其弟郦商为汉将而贤，臣恐惧，不敢奉诏，请为庶人，守海岛中。'使还报，高皇帝乃诏卫尉郦商曰：'齐王田横即至，人马从者敢动摇者致族夷！'乃复使使持节具告以诏商状，曰：'田横来，大者王，小者乃侯耳；不来，且举兵加诛焉。'"[1]即便是如此，田横还是自杀而死。刘邦下令追捕项羽的大将季布，是汉政府追捕项羽余党的证明。《汉书·季布传》：季布，楚人也，为任侠有名。项籍使将兵，数窘汉王。项籍灭，高祖购求布千金，敢有舍匿，罪三族。一般的舍匿罪只是舍匿者本人处死而已，刘邦在此却规定舍匿季布的罪及三族，可见，刘邦想追捕季布的心情之迫切。此外，还有一些士人不满刘邦对待他们的态度而逃亡，例如，商山四皓对刘邦说："陛下轻士善骂，臣等义不受辱，故恐而亡匿。"[2]这些话代表了汉初隐居不仕的士人的心态。

西汉自建立到汉武帝时，一直存在着中央政权和地方诸侯王之间的矛盾和斗争。各个诸侯国自成一体，具有相对的独立性。中央与地方的权力之争势必导致很多士人的得势或失势。在一方失势的士人为了逃避政治迫害有逃往另一方寻求庇护的行为。诸侯王官吏一般是逃往中央政府寻求庇护。这些人大多会以揭露诸侯王对抗中央或犯法的行径来求得在汉政府立足的资本。例如，梁王彭越的太仆有罪，"亡走汉，告梁王与扈辄谋反"，皇帝派使者查问此事，认为"反形已具，……遂夷灭宗族"。淮南王英布被消灭也是因为中大夫贲赫的告发；景帝时淮南王刘安的郎中雷被因为得罪淮南王太子，为了保住性命，雷被逃亡至长安，直接向朝廷说明事情的来龙去脉，结果朝廷将淮南王太子治罪，并且削去了淮南王的两个县作为处罚。西汉诸侯王国属官逃亡的现象在汉武帝以后就不多见了，因为汉武帝采取了措施，大大削弱了诸侯王国的势力，他们已无力对抗中央，中央对他们的戒备之心也减弱了。

王莽时期，很多士人因为不满朝廷的统治和王莽代汉的行径，亡命他乡。尤其是在王莽当政时期，很多士人对此不满，但又无力反抗，只能以逃亡的消极方式来对抗，他们为了避开王莽政权的骚扰，逃离原来的居住地，不应王莽的征召，隐居避世。"胡广字伯始，南郡华容人也。六世祖刚，清高有志节。平帝时，大司徒马宫辟之。值王莽居摄，刚解其衣冠，县府门而去，遂亡命交址，隐于屠肆之间。后莽败，乃归乡里。"[3]许杨在王莽辅政时，"召为

[1] 《史记·田儋列传》，第2647—2648页。
[2] 《史记·留侯世家》，第2047页。
[3] 《后汉书·胡广列传》，第1504页。

郎，稍迁酒泉都尉。及莽篡位，杨乃变姓名为巫医，逃匿它界。莽败，方还乡里"[1]。蔡勋为平帝时人，王莽篡权之际，他说："吾策名汉室，死归其正。昔曾子不受季孙之赐，况可事二姓哉？"于是，携带全家逃入深山。

鉴于王莽对不愿意依附于他的士人大开杀戒，在此期间亡入深山的士人应该不在少数。

（3）东汉的逃亡

东汉自和帝以后，皇权旁落，由外戚和宦官轮流执政，皇帝的权威名存实亡。在腐朽势力当权的情况下，朝野士人难免会得罪他们，从而招来杀身之祸。因此，东汉的逃亡的一个主要原因就是士人得罪了权臣，有性命之忧而逃亡。这在东汉中后期表现得尤为明显。例如，第五种因为得罪单超，"单超积怀忿恨，遂以事陷种，竟坐徙朔方。超外孙董援为朔方太守，稽怒以待之。"第五种的门下掾孙斌知道了单超的阴谋以后，联合朋友同县闻子直及高密甄子然"将侠客晨夜追种，及之于太原，遮险格杀送吏，因下马与种，斌自步从。一日一夜行四百余里，遂得脱归。种匿于闻、甄氏数年"。[2]赵岐因为得罪中常侍唐衡的哥哥唐玹，唐玹后为京兆尹，"岐惧祸及，乃与从子戬逃避之。玹果收岐家属宗亲，陷以重法，尽杀之。岐遂逃难四方，江、淮、海、岱，靡所不历。自匿姓名，卖饼北海市中"[3]。张俭得罪宦官侯览，其乡人朱并"素性佞邪，为俭所弃，并怀怨恚，遂上书告俭与同郡二十四人为党，于是刊章讨捕。俭得亡命，困迫遁走，望门投止，莫不重其名行，破家相容。后流转东莱，止李笃家"[4]。富商张泛不法，岑晊、张牧劝说太守成瑨"收捕泛等，既而遇赦，晊竟诛之，并收其宗族宾客，杀二百余人，后乃奏闻。于是中常侍侯览使泛妻上书讼其冤。帝大震怒，征瑨，下狱死。晊与牧亡匿齐鲁之间。会赦出。后州郡察举，三府交辟，并不就。及李、杜之诛，因复逃窜，终于江夏山中云"[5]。

东汉安帝、顺帝时期，外戚、宦官交替专权，政治日益腐败，各级政府官员的任命也极为混乱，一些地方出现了无人管理的情况，一些在职的官员在被任命到新的岗位以后，以逃亡不仕来表达对新岗位的不满；另外，还有一些

---

[1] 《后汉书·方术列传》，第2711页。
[2] 《后汉书·第五种列传》，第1404页。
[3] 《后汉书·赵岐列传》，第2122页。
[4] 《后汉书·党锢列传》，第2210页。
[5] 《后汉书·党锢列传》，第2213页。

士人被朝廷重新起用时，如果对此感到不满意或者不愿意再与统治者发生直接的联系，也会以逃亡的方式来逃避做官。此时期，在应诏过程中逃亡的士人很多。从朝廷角度来看，他们犯了逃亡罪。此外，由党锢之祸引发的逃亡更是比比皆是，除了上面的张俭、岑晊、张牧外，还有自毁形貌、变更姓名、逃入深山的夏馥等。党锢之祸时大量士人的逃亡更是常见。另外，由于朝廷的腐朽，一些士人不愿意应朝廷的征辟入朝为官，所以选择了逃亡的方式来避开朝廷的征召。这种现象在两汉时期都存在，但到了东汉末年，此种现象明显增多。原因之一就是朝政的腐败让众多的士人心灰意冷，不愿意与朝中的腐朽势力同流合污，而士大夫的抗争屡遭惨败，更加降低了他们对改变现状的信心。朝廷对士人逃亡现象惩罚比平常要松散得多，也可以说，朝廷此时也无力顾及众多士人的逃亡。由此引发了东汉末年士人逃亡、隐居避世的高潮。例如，韦著少以经行知名，不应州郡之命。大将军梁冀辟，不就。延熹二年，桓帝公车备礼征，至霸陵，称病归，乃入云阳山，采药不返。有司举奏加罪，帝特原之。韩康在应诏过程中逃亡。

因为不应征也是犯罪，所以一些不应征的士人如果得不到朝廷的赦令，就逃亡而去，此时，日渐腐败的政权也无力追究士人的这些行为了。而东汉末年士人对入仕的逃避使得朝廷对地方和中央的治理更加混乱，直接导致了东汉王朝的衰败。

9. 私改国史

在封建专制主义中央集权下，不但士人的言论受到限制，士人的著作权力也被限定在了一定的范围内。士人在自己的著作里面不可以随意褒贬天子，乱议政事的是非。除了对皇帝及其统治的臣服，士人们还要小心翼翼地表示对圣人及经典的充分尊重和畏服。在汉代很多文人的著作里面，都充分表达了对皇帝的敬重，例如，司马迁的《史记》就有盛赞汉武之世的文字；王充的《论衡》也用相当的篇幅表明了自己对皇帝的敬意。即便如此，士人的著作活动还是会不小心触及统治者的利益。

班固"以彪所续前史未详，乃潜精研思，欲就其业。既而有人上书显宗，告固私改作国史者，有诏下郡，收固系京兆狱，尽取其家书"[1]。虽然史书记载的因为著作犯罪的例子不多，但从统治者的态度来看，对这种行为一定是严加防范的。士人们也是尽量避开统治者的忌讳，小心翼翼地从事自己的著书

[1] 《后汉书·班彪列传》，第1334页。

活动。

10. 伪言图谶事

从史书记载来看，只有东汉一例。"扶风人苏朗伪言图谶事，下狱死。"[1]

谶纬在西汉哀平之际就广泛流传，它是封建神学和庸俗经学的混合物，王朝初期和晚期的统治者为了维持其统治，就会假托神的启示，制造一些预言来欺骗人民。哀帝时，夏贺良根据谶书劝皇帝更改年号，称此举可以挽救王朝的危亡。王莽也非常迷信谶纬，最终代汉也借助了谶纬的舆论力量。东汉光武帝重谶纬，"及显宗、肃宗因祖述焉。自中兴之后，儒者争学图纬，兼复附以訞言"[2]，谶纬作为一种学术在东汉流行了起来。光武帝多以谶决事，不合他意者命都难保：

> 有诏会议灵台所处，帝谓（桓）谭曰："吾欲以谶决之，何如？"谭默然良久，曰："臣不读谶。"帝问其故，谭复极言谶之非经。帝大怒曰："桓谭非圣无法，将下斩之！"谭叩头流血，良久乃得解。[3]

在东汉统治者如此重视谶纬的情况下，民众迷信谶纬的行为自然也就增多了。但东汉时期，谶纬之学已经开始有了众多的反对者。虽然"作为学术的谶纬之学依然流行于时，但是在朝廷政论中灾异谶纬的援引却越来越像是例行的套话，而大大丧失了在西汉末年那种蛊惑人心的能量，其对儒生官僚的实际政治行政行为的影响，已是日低一日了"[4]。

东汉公开反对谶纬的大臣或儒生很多。如范升、陈元、郑兴、杜林、桓荣、尹敏、张衡等，他们或对谶纬表示明确反对，或态度非常冷淡，差点因为反对谶纬丢掉性命的桓谭基于王莽迷信谶纬的教训，严厉批判了谶纬之学。他在著作《新论》中对王莽"好卜筮、信时日而笃于事鬼神、多作庙兆"，"当兵入宫日，矢射交集，燔火大起，逃渐台下，尚抱其符命书及所做威斗"的行为给予了嘲笑，他认为王莽的行为"可谓蔽惑至甚矣"！仲长统在《昌言》中指责谶纬："信天道而背人略者，是昏乱迷惑之主，覆国亡家之臣也。"《朱子语类》卷一三五："汉儒专以灾异、谶纬，与夫风角、鸟占之类为内学。如徐孺之

---

[1] 《后汉书·班彪列传》，第1334页。

[2] 《后汉书·张衡列传》，第1911页。

[3] 《后汉书·桓谭列传》，第961页。

[4] 阎步克：《士大夫政治演生史稿》，第433页。

徒多能此，反以义理之学为外学。且如《钟离意传》传所载修孔子庙事，说夫子若会射覆然，甚怪！"王夫之《读通鉴论》认为，五行灾祥之说，易姓受命之符的汉儒是伪儒，斥之为"巫史"，方士之言是君子所不齿的。

赵翼《廿二史札记·汉儒言灾异》："上古之时，人之视天甚近。迨人事繁兴，情伪日起，遂与天日远一日，此亦势之无可如何者也。……战国纷争，诈力相尚，至于暴秦，天理几于灭绝。汉兴，董仲舒治《公羊春秋》，始推阴阳，为儒者宗。宣、元之后，刘向治《谷梁》，数其福祸，傅以《洪范》，而后天之与人又渐亲切。……降及后世，机智竞兴，权术是尚，一若天下事皆可以人力致，而天无权。即有志图治者，亦徒详其法制禁令，为人事之防，而无复求瑞于天之意。故汉自以后，无复援灾异以规时政者。间或日食求言，亦祗奉行故事，而人情意见，但觉天自天，人自人，空虚寥廓，与人无涉。"赵翼的这番话说明了人与天的关系远近的演变过程，汉代谶纬、灾异学说一度兴盛，但到东汉末年已经开始出现了衰败的迹象，东汉以后的统治者已经不再迷信谶纬，甚至开始打击谶纬。[1]

谶纬之学在两汉的兴衰影响到了士人的犯罪行为，也影响了朝廷对士人此类犯罪的处罚。

11. 法外擅权

法外擅权是士人本身并没有没有触犯法律，但因为其言行不为皇帝或掌权者所容忍，由掌权者的主观意志决定士人的犯罪与否。在此归为"法外擅权"一类。"人主有私怨深怒，欲施必行之诛，诚难解也。"[2]秦汉时代，法外擅权的操纵者不仅仅是最高统治者皇帝，还可以是掌握实权的大臣、外戚和宦官。在封建时代，皇帝不依照法律行事的现象比比皆是。在王朝末期政治日益腐败的时候，权臣、外戚和宦官的法外擅权是经常性的现象。

皇帝法外擅权伤害的对象主要是大臣。本书涉及的主要是曾经为官的士大夫失去官位以后，因为触怒当政者又被治罪的那些士人。韩歆"好直言，无隐讳，帝每不能容。尝因朝会，闻帝读隗嚣、公孙述相与书，歆曰：'亡国之君皆有才，桀、纣亦有才。'帝大怒，以为激发。歆又证岁将饥凶，指天画

---

[1] 曹魏之时，开始"科禁内学"，前秦的苻坚"禁老庄图谶之学"，北魏拓拔焘禁图谶，隋炀帝"搜天下书籍，有与谶纬相涉者，悉焚之。"唐律，私家藏图纬者，徒三年。宋代君主也有禁图纬的措施。参见：陈登原《国史旧闻》第一分册，"纬书"条，三联书店1958年版；钟兆鹏《谶纬略论》，辽宁教育出版社1991年版。
[2] 《汉书·邹阳传》，第2353页。

地，言甚刚切，坐免归田里。帝犹不释，复遣使宣诏责之。司隶校尉鲍永固请不能得，歆及子婴竟自杀。"[1]韩歆自杀时已经被免官，所以应为士人。王莽对不拥戴自己的士人或者官僚进行了残酷迫害。刘昆"陈留东昏人，梁孝王之胤也。少习容礼。平帝时，受《施氏易》于沛人戴宾。能弹雅琴，知清角之操。王莽世，教授弟子恒五百余人。每春秋飨射，常备列典仪，以素木瓠叶为俎豆，桑弧蒿矢，以射'菟首'。每有行礼，县宰辄率吏属而观之。王莽以昆多聚徒众，私行大礼，有僭上心，乃系昆及家属于外黄狱。寻莽败得免。既而天下大乱，昆避难河南负犊山中。"[2]郭宪在王莽篡位后，拜为郎中，赐以衣服。宪受衣焚之，逃于东海之滨。莽深忿恚，讨逐不知所在。

东汉外戚当政时期，法外擅权的现象比西汉更加严重。汝南袁著因为不满梁冀的凶残暴虐，诣阙上书得罪梁冀被害，当时"太原郝絜、胡武，皆危言高论，与著友善。先是，絜等连名奏记三府，荐海内高士，而不诣冀，冀追怒之，又疑为著党，勅中部官移檄捕前奏记者并杀之，遂诛武家，死者六十余人。絜初逃亡，知不得免，因舆榇奏书冀门。书入，仰药而死，家乃得全。及冀诛，有诏以礼祀著等。冀诸忍忌，皆此类也。"崔琦为临济长，解印绶去。梁冀令刺客去杀他。刺客没有忍心杀他，但梁冀"后竟捕杀之"[3]。梁冀迫害士人的例子比比皆是。

东汉末年，割据势力纷纷崛起，皇室已是名存实亡，割据势力对愿意依附自己的士人给予高官厚禄，对反对自己的士人轻则施以刑罚，重则夺取其性命。典型人物如曹操、公孙述等。边让"初平中，王室大乱，让去官还家。恃才气，不屈曹操，多轻侮之言。建安中，其乡人有构让于操，操告郡就杀之。"[4]公孙述"僭号于蜀，连聘谯玄，不诣。述乃遣使者备礼征之；若玄不肯起，便赐以毒药"。[5]与谯玄有相同遭遇的还有李业，公孙述"素闻业贤，征之，欲以为博士，业固疾不起。数年，述羞不致之，乃使大鸿胪尹融持毒酒、奉诏命以劫业：若起，则受公侯之位；不起，赐之以药"。[6]平帝时，蜀郡王皓为美阳令，王嘉为郎。王莽篡位，并弃官西归。及公孙述称帝，遣使征皓、嘉，恐不至，遂先系其妻子。使者谓嘉曰："速装，妻子可全。"对曰：

[1] 《后汉书·伏湛列传》，第902页。
[2] 《后汉书·儒林列传》，第2549—2550页。
[3] 《后汉书·文苑列传》，第2623页。
[4] 《后汉书·文苑列传》，第2647页。
[5] 《后汉书·独行列传》，第2668页。
[6] 《后汉书·独行列传》，第2668页。

"犬马犹识主，况于人乎！"王皓先自刭，以首付使者。述怒，遂诛皓家属。王嘉闻而叹曰："后之哉！"乃对使者伏剑而死。[1]谢弼上书言事得罪当政者，去官归家，"中常侍曹节从子绍为东郡太守，忿疾于弼，遂以它罪收考掠按，死狱中，时人悼伤焉。"[2]法外擅权的现象在王朝稳定、政治清明时期出现频率相对较少，但在皇帝日渐昏庸、权臣当道时便较为经常了。这种现象对士人参政积极性的打击是极大的，士人离心力的增强直接导致了王朝的衰败。

第二节　秦汉时期士人犯罪的演变及特点

秦朝、西汉、东汉三朝政治环境及统治思想、策略的变化影响了士人犯罪的特点。士人参与政治的热情是一直存在的，但由春秋战国入秦，在专制主义中央集权建立之初，士人与新政权还需要一段时间的磨合。两汉时期，专制主义中央集权开始逐步完善，士人与政权的关系也开始缓和，由此秦朝士人的犯罪便会与两汉有所不同。秦汉时期士人犯罪的特点，可以分为秦朝到汉初、西汉武帝到东汉章帝、东汉和帝以后三个阶段进行考察。秦朝末年，士人们直接参与了推翻秦朝的谋反活动，西汉初年，士人投靠诸侯王而与朝廷为敌的现象一直存在到汉武帝时期，这说明朝廷的吸引力不足以使士人完全归心。而到汉武帝时，"罢黜百家，独尊儒术，"开始注重从思想上加强对臣民的控制，到东汉时期这种趋向有增无减，此后，士人直接谋反的行为不复见。就现有材料来看，秦朝的犯罪记录主要是言论犯罪，即"坑儒"中大批的知识分子罹难，其次就是秦始皇为统一思想而颁布的"挟书律"，即私藏诸子百家书的士人都为犯罪。汉承秦律，但随着专制主义中央集权的进一步加强，士人与政治、与统治者的接触越来越多，冲突和矛盾也就越来越多，犯罪的名目也就相应增多了。秦汉士人犯罪的特点主要有以下几点：

一是秦末士人的谋反行为在两汉不复出现。从秦到东汉的士人犯罪现象来看，秦朝士人与政权的冲突是最剧烈的，统治者对之进行了残酷镇压，这便是历史上有名的焚书坑儒。而秦末士人大批参加农民起义军，走上了直接反抗

---

[1] 《后汉书·独行列传》，第2670页。
[2] 《后汉书·谢弼列传》，第1860页。

秦朝的道路，也算是对秦朝统治者的强有力回应。秦朝士人之所以有谋反的行为，与秦王朝巩固统一的措施有关。秦王朝为了巩固统一，更注重从经济基础和政治制度方面采取了各项严密的措施，而对士人思想上对秦政权的认同和归顺没有足够重视。士人虽然愿意为新政权服务，但秦朝的严刑酷法却阻挡了他们尽忠的脚步，更重要的是统治者并没有意识到这一点，如果臣民对新生政权流露出了不满或提出的意见不合统治者的心意，就会遭到政权无情打击。这样的举动使得秦王朝对臣民的吸引力下降，此时如有反秦力量的出现就会有很大的号召力。秦末士人的反秦举动就是明证。

西汉初年，士人对政权的态度是若即若离的，很多士人不仕但不脱离政治，著名的例子就是"商山四皓"，他们以八十多岁的年纪应太子之邀出山。这就表明了只要有合适的机会，他们还是愿意参与政治的。此时，有些士人投靠到了诸侯王的门下，而诸侯王对最高统治权的觊觎和皇帝对他们的猜忌都会影响到士人的命运。汉初，士人犯罪多与诸侯王有关。历经文帝、景帝，到汉武帝时，诸侯王的势力已经被削弱，中央的力量逐渐强大了起来，士人开始向皇帝靠拢，只有效忠于皇帝，他们的理想和人生价值才有实现的机会。汉武帝"罢黜百家，独尊儒术"之后，社会思想达到了统一，汉武帝对专制主义中央集权的加强，使得皇帝的至尊地位更加突出，士人对皇帝的尊崇和畏惧之情日增。两汉统治者从思想、制度等方面促使士人更加效忠于皇帝。东汉和帝以后，外戚和宦官开始轮流掌权，皇权显得非常脆弱。在这种情况下，士人犯罪呈现出了新的特点。外戚和宦官控制政权的表现之一就是对选官制度的控制。随着选官制度的发展和完善，察举征辟已经成为士人入仕的主要途径，而掌握选官权的宦官将自己的亲信安插到朝廷的各个岗位上，不但降低了朝廷官员的质量，损害了朝廷的利益，而且严重堵塞了士人的入仕之路。在这种情况下，士人通过非正常途径做官的现象多了起来。另外，士人为了维护皇权和本阶层的利益，同宦官展开了激烈斗争，但付出了惨重代价，这就是东汉末年的"党锢之祸"。士人在这场祸事中或被杀害，或被禁锢，大部分并不是因为真正触犯了法律，而只是同宦官集团斗争的失败导致了政治上的失势，被宦官以各种名义迫害。

二是士人犯罪主要集中在政治和文化领域。这与士人的价值观有很大的关系。封建专制主义中央集权建立以后，士人必须调整自身的价值观以适应新的政治形势，士人与国家的互动关系证明他们彼此是互相需要并且能够互相满足的。士人的知识才干和能力只有得到中央政府的承认才能够发挥作用，国家政权也需要士人的聪明才智和出谋划策才能够更好地存在下去。因此，以学识、道德为人生根本的士，与社会政治有着难分难解的关系，他们的行为也是以政治为中心的。于迎春认为："文化价值的绝对性与现实存在的相对性之间的不协调，价值生活者与社会管理者身份的混合，精神上的高度优越与结构、组织上的模糊不清，以及体制、出路上的单调和依赖性的同时并存。对于这个社会中最具有精神优越之感，又需要以自己的智慧来向国家和有势力者换取生活资料的'士'而言，缺乏足以反对皇帝的独立自主的权力基础和资源，乃是构成了传统社会合作与稳定的条件之一。"[1]所以说，士人与政治发生诸多的关系也有一定的客观条件。

三是东汉时期，士人勇抗奸佞而被治罪的现象增多。东汉时期的士人犯罪有一个不同于前两朝的特点，那就是"党锢之祸"。其牵连的士人之多、规模和影响之大在秦朝和西汉是没有出现的。士人一方面是为了本阶层的利益，另一方面是出于维护皇权的需要而同宦官展开了斗争。这与东汉统治者的忠君宣传不无关系。东汉统治者比西汉、秦朝统治者更加注重了忠君观念的宣传和灌输，忠君观念成为了士人们的自觉意识。其表现之一就是用各种方式维护王朝的利益，以知识分子的敏感发现各种社会问题并提出治国的良策。

东汉和帝以后，皇权旁落，宦官对政权的把持影响到了朝廷的利益，也影响到了士人的仕进之路。宦官将自己利益集团的人安插在朝廷里面，这就大大阻碍了士人的仕途，加上经学的兴盛使得以通经入仕为目标的士人人数大增，在大一统的社会中，士人的出路越来越受拘束和限制，为了在政治或学术上找到出路，他们必须投靠大儒、名士或者权贵，从而为各个小政治集团的形成和壮大创造了条件。这样在士人和宦官发生冲突时，牵连在内的人数就多了。

西汉末年的儒生是基于"奉天法古"理路所做的社会批判，而东汉后期，社会危机日益深重之时，儒生们对"霸道"和法治给予了充分强调。之所以强调法治就是因为法律轻薄，犯罪现象增多，同时执法不严的情况也广泛存在，这些现象直接威胁到了统治集团的利益，士人们比统治者先一步认识到了这一点，因此在士大夫的上书或者士人的著作中屡有体现，有的要求加重刑罚，有的要求重新兴盛儒学，整顿社会风气。这说明士人与政权的关系是越来越密切的，士人对政治的关心程度随着他们与统治者关系的日益接近而上升。东汉末

[1] 于迎春：《秦汉士史》，引言，第3页。

年，党锢之祸的出现就表明了士人犯罪的一个新特点。此外，政府对犯罪者的处罚也越来越多样化。受定罪标准的主客观因素的影响，处罚措施也不按照法律规定的执行，而是根据实际情况或严厉或偏轻。

第三章 从焚书坑儒到党锢之祸

春秋战国时期，士人们根据道义进行议政或规谏的行为一般不会被治罪，士人的谏诤是制约统治者的一个重要方式。如齐国稷下学宫的士人们"不治而议论"，孟子形容当时的情景是"处士横议"，而封建专制主义中央集权确立以后，士人们的议论就必须受到种种制约，否则就会触犯统治者的意志，导致犯罪。

秦汉时期，士人与朝廷发生的大规模冲突有两次，一是秦朝的"坑儒"事件；二是东汉的党锢之祸。其间，大量的士人被治罪，丢掉性命者也为数不少。这是秦汉时期士人的两次集体罹难，虽然规模、处罚措施等各有特点，但两次事件也有惊人的相似之处。东汉时期的申屠蟠曾感叹："昔战国之世，处士横议，列国之王，至为拥彗先驱，卒有坑儒烧书之祸，今之谓矣。"[1]他敏感地预见了"处士横议"势必会引发又一次的"坑儒"事件，而事实证明他是正确的。在封建社会，统一的专制主义中央集权虽然允许士人议政，但这是有一定限度的，如果这些议论危及了统治集团的利益，不管是否对王朝有益，统治者都会利用政权的力量压制这些舆论，一些为国尽忠的士人便会成为牺牲品。

第一节 秦朝的焚书坑儒

经过长期的兼并战争，秦朝灭掉了六国。统一的政权建立后，统治者为巩

---

[1] 《后汉书·申屠蟠列传》，第1752页。

固政权做了大量的工作。政治上，确立了至高无上的皇权，在皇帝之下，设置了一套完整的官僚系统。在地方行政机构上，秦始皇废除了古代的封国建藩制度，将郡县制推行到全国。通过以上措施，秦朝在全国范围内建立起了从中央到地方的封建统治网，从而强化了封建国家机器。但作为一个统一的政权，巩固统治很重要的一点就是统一人们的思想，让人们从思想深处认同现存的政权不是一件容易的事。秦朝不仅接收了六国的土地和人口，还接收了众多的学派和各种各样、五花八门的思想意识，而此时秦始皇希望占主体的统治思想是法家思想，其他众多的学派势必会影响人们对新生政权的信心，而这些对王朝来说有可能是致命的。这也正是秦始皇担心的问题。士人们从战国末期诸侯割据的局面中走到秦朝，面对发生了根本变化的政局，有些士人还没来得及调整自身的行为来适应新的政权，焚书坑儒可以看作是士人与政权的一次正面交锋，而最后的结果是两败俱伤。表面上，为数不少的士人丢掉了性命，秦朝统治者对士人的血腥压制暂时取得了胜利，但平静的背后却是士人的离叛和王朝智囊团的丧失。

一、士人与秦朝既对立又统一的矛盾关系

秦朝短祚，秦末陈胜、项羽等起兵反秦以后，范增就说："夫秦灭六国，楚最无罪。自怀王入秦不反，楚人怜之至今，故楚南公曰：'楚虽三户，亡秦必楚。'"[1]楚南公者，道士，识废兴之术，知亡秦者必于楚，《汉书·艺文志》南公十三篇，六国时人。[2]而类似楚南公之类对秦朝有灭国之仇的六国人不在少数，他们从本国被秦国灭掉的那一刻起，就时刻怀着灭秦的愿望。《春秋演孔图》曰："驱除名政，颠倒吾衣裳，坐吾曲床，滥长九州岛岛灭六王，至于沙丘亡。"[3]秦世有谣云："秦始皇，何奄僵？开吾户，据吾床；饮吾酒，唾吾浆；餐吾饭，以为粮；张吾弓，射东墙；前至沙丘当灭亡。"[4]在秦始皇当政时期，反秦的民谣就已经普遍存在和流传了。这些民谣应该是由知识分子编造的，他们利用民众的反秦心理，使这些民谣广泛传播，这样就会破坏秦朝在人们心目中的合理形象，从而使秦朝的统治根基发生动摇，有助于实现他们的复国理想。

---

[1]　《史记·项羽本纪》，第300页。
[2]　《汉书·艺文志》，第1733页。
[3]　《秦会要订补·历数》，中华书局1959年版，第196页。
[4]　《秦会要订补·历数》，第196页。

虽然存在这些不利于政权稳固的因素，但在秦统一之初，大部分士人还是愿意为新的政权服务的。"在秦始皇统一后的政权中，儒家知识分子占相当大的比例。后人考证，七十博士中有名字可考者十三人，见于《史记》、《汉书》的有伏生、周青臣、淳于越、叔孙通、羊子、黄疵、正先七人，散见诸书的有李克、桂贞、卢敖、圈公、沈遂、鲍白令之六人，其中七名是儒生，占一半多。"[1]博士没有实权，是儒家知识分子在朝中的代表。此外，在朝中没有政权的还有方士。《史记·封禅书》"燕齐海上之方士"，这些方士大部分是以迷信、神仙术欺骗人民和统治者的江湖骗子。他们以阴阳五行说为理论基础，将五行神话，宣扬五行由五种神分别主持，又吸收了道家关于神仙的想象和墨家的鬼神学说。儒生和方士的相同之处就是两者都没有实权，他们以自己的专门知识为统治者服务，而且大多是以口舌之技谋生，这使他们很容易因为口舌而招致灾祸。

秦朝统一之初，在统治者非常注重控制人们言论的情况下，对朝政议论纷纷的儒生们正好撞到了这个枪口上。秦始皇对他们痛下杀手也是有一定道理的。儒生们对时政的议论损害了最高统治者的利益，本身就是极其不合时宜的。《睡虎地秦墓竹简·为吏之道》："口，关也；舌，机也。一曙失言，四马弗能追也。口者，关；舌者，符玺也。玺而不发，身亦毋薛。"[2]薛者，罪也。这段话充分表明了秦统治者对人民言论限制之甚，以至于官吏们从经验中得出"祸从口出"、对事要缄默不言的安身立命之道。秦始皇以法家思想统治全国，儒家思想陷入了低谷，治国措施的严酷势必引起儒生和人民的不满，导致儒生们议论和非议朝政。对于初建的秦王朝来说，根基尚未稳固，争取舆论上的支持和统一对巩固统治是非常重要的，儒生们的贬斥时政势必会起到扰乱民心、影响社会稳定的副作用。在秦专制主义中央集权统治之下，"士人们对于统治者的任何失敬、抗礼，都罪在不赦；士人独特不羁的文化观念必然要被剥夺，其广泛多样的文化形式必然要遭受制约。"[3]箝语烧书，是专制政权与春秋末年发展起来的士阶层文化的剧烈冲突的一个表现。

秦朝初年的儒生议政是战国士人议政传统的延续。陈桐生认为，战国士人在思考如何重新统一天下的方略时，"毫无后代那种'学成文武艺，货于帝王家'的佣工交易意识，而是把自己看作是当今社会的救世主，以强烈的主体

[1] 刘泽华：《士人与社会——秦汉魏晋南北朝卷》，天津人民出版社1992年版，第17页。
[2] 《睡虎地秦墓竹简》，第295页。
[3] 于迎春：《汉代文人与文学观念的演进》，东方出版社1997年版，第24页。

意识去肩负起再造一统天下的使命。他们执着地相信一旦自己的学说得以实施，便会重新达到天下大治"[1]。士人议政在战国时期非常盛行。《史记·田世家》记载了当时齐国的稷下学派议论政治的情况，稷下先生们"不治而议论"，孟子认为"无官守，无言责"，也就是说在当时的情况下议政一般是被统治者所允许的。齐宣王时稷下学宫非常兴盛。《史记·孟子荀卿列传》载："自驺衍与齐之稷下先生，如淳于髡、慎到、环渊、接子、田骈、驺奭之徒，各著书言治乱之事，以干世主，岂可胜道哉！"[2]这些言治乱之事的士人还因为言论而得到了爵位等赏赐和荣耀。因为这时的国君需要寻找富国强兵进而一统天下的理论。

但这种情况到了秦朝时期就很难维持下去了，秦朝的统一局面暂时不需要士人对政事群发议论了。秦国尚武轻文的传统一直延续到了秦朝，商鞅、张仪、范雎、李斯等法家术士相继入秦，更加表明和加深了秦朝的无文习性。崇尚法家的秦始皇即位以后，自然不会对天下士人特别是以道自任的士人表现出乐于接纳的宽容态度。而此时，大多士人也都还没有从先秦时期的氛围中走出来，也就是说，士人还没有认清自身的处境已经发生了质的变化，如果他们仍以先秦时期的行事方式在秦朝活动，势必会引发与中央集权的冲突。因此，焚书坑儒的出现既有历史文化的原因，又有士人自身的原因。秦灭六国建立起的统一王朝，用法家思想治理国家是出于镇压六国残余力量、巩固统治的需要，秦朝如果不以强硬的手段控制局面，是很难维持自己的统治的。从先秦时代走来的士人却没有明确意识到这一点，程世和先生认为"先秦士林之遗留在进入秦统一之局后，不但没有综贯诸家之学以造就大一统之学的时代意识，而且对秦统一中国的历史功业也缺乏一种'理性之知'。"[3]这种缺乏理性的认知导致了士人议政的不合时宜，具体表现就是秦博士淳于越与仆射周青臣在朝中的辩论，淳于越分封制的建议显示了俗儒观念的陈旧和不知变通。士人议政势必给王朝带来不稳定的因素，丞相李斯针对这种情况，给秦始皇提建议说：

> 五帝不相复，三代不相袭，各以治，非其相反，时变异也。今陛下创大业，建万世之功，固非愚儒所知。且越言乃三代之事，何足法也？异时诸侯并争，厚招游学。今天下已定，法令出一，百姓当家则

---

[1] 陈桐生：《天柱断裂之后——战国文人心态史》，河北教育出版社2001年版，第25页。

[2] 《史记·孟子荀卿列传》，第2346页。

[3] 程世和：《汉初士风与汉初文学》，中国社会科学出版社2004年版，第23页。

力农工，士则学习法令辟禁。今诸生不师今而学古，以非当世，惑乱黔首。丞相臣斯昧死言：古者天下散乱，莫之能一，是以诸侯并作，语皆道古以害今，饰虚言以乱实，人善其所私学，以非上之所建立。今皇帝并有天下，别黑白而定一尊。私学而相与非法教，人闻令下，则各以其学议之，入则心非，出则巷议，夸主以为名，异取以为高，率群下以造谤。如此弗禁，则主势降乎上，党与成乎下。禁之便。[1]

臣下和君主在统一思想上取得了统一的意见，因此，儒生自然就成了时局的受害者。

二、方士诽谤秦始皇引发了坑儒事件

秦朝"坑儒"事件的直接原因就是方士卢生等"诽谤"秦始皇。秦始皇想更长久地拥有自己的万世基业，想长生不老，所以非常迷信。一些方士就利用他的这种心理，鼓吹海中有蓬莱、方丈、瀛洲三座仙山，上面住着长生不死的仙人，只有方士能够和这些仙人们取得联系从那里得到仙药。卢生和侯生即是此类人物的代表。秦始皇派燕人卢生为其求古代的仙人。卢生说始皇曰："臣等求芝奇药仙者常弗遇，类物有害之者。方中，人主时为微行以辟恶鬼，恶鬼辟，真人至。人主所居而人臣知之，则害于神。真人者，入水不濡，入火不蓺，陵云气，与天地久长。今上治天下，未能恬惔。愿上所居宫毋令人知，然后不死之药殆可得也。"[2]他利用秦始皇对长生不老的痴迷，给他出了一堆馊主意。然而当他目睹了秦始皇的残忍之后，又开始为自身的安危打算起来，他与韩人侯生议论秦始皇"贪于权势至如此，未可为求仙药"，于是逃走了。秦始皇知道以后，自然是怒不可遏，曰："吾前收天下书不中用者尽去之。悉召文学方术士甚众，欲以兴太平，方士欲练以求奇药。今闻韩众去不报，徐市等费以巨万计，终不得药，徒奸利相告日闻。卢生等吾尊赐之甚厚，今乃诽谤我，以重吾不德也。诸生在咸阳者，吾使人廉问，或为訞言以乱黔首。"于是使御史悉案问诸生，诸生传相告引，乃自除犯禁者460余人，皆坑之咸阳，使天下知之，以惩后。益发谪徙边。[3]《秦会要》对此事的记载是："秦改古文以为大篆及隶字，国人多诽谤怨恨，秦苦天下不从，而召诸生到者拜为郎，凡七百人。

---

[1] 《史记·秦始皇本纪》，第254—255页。

[2] 《史记·秦始皇本纪》，第257页。

[3] 《史记·秦始皇本纪》，第258页。

又密令冬月种瓜于骊山硎谷之中温处，瓜实成，乃使人上书曰，瓜冬有实。有诏下博士诸生说之。人人各异说。则皆使往视之，而为伏机。诸生贤儒皆至焉，方相难，不能决。因发机，从上填之以土，皆压死。"[1]虽然这两处的说法不同，但是秦始皇坑杀几百名儒生是确凿无疑的，而且儒生被坑杀的原因都是因为"议论"或者说是"诽谤"。

公元前212年，秦始皇以"訞言以乱黔首"的罪名，在咸阳坑杀了400多名儒生和方士。实际上，方士挑起的祸端被秦始皇加以利用，趁机对儒生们也痛下杀手。如果说这些方士更多的是为了自己的私利接近统治者的话，那么，议论时政的儒生们却是真正想为新王朝的稳定和统治出谋划策的。儒生和方士"都是以专门知识作为衣食之源，以口舌或技术从秦朝统治者那里分一杯羹。随着秦王朝专制统治的不断强化，他们也往往因口舌和技术而招祸，坑儒的直接原因就是如此"[2]。知识分子的使命感使得士人们不会坐视王朝的各种矛盾不管，所以，没有实权的他们只能以舆论作为唤起统治者注意的工具。"訞言以乱黔首"是统治者加到他们头上的罪名。秦始皇连自己的长子扶苏对他的劝谏都听不进去，又怎么会听得进儒生和方士的劝谏呢？

坑儒事件的发生一是由于卢生、侯生的诽谤，还有一个原因就是秦始皇对儒生的态度发生了从信任到不信任的转变。在秦始皇建国之初，他在政权中安置了一些儒家的博士，表明了吸纳他们参与政权的意愿。"秦始皇设立博士制度，既由于博学之士地位的尊宠，也缘于他们的智慧的重要。而博学之士赢得尊宠的地位，是与其智慧的重要联系在一起的。秦始皇设立众多博士职位，既为了显示其重视人才、招贤纳士的气度，也欲众博士以其智慧，润色鸿业，敷赞革命。"[3]秦始皇二十八年，他东巡到达泰山时，"征从齐鲁之儒生博士七十人，至乎泰山下。诸儒生或议曰：'古者封禅为蒲车，恶伤山之土石草木；埽地而祭，席用菹秸，言其易遵也。'始皇闻此议各乖异，难施用，由此绌儒生。"[4]对于雄才大略的秦始皇来说，此时的他需要的是实用的统治策略，而非儒生们对礼节的斤斤计较，相比之下，儒生就显得不识时务了。秦始皇封禅遇上了大雨，没能参加此事的儒生又借机大发讽刺之议，这样只能使得秦始皇对儒生的印象更坏。秦朝博士不能顺应历史的潮流，对自身做相应地改变，

[1] 《秦会要订补》，第149页。

[2] 刘泽华：《士人与社会——秦汉魏晋南北朝卷》，第17页。

[3] 方铭：《期待与坠落——秦汉文人心态史》，河北教育出版社2001年版，第22页。

[4] 《史记·封禅书》，第1366页。

并且神仙方术之士也掺杂其中，由此导致秦始皇的厌恶也是情理之中的。

秦始皇是非常信奉法家思想的，他读了韩非子的书以后大加赞赏，曾经发出了"寡人得见此人与之游，死不恨矣"的感慨。法家关于君主专制的理论是秦始皇最为欣赏的，但秦始皇过分强调了君主集权，甚至将法律也变成了他一个人，在没有法律为准绳的情况下统治社会，必然会遭到有识之士的批评和议论。而秦始皇的独断专行与士人论证的矛盾冲突也就显而易见了。他的权威不容许社会上有非议。《韩非子·五蠹》认为一个政权应该控制人民的舆论，做到"言无私论，士无私议，民无私说，言行不轨于法令者必禁"。这种限制人民言论自由的主张正是秦始皇奉行的治国策略之一。贾谊《过秦论》说："当此时也，世非无深虑知化之士也，然所以不敢尽忠拂过者，秦俗多忌讳之禁，忠言未卒于口，而身糜没矣。天下之士倾耳而听，重足而立，阖口而不言。是以三主失道，而忠臣不谏，智士不谋也。天下以乱，奸不上闻，岂不哀哉！"[1]专制和酷刑限制了士人的忠言上谏。那么，不顺从统治者的意志上谏，就只有死路一条了。

关于秦始皇杀害如此众多的儒生的方式——坑刑，史家投放的注意力不太多。秦国时就有坑刑。秦将白起在长平之战后，坑杀了赵国40万降兵，"秦人围赵括，赵括以军降，卒四十余万皆坑之"[2]。白起坑杀赵人的理由是："前秦已拔上党，上党民不乐为秦而归赵。赵卒反复。非尽杀之，恐为乱。"于是将青壮年全部坑杀，"遗其小者二百四十人归赵"[3]。秦始皇十九年，"秦王之邯郸，诸尝与王生赵时母家有仇怨，皆坑之"[4]。这是一种比较残酷的刑罚，无论罪轻重一律杀无赦。这与秦自商鞅变法后一直奉行法家思想治理国家有关。将与事相关的所有人全部杀死，是一种杜绝后患的做法。

史家多认为秦始皇的"坑儒"是一种残酷的摧残人才的行为。焚书坑儒可以说是秦始皇"排斥士人极端化的行为之一，也是秦始皇和整个知识阶层分离的最终标志"[5]。他的这种极端做法将作为王朝智囊团的士人推到了王朝的对立面去了。但有人认为这是秦始皇"在当时特定的历史条件下，为维护统

---

[1] 阎振益、钟夏：《新书校注·过秦》，中华书局2000年版，第16页。
[2] 《史记·赵世家》，第1826页。
[3] 《史记·白起列传》，第2335页。
[4] 《史记·秦始皇本纪》，第233页。
[5] 刘泽华：《士人与社会——秦汉魏晋南北朝卷》，第12页。

一、巩固国家政权的一个小插曲罢了"[1]。或有人认为"始皇焚书坑儒，是当时东西区域文化价值系统对立并冲突的结果，亦是始皇求仙受挫后偏激的个性心理因素所致。它是秦帝国横扫六国、君临天下、崇尚以'力'统'道'的功利性文化价值观的反映，也是对主观力量无限自信的一种表现。从根本上说，它是西秦商韩法家文化专制内涵所确定的必然性。"[2]秦朝采取了极端的手段加强了对民间思想的控制，在天下初定的形势下，表现了当政者成熟的政治见识和干练的行政作风。在当时的情况下，统一民众的思想也是非常有必要的，压制士人的议论可以消除各派学说对秦统一思想文化和加强统治的潜在威胁。但秦的残暴手段吓住了士人，士人在仕进问题上表现出了相当犹豫的态度。在陈胜、吴广起义爆发之后，士人加入到了农民军集团中去，走上了王朝的对立面，加速了秦朝的灭亡。

三、秦末士人的谋反行动

秦二世即位以后，赵高专权，政局更加黑暗。士人们的反抗意识也日益浓厚。他们反对秦朝对文化的摧残，也难以忍受秦的政治迫害。还有此时六国的士，他们因为是六国遗民而遭到秦的迫害，对秦政权十分不满。陈胜、吴广的起义正好在此时爆发，士人们为了改变自身的处境，便也跟着揭竿而起，走上了反秦的道路。

谋反的士人在秦末农民起义中起了很大的作用。《史记·儒林列传》载："陈涉起匹夫，驱瓦合适成，旬月以王楚，不满半岁竟灭亡，其事至微浅，然而缙绅先生之徒负孔子礼器往委质为臣者，何也？以秦焚其业，积怨而发愤于陈王也。"士人是起义军的智囊团，例如名士张耳、陈余等向陈胜、吴广建议聘请孔子的嫡孙孔鲋来当谋士。陈余对陈胜说如果请到孔鲋为义军服务，义军必将天下无敌。据《孔丛子》载，陈胜派周章率兵入关破秦，孔鲋劝谏有轻敌思想的陈胜，但陈胜没有听从劝告，最后失败。陈胜、吴广牺牲后，孔鲋也遇难。刘邦在张良、萧何、郦食其等人的帮助下，抓住有利时机，最终打败了项羽，项羽有谋士范增而不用，士人在此时期的作用一目了然。《史记·高祖本纪》评论说："高祖以征伐定天下，而缙绅之徒聘其知辩，并成大业，语曰：'廊庙之材非一本之技，帝王之功非一士之略'，信哉！"刘邦在即位后，让

[1] 雷生友：《焚书坑儒别论》，《武陵学刊》1995年第5期。

[2] 李禹阶：《秦始皇"焚书坑儒"新论——论秦王朝文化政策的矛盾冲突与演变》，《重庆师范大学学报（哲学社会科学版）》2004年第6期。

大臣总结自己胜利的原因，大臣们议论纷纷，莫衷一是。刘邦自己说："夫运筹帷幄之中，决胜千里之外，吾不如子房；填国家，抚百姓，给饷馈，不绝粮道，吾不如萧何；连百万之众，战必胜，攻必取，吾不如韩信。三者皆人杰，吾能用之，此吾所以取天下者也。项羽有一范增而不能用，此所以为我禽也。"[1]失士者失天下，随着封建专制主义中央集权的强化，士人越来越显示出了对政权的重要作用。

　　知识分子在秦朝遭到了残酷的压制，他们协助秦末农民起义军推翻了秦朝的统治，希望能在新的王朝中改变自身的境遇。虽然如此，秦朝儒风也并未衰败到不可挽救的地步。郑樵《通志·校雠略一》中对此评论说："陆贾，秦之巨儒也；郦食其，秦之儒生也；叔孙通，秦时以文学召，待诏博士数岁。陈胜起，二世召博士诸儒生三十余人而问其故，皆引《春秋》之义以对。是秦时未尝不用诸生与经学也。况叔孙通降汉后，有弟子百余人，齐鲁之风，亦未尝替。故项羽既亡之后，而鲁为守节礼义之国，则知秦时未尝废儒。"西汉建立以后，吸取了秦亡的教训，对知识分子采取了比较宽容的政策，这重新激发了士人入仕的热情。西汉士人更强调政权对士人的依赖作用，失士则危，得士则强。贾谊在其《新书》中认为："故无常安之国，无宜治之民，得贤者则昌，失贤者危亡。自古及今未有不然者也。""故士易得而难求也，易致而难留也。故求士不以道，周遍境内不能得一人焉。""夫士者，弗敬则弗至，……故欲求士必至、民必附，惟恭与敬，忠与信，古今毋易矣。"[2]贾山在《至言》中也阐述了养士、敬士的重要性。知识分子们希望通过阐述这些理论，引起统治者对士阶层的尊重和重视，达到士人与政权的合理结合。士人们还积极为治理国家出谋划策，汉初的黄老政治就是士人们根据当时的实际情况为统治者制定的治国方针。一些在秦末隐居的士人在政权的号召下也重新出山，如曹参任齐国丞相，到任后"尽召长老诸先生，问所以安集百姓。而齐故诸儒以百数，言人人殊，参未知所定。闻胶西有盖公，善治黄老言，使人厚币请之。既见盖公，盖公为言治道贵清静而民自定，推此类具言之"[3]。士人与政权的融合比秦朝更进了一步。汉武帝"独尊儒术"以后，士人成了政权的重要支柱，是封建官僚的预备力量。最高统治者开始以学校教育为工具，以利禄为诱饵，使大批士人为政权服务。同时以察举、征辟为主要内容的选官制度开始实行并逐渐完善，

[1] 《汉书·高帝纪》，第56页。
[2] 《新书校注·大政》，第347页。
[3] 《汉书·曹参传》，第2018页。

士人的忠君思想日益浓厚，知识分子的独立性开始丧失，对政权的依附性增强。

　　秦始皇的"坑儒"事件使得大批的士人惨遭杀害，时隔三百多年以后，东汉中后期又发生了一次士人集体罹难的事件——党锢之祸。这次士人们并不是被集体杀死，而是大批的士人被冠以"党人"之名遭禁锢，政治生涯受到了极大的限制。

第二节　东汉的党锢之祸

　　东汉时期，士人的精神风貌与秦和西汉有所不同。东汉统治者更注重了对士人进行忠君观念的灌输，经学的传播也更加普遍，士人对儒家经义的接受使得他们更坚定了维护皇权、效忠于皇帝的决心。同时，选官制度更加完善，士人已经成为官僚的后备军。他们钻研经术、苦修学问的目的是为了能为统治者服务，期望得到统治者的赏识，这在王朝政治清明的时候还行得通。但到王朝中后期，政治开始走向腐败的时候，士人们理想的实现便会遭到阻碍。统治者对他们灌输的忠君思想和士人们的文化特质决定了他们在这种情况下，势必会为了挽救王朝的危亡赴汤蹈火。于是，在东汉中后期，士人们在与宦官势力的斗争中扮演了壮烈的角色。

一、党锢之祸的原因

　　东汉中后期，政治逐渐走向了腐败，而外戚和宦官的专权被认为加剧了这种局面。其原因之一就是他们对选官制度的垄断和破坏。而士人集团与他们的矛盾也主要集中在此。陈寅恪先生分析东汉后期的社会以及士人状况时说："东汉中晚之世，其统治阶级可分为两类人群。一为内廷之阉宦。一为外廷之士大夫。阉宦之出身大抵为非儒家之寒族，所谓'乞匃携养'之类。……主要之士大夫，其出身则大抵为地方豪族，或间以小族，然绝大多数则为儒家之信徒也。职是之故，其为学也，则从师受经，或游学京师，受业于太学之博士。其为人也，则以孝友礼法见称于宗族乡里。然后州郡牧守京师公卿加以征辟，终致通显。故其学为儒家之学，其行自必合儒家之道德标准，即仁孝廉让等是。质言之，小戴记《大学》一篇所谓修身、齐家、治国、平天下一贯之学说，实东汉中晚世士大夫自命为其生活之表现。"[1]在东汉中后期政治黑暗的情况下，士人们内心的价值观念开始起作用了，他们不会无视宦官们的恣意妄为，并且宦官们的行为也触及了士人们的切身利益。

东汉中期，宦官的势力逐渐膨胀，形成了专权的局面。他们利用手中的权力，垄断了选官制度，打击和排斥正直的官僚士大夫。"盖其时入仕之途，惟征辟、察举二事，宦官既据权要，则征辟、察举者，无不望风迎附，非其子弟，即其亲知。"[2]把持选举权的外戚和宦官们"亲其党类，用其私人，内充京师，外布列郡，颠倒贤愚，贸易选举"[3]。宦官的子弟占据了大半的州郡吏职，如华容侯朱瑀"父子兄弟被蒙尊荣，素所亲厚布在州郡，或登九列，或据三司。不惟禄重位尊之责，而苟营私门，多蓄财货，缮修第舍，连里竟巷"[4]。宦官作为一种腐朽势力，本身不为士人们欣赏。他们对选官权的垄断又严重阻塞了士人的仕途。河南尹田歆对外甥王谌说："今当举六孝廉，多得贵戚书命，不宜相违，欲自用一名士以报国家，尔助我求之。"[5]由此可以看出，正直的士大夫如果要举荐贤士报效国家，只能偷偷摸摸地去做，否则不但举贤不成，还会招来杀身之祸。从上节所述的士人的文化特质来讲，士人从自身的价值观和理性出发，为了维护朝廷的利益赴汤蹈火，当他们遇上如此腐朽、危害王朝利益的宦官势力时，自然会不遗余力地反抗。

察举、征辟为官本来是士人阶层的专利，但在宦官垄断选举权的情况下，仕途显得更为艰难和拥挤了。而士人本身是非常看不起宦官的。宦官属于"乞匄携养"之类的人物，他们一般出身于社会的底层，进宫之前先要遭受宫刑，以身体的残缺换取入宫的机会。在封建社会里，《孟子·离娄上》中"不孝有三，无后为大"的教条深深植入了人们的头脑，宫刑被看作是一种极端侮辱人格的刑罚。司马迁受宫刑后，在写给任安的书信中说："祸莫憯于欲利，悲莫痛于伤心，行莫丑于辱先，而诟莫大于宫刑。刑余之人，无所比数，非一世也，所从来远矣！昔卫灵公与雍渠载，孔子适陈；商鞅因景监见，赵良寒心；同子参乘，爰丝变色：自古而耻之。夫中材之人，事关于宦竖，莫不伤气，况忼慨

[1] 陈寅恪：《书世说新语文学类钟会撰四本论始毕条后》，见《金明馆从稿初编》，三联书店2001年版，第48页。
[2] 赵翼：《廿二史札记·宦官之害民》，中华书局1963年版，第98页。
[3] 《后汉书·仲长统列传》，第1657页。
[4] 《后汉书·宦者列传·曹节》，第2526页。
[5] 《后汉书·种暠列传》，第1826页。

之士乎！"[1]宦官的社会地位比较低下，长期遭到人们的歧视，但从政治方面来讲，宦官是越来越得势的一个群体。宦官得以专权是因为他们的特殊身份，他们与皇权是并存的。权力是无限诱人的，王公大臣、外戚和皇族宗室总是在觊觎着皇帝的尊崇，并会为之展开无情的厮杀，在皇权需要加强的过程中，皇帝总是要借助一种力量作为自己的依靠，而宦官是最合适的人选，《汉书·石显传》"中人无外党，精专可信任"的描述是非常中肯的。宦官的社会联系非常少，不容易形成对皇权有威胁的集团势力。宦官可以成为帮助皇帝处理军国大事的助手，还可以替皇帝监视大臣和太子及其他皇子的行为，最著名的例子就是汉武帝时江充诬陷卫太子的"巫蛊之祸"。而这也表明皇帝是比较信任宦官的。

东汉中后期，皇帝多是年幼即位，母后临朝的现象比较常见。皇后临朝所依恃的力量除了自己的兄弟之外就是宦官了，而小皇帝要想夺回政权就只能靠宦官了。和帝以后，外戚、宦官一直在争夺最高统治权力。和帝依靠中常侍郑众等人诛灭了窦氏集团，郑众被封侯，"于是中官始盛焉"。延光四年，宦官孙程等诛外戚阎显有功，十九人同时封侯，宦官势力更是强大。拥有强大势力的宦官自然会谋求其他方面的利益。首先就是干预选举。桓灵时期，察举、征辟制度成了宦官们结党营私的工具，宦官举荐自己的兄弟父子为官，根本不管这些人的才智如何，将本来是为朝廷举荐贤才的选官制度弄得一塌糊涂。宦官还开办学校，灵帝时，宦官开办了一所与太学相对立的学校——鸿都门学，"鸿都门下，招会群小，造作赋说，以虫篆小技见宠于时"[2]，鸿都门学主要是学习辞赋、书法等文学、艺术科目，凡进入鸿都门学学习的学生都会得到重用："其诸生皆敕州郡三公举用辟召，或出为刺史、太守，入为尚书、侍中，乃有封侯赐爵者，士君子皆耻与为列焉。"[3]宦官的势力遍及朝野，他们贪污受贿、敲诈勒索，极尽腐败之能事。宦官的行为不但损害了朝廷的利益，而且堵塞了士人们的仕进之途，由此，两者矛盾的爆发就只是个时间问题了。

东汉中后期的政权是外戚和宦官轮流掌握的，外戚也是士人们要反对的腐朽势力之一。先来看一下朝中官员反对外戚专权的一些情况。汉和帝即皇帝位时只有十岁，外戚窦氏专权，尚书仆射郅寿便因为上书指斥窦宪而被迫自杀，尚书何敞将窦氏兄弟比作叔段、州吁，被窦固外放到济南王那里作太傅。窦宪

---

[1] 《汉书·司马迁传》，第2727页。

[2] 《后汉书·杨赐列传》，第1780页。

[3] 《后汉书·蔡邕列传》，第1998页。

出征匈奴，建立了大功，"威名大盛，以耿夔、任尚等为爪牙，邓叠、郭璜等为心腹，班固、傅毅之徒，皆置幕府，以典文章，刺史、守令多出其门。"[1]但司徒袁安、司空任隗偏不顾忌，打击依附窦氏的爪牙四十余人。汉和帝与窦宪会于长安，窦宪"至，尚书以下议欲拜之，伏称万岁"，但是尚书韩棱正色曰："夫上交不谄，下交不黩，礼无人臣称万岁之制。"[2]议者皆惭愧而止。司徒袁安"以天子幼弱，外戚擅权，每朝会进见，及与公卿言国家事，未尝不暗鸣流涕，自天子及大臣，皆恃赖之。"[3]汉安帝年长以后，杜根为了让邓太后归政安帝，差点丢了性命。汉顺帝时，张纲担任侍御史，他感叹于世事，说；"秽恶满朝，不能奋身出命扫国家之难，虽生吾不愿也。"[4]他作徇行风俗使，埋其车轮于洛阳都亭，曰："豺狼当路，安问狐狸！"[5]矛头直指当时的当权人物梁冀。桓典任侍御史，在宦官秉权的情况下，执政无所回避，常乘骢马，京师畏惮，为之语曰："行行且止，避骢马御史。"[6]外戚和宦官对权力的争夺是非常激烈的，但两者都是与士人集团相对立的。士人们要求的是"国政一由帝命"[7]，在外戚、宦官掌权的情况下，士人们要求外戚和宦官将政权交给皇帝，由皇帝来亲政。他们为了实现这个目标，不惜牺牲自己的生命。

宦官集团的强大和对皇权的控制是士大夫们所不能容忍的。早在党锢之祸前，朝中正直的士大夫和热血沸腾的太学生们与宦官的矛盾就已经比较尖锐。"逮桓灵之间，主荒政缪，国命委于阉寺，士子羞于为伍。"[8]士人的队伍增加了，他们以朝中的一部分正直士大夫为中心，以言论为武器对时政展开了攻击，力图使统治者有所改变。清议是他们斗争的重要手段。"故匹夫抗愤，处士横议，遂乃激扬名声，互相题拂，品核公卿，裁量执政，婞直之风，于斯行矣。"[9]太学生是清议运动的主干之一。除了舆论上的鞭挞之外，他们还自发组织过反对统治者错误作法的运动。桓帝永兴元年（153年），冀州刺史朱穆逮捕了大宦官赵忠的不法家属，桓帝却下令将朱穆撤职，于是，太学生刘陶

---

[1] 《后汉书·窦融列传》，第819页。
[2] 《后汉书·韩棱列传》，第1535页。
[3] 《资治通鉴》卷四十七，中华书局1956年版，第1528页。
[4] 《后汉书·张纲列传》，第1817页。
[5] 《后汉书·张纲列传》，第1817页。
[6] 《后汉书·桓典列传》，第1258页。
[7] 《后汉书·陈忠列传》，第1563页。
[8] 《后汉书·党锢列传》，第2185页。
[9] 《后汉书·党锢列传》，第2185页。

等数千人到宫门前上书，为朱穆喊冤。他们指斥宦官"当今中官近习，窃持国柄，手握王爵，口含天宪，运赏则使饿隶富于季孙，呼吸则令伊、颜化为桀、跖"[1]。桓帝迫于舆论赦免了朱穆，太学生的斗争取得了胜利。延熹五年，徐璜、左悺向皇甫规勒索钱财不成，便编造罪名迫害皇甫规。太学生张凤等率三百余人诣阙上书，皇甫规也被赦免，虽说赦免，其实都是些"无罪之罪"。在王朝末期，统治者腐败无能的情况下，犯罪的人只是不合统治者的主观意志被定罪，根本不再以法律为准绳了。正是由于统治者的昏庸和大权旁落，才使得越来越多的士人挺身而出，为挽救王朝的命运与宦官作顽强的斗争。

一些正直官员也在不遗余力地歼灭宦官，如李膺，宦官们对他又恨又怕，以至于"诸黄门常侍皆鞠躬屏气，休沐不敢复出宫省。帝怪问其故，并叩头泣曰：'畏李校尉'"[2]。虽然太学生和部分官员取得了一些胜利，但宦官毕竟是掌握实权的集团，他们一直在寻找机会打击士人。延熹九年，与宦官关系密切的河内巫师张成预知朝廷将颁布大赦令，便教唆其子杀人，李膺得知后，在赦令已经颁布的情况下仍然将张成之子绳之以法。宦官借此机会，让张成的弟子牢修上书，诬告李膺和太学生"共为部党，诽讪朝廷，疑乱风俗"[3]。而臣民结党正是统治者严加防范的事情。虽然党人集团是正义的，但统治者是不允许任何党派存在的。

二、东汉党人集团的形成

党派存在从合理到非法有一个演变的过程。在封建专制主义中央集权日益加强的东汉，党派的存在是不被统治者允许的。士人在反对外戚和宦官的过程中结成了多个集团，虽然他们的本意是维护王朝的利益，但不幸的是，士人集团的结成正好给掌权的宦官镇压他们提供了借口。

（一）"党"形成和发展的追溯

追溯"党"、"党禁"的起源，刘泽华先生认为其形成在先秦时期。"党"的问题最早在《尚书·洪范》中经提出："无偏无党，王道荡荡。"从《左传》、《国语》等文献看，春秋时期，"党"的问题十分突出，"既是一种普遍的社会现象，又是一种普遍的社会观念。"[4]此时期的党还有合理性和

---

[1]　《后汉书·朱穆列传》，第1470页。

[2]　《后汉书·党锢列传》，第2194页。

[3]　《后汉书·党锢列传》，第2187页。

[4]　刘泽华：《先秦时期的党、党禁与君主集权》，《广东社会科学》2003年第4期。

正当性意义。《左传》中有多处记载，当时卿大夫和卿大夫之间的结党是普遍现象，谁与谁结党都是公开的事实。但到了战国时期，党成了一个被批评和排斥的概念。这是因为党与政治斗争的关系越来越密切。在《战国策·燕策一》中，关于夏启如何夺取皇位有这样一句话："启与支党攻益而夺之天下。"可见，启是靠"党"来实现他的政治目标的。因此，从很早开始，党就与政治斗争主要是争夺权力的斗争密不可分了。到了春秋时期，周王、诸侯、卿大夫之间的争权夺利的斗争呈现出了错综复杂的局面。这些斗争也都与党有关。在《左传》中，周景王立爱子子朝，"子丐之党与争立"，在晋国的支持下，子丐胜利。晋国献公除公族，是因为公族之党势大逼主。流亡到秦国的晋公子重耳要夺回王位，也是有"栾、郤之党为内应"[1]。战国时期，齐国的孟尝君，荀子说他是"朋党比周，以环主图私为务"。战国时期的党派主要是因为官僚养士和门客舍人形成的。士、舍人与主人形成一定的从属关系，彼此之间有一定的义务，《韩非子集解·外储说》形容说："今诸侯之士徒皆私门之党也。"

在君主集权趋势越来越严重的时候，诸子之中禁止臣下结党的言论也随之增多。首先表现在论述臣下结党对君主不利之处：

　　《管子校注·明法解》："奸臣之败其主也，积渐积微，使主迷惑而不自知也。上则相为候望于主，下则买誉于民。誉其党而使主尊之，毁不誉者而使主废之。"[2]

　　《荀子集解·臣道》："上不忠乎君，下善取誉民，不恤公道通义，朋党比周，以环主图私为务，是篡臣也。"

　　《韩非子集解·外储说》："朋党相和，臣下得欲，则人主孤。"《孤愤》："官爵贵重，朋党又重，为国之一讼。"

臣下结党会对君主的权势造成一定的威胁，所以早在《尚书·洪范》篇中就提出了"无党"的概念："无偏无党，王道荡荡。无党无偏，王道平平。"《庄子·天下》说慎到的学说特点之一是"公而无当"。"当"字应作"党"，意思是公正而不阿党。对君主之忠也是以无党为前提的。《管子校注·五辅》："为人臣者，忠信而不党。"君主无道才会引起臣下结党。"君失其道，

---

[1]　《史记·晋世家》，第1656 页。
[2]　黎翔凤撰，梁运华整理：《管子校注·明法解》，中华书局2004年版，第1215页。

则大臣比权重。以相举于国，小臣必循利以相就也。"[1]君主的无道主要表现在治国无法、赏罚失措等各个方面。"主无术数则群臣易欺之，国无明法则百姓轻为非，是故奸邪之人用国事，则群臣仰利害也。"[2]

君主的无道或者无能都会引起臣下的结党，但党派的存在又有一定的合理性。只要有不同的利益集团存在就会产生不同的党派。在封建社会，君主大权旁落时也是臣下结党比较严重和普遍的时候。在专制主义中央集权下，臣下的结党是君主专制的对立物，臣下结党对君主集权和专制会起破坏和瓦解作用。臣下一旦被冠以"结党"的罪名就会陷入万劫不复的境地。而"结党"也是君主时常强加给臣下的罪名，以强调君主的权威，达到震慑臣下的目的。事实上也起到了这样的效果。

（二）东汉党人集团的形成和发展

东汉后期，在社会上存在着三股政治势力，也可以称之为三个集团。以正直官僚为首，有大批士人加入的"党人"是其中的一个集团或者说"党派"。而另两个就是宦官集团和外戚集团。

宦官因为其身份的特点与皇帝关系比较密切，很容易形成集团势力，而且宦官集团的势力非常强大，他们把持了官吏的选举权，宦官的党羽和子弟遍布州郡，以至于"群公卿士杜口吞声，莫敢有言。州牧郡守承顺风旨，辟召选举，释贤取愚"[3]。士人的抨击言行势必会触犯他们的利益，所以他们视士人为"党人集团"，必欲除之而后快。党人集团的主要组成者就是太学生、朝中的正直官员和他们的门生故吏。这其中包括了很多本文的犯罪主体——士人。虽然党人集团代表了正直的政治势力，但结党总是不能被统治者允许，况且在其敌对势力——宦官掌权的情况下，士人的结党行为肯定会遭到更惨重的打击。

《后汉书·党锢列传》记载了党人议论最初是因为房植和周福两个人及其门客引发的，周福曾为桓帝的老师，在桓帝即位后周福被拜为尚书，同郡河南尹房植也很有名望，二人的门客们便开始互相讥讽：

> "天下规矩房伯武，因师获印周仲进。"二家宾客，互相讥揣，
> 遂各树朋徒，渐成尤隙，于是甘陵有南北部，党人之议，自此始矣。

---

[1] 《管子校注·法禁》，第275页。
[2] 《管子校注·明法解》，第1215页。
[3] 《后汉书·宦者列传·曹节》，第2526页。

后汝南太守宗资任功曹范滂，南阳太守成瑨亦委功曹岑晊，二郡又为谣曰："汝南太守范孟博，南阳宗资主画诺。南阳太守岑公孝，弘农成瑨但坐啸。"因此流言转入太学，诸生三万余人，郭林宗、贾伟节为其冠，并与李膺、陈蕃、王畅更相褒重。学中语曰："天下楷模李元礼，不畏强御陈仲举，天下俊秀王叔茂。"又渤海公族进阶、扶风魏齐卿，并危言深论，不隐豪强。自公卿以下，莫不畏其贬议，屦屦到门。[1]

参与其中的士人越来越多，议论的规模越来越大，遂有党人之议。但其实，以士人为主体的党人集团的形成有更深刻的原因。党人集团的结成有一定的条件。党人有共同的利益，士人是官员的后备军，但是当选举权被宦官把持以后，虽然宦官也可以保举一部分士人做官，但大多数的正直士人都被不公平地隔在了仕进的大门之外。宦官们"亲其党类，用其私人，内充京师，外布列郡，颠倒贤愚，贸易选举"[2]。出于自身的利益考虑，正直的士人们势必要结成集团，共同对抗宦官。从西汉开始实行的察举制度在此时已经得到了发展和完善，朝廷官员或知名大儒都有权力举荐或征辟士人为官。以举主或业师为中心，形成了一些小的集团，这些小集团是构成党人集团的主要成分。士人们有共同的社会苦难和文化背景，他们的政治理想就是捍卫皇权，挽救政治的危机和社会的腐败，面对强大的宦官集团，他们"忧责深重，不敢尸禄惜生"[3]，而单个士人的力量是微不足道的，他们也必须结成集团才有可能与宦官集团对抗。

东汉崇尚名节，一个人如果有好的名声是很重要的。一些善于观察、评论人物的名士很受人尊敬。例如，郭泰品评人物一般都比较实际，即使品评在先也能应验，所以郭泰为众人所推崇。许劭与从兄许靖"俱有高名，好共核论乡党人物，每月辄更其品题，故汝南俗有'月旦评'焉"[4]。好的名声是要靠提高自身的社会认同树立起来的，在这个时期，危言高论不失为一个好方法，这也是清议的规模越来越大的原因之一。赵翼说："盖东汉风气，本以名行相尚，迨朝政日非，则清议益峻，号为正人者，指斥权奸，力持正论，由是其名益高。海内希风附响，惟恐不及，而为所贬訾者，怨刺骨，日思所以倾之，此

---

[1] 《后汉书·党锢列传》，第2186页。
[2] 《后汉书·仲长统列传》，第1657页。
[3] 《后汉书·陈蕃列传》，第2166页。
[4] 《后汉书·许劭列传》，第2235页。

党祸之所以愈烈也。"[1]舆论使宦官也有所畏惧,李膺入狱后,"颇引宦官子弟,宦官多惧,请帝以天时宜赦,于是大赦天下,膺免归乡里,居阳城山中,天下士大夫皆高尚其道,而污秽朝廷"[2]。士大夫集团对朝政的批判和议论触动了宦官集团的利益,两者的冲突到了一定程度就会爆发。而且,党人集团的存在及其声势的壮大势必会影响到统治者对他们的态度。

三、党锢之祸的爆发

第一次党锢之祸便是由牢修的诬告引发的。延熹九年(166年),桓帝下令抓捕党人,李膺等二百余人被收审。抓捕的范围从京师扩大到了各地,使者四出,络绎不绝。后来在陈蕃、窦武等人上疏反对下,桓帝释放了一部分党人,但对党人终身禁锢,不许做官。士人们的入仕之路堵塞了。但党人集团的声势却更加浩大。天下士人都以入党人为荣。李膺因党锢之祸致死,其妻子徙边,门生、故吏及其兄弟都被禁锢,时侍御史景毅子顾为李膺的门徒而未有录牒,故不及于谴,景毅乃慨然曰:"本谓膺贤,遣子师之,岂可以漏夺名籍,苟安而已!"[3]遂自表归免,时人义之。皇甫规虽然为名将,却素誉不高,他认为自己是西州豪杰,"耻不得豫,乃先自上言:'臣前所荐故大司农张奂,是附党也。又臣昔论输左校时,太学生张凤等上书讼臣,是为党人所附也。臣宜坐之。'朝廷知而不问,时人以为规贤"[4]。同时,他们中还产生了领袖人物,如三君、八俊、八顾、八及、八厨等。其中有许多不为官的士人,如八顾中的郭林宗等。

随着党人集团的壮大,第二次党锢之祸又来临了。这一次声势更加浩大,罹难的党人也更多。永康元年(167年),汉灵帝即位,窦太后临朝,大将军窦武和太尉陈蕃辅政。他们打算从宦官手中夺回大权,谋划诛灭宦官。但后来走漏了风声,以曹节为首的宦官先一步行动,窦武、陈蕃失败。两年之后,宦官对党人发动了更加残酷的迫害。山阳督邮张俭因得罪宦官侯览,张俭的同乡朱并上书告发张俭,说他与同郡人"共为部党,同危社稷"。于是,在宦官的主使下,不但张俭被抓,以前的党人也重新又被投入监狱。李膺、杜密、范滂等人有的被折磨至死,有的被流徙边地。而且对党人的搜捕过程中牵连了很多无

---

[1] 《廿二史札记·党禁之起》,第93页。
[2] 《后汉书·党锢列传·李膺》,第2195页。
[3] 《后汉书·党锢列传·李膺》,第2197页。
[4] 《后汉书·皇甫规列传》,第2136页。

辜的人。"天下豪杰及儒学行义者，一切结为党人"[1]，"自此诸为怨隙者，因相陷害，睚眦之忿，滥入党中。又州郡承旨，或有未尝交关，亦离祸毒。其死徙废禁者，六七百人。"[2]熹平元年，有人在洛阳朱雀阙贴出了抨击宦官恶行的传单，这些人应该是士人："天下大乱，曹节、王甫幽杀太后，常侍侯览多杀党人，公卿皆尸禄，无有忠言者。"[3]于是，宦官借此又将千余名太学生抓捕入狱。并且在熹平五年，"诏州郡更考党人门生故吏父子兄弟，其在位者，免官禁锢，爰及五属"[4]。五属即指五服以内的亲属，五服是五种丧服：斩衰、齐衰、大功、小功、缌麻。这其中就包含了大量的士人。

禁锢是指对某人为官资格的取消，在春秋时期，禁锢作为一种处罚已经出现。在党锢之祸时期，禁锢被广泛应用。大批为官者被免官后又被禁锢，还有许多士人因为与党人有牵连也被禁锢。《后汉书·郑玄列传》载：郑玄与同郡孙嵩等四十余人俱被禁锢，遂隐修经业，杜门不出。荀爽弃官以后，在党锢时仍被禁锢。陈寔在党锢时也被连及。"及后逮捕党人，事亦连寔。余人多逃避求免，寔曰：'吾不就狱，众无所恃。'"延笃因病免归以后，教授家巷。党锢之祸时，亦被禁锢。孔昱也被禁锢。符融并未仕进仍被禁锢。范冉居家被禁锢。党锢之祸中，禁锢的范围扩大到了事主的五属，还有其门生和故吏，甚至包括了门生、故吏们的五属，牵连范围之广是前代无法比拟的。

东汉时期，察举征辟制度日趋完善，士人是官僚的主要后备力量，禁锢极大地打击了士人入仕、为国尽忠的积极性，因此，在东汉两次大规模的党锢之后，东汉在知识分子当中丧失了人心，灭亡之日逐渐逼近了。"是当时一经禁锢，虽遇解放，仍不得为平民也，驯至党锢祸起，汉遂以亡。"[5]所以，被禁锢住的不仅仅是士人，还有王朝的政治生命和活力。黄巾起义爆发后，统治者为了防止大批被禁锢的士人与起义军联合，不得不解除禁锢，将这些人拉拢到统治集团中来，共同对付农民军。中平元年，黄巾贼起，中常侍吕强言于帝曰："党锢久积，人情多怨。若久不赦宥，轻与张角合谋，为变滋大，悔之无救。"帝惧其言，乃大赦党人，诛徙之家皆归故郡。其后黄巾遂盛，朝野崩离，纲纪文章荡然矣。[6]虽然赦免了党人以收拢人心，但东汉王朝已经是积重

[1] 《后汉书·灵帝纪》，第330—331页。
[2] 《后汉书·党锢列传》，第2188页。
[3] 《后汉书·宦者列传》，第2525页。
[4] 《后汉书·党锢列传》，第2189页。
[5] 程树德：《九朝律考》，第53页。
[6] 《后汉书·党锢列传》，第2189页。

难返，只能走向灭亡了。

党锢之祸中，大批士大夫和士人的行为表明了在儒家理想主义驱动下，知识分子为"道"和"名"而不惧生死的气度，体现了封建社会知识分子的最高精神境界。党人和太学生的行动得到了人们的广泛同情和支持。范晔在《后汉书·党锢列传》中赞扬了李膺等党人："……振拔污险之中，蕴义生风，以鼓动流俗，激素行以耻威权，立廉尚以振贵势，使天下之士奋迅感慨，波荡而从之，幽深牢、破室族而不顾，至于子伏其死而母欢其义。壮矣哉！子曰：'道之将废也与？命也！'"党人在党锢之祸时为了躲避官府的追捕，四处逃亡，许多人冒着生命危险掩护他们。这其中就有许多没有被党锢牵连在内的士人，藏匿党人也等于是犯罪。如张俭受到官府的追捕，"得亡命，困迫遁走，望门投止，莫不重其名行，破家相容"。张俭逃到东莱，藏在李笃家中。外黄令毛钦带兵前来捉拿张俭，李笃对毛钦说，张俭是天下很有名的人，而且他逃亡也不是因为真正的犯罪，如果抓他是不义，毛钦觉得李笃的话很有道理，便离开了。后来，李笃送张俭出塞，帮助他脱离了危险。何颙为了躲避宦官的迫害，躲藏在汝南一带，也有很多的士人愿意与他往来，并帮他避难。世家大族袁绍也很同情党人，"其穷困闭厄者，为求救援，以济其患，有被掩捕者，则广设权计，使得逃隐，全免者甚众"[1]。因为党锢之祸牵连的人很多，而且大多"亡非其罪"，朝廷此时昏庸无能，宦官集团也是顾此失彼，所以此时的藏匿罪也极少被朝廷追究。

第三节　两者的比较

一、言论引发祸端，对士人的打击加速了王朝的灭亡

秦朝的坑儒和东汉的党锢之祸，两者在起因和后果上有共同之处。秦始皇认为卢生等人"诽谤我，以重吾不德也。诸生在咸阳者，吾使人廉问，或为訞言以乱黔首"，罪名是诽谤和妖言；而东汉党锢之祸，党人的罪名是"共为部党，诽讪朝廷"。可以说，两朝士人都是因为言论获罪的。在党锢之祸爆发之前，东汉的申屠蟠曾感叹曰："昔战国之世，处士横议，列国之王，至为拥彗先

---

[1]　《后汉书·党锢列传》，第2217页。

驱，卒有坑儒烧书之祸，今之谓矣。"[1]他敏感地预见了"处士横议"势必会引发又一次的"坑儒"事件，而事实也正是如此。

　　言论犯罪是自古就有的。早在殷代晚期，纣王的倒行逆施使众臣缄口不敢言，箕子甚至装疯卖傻逃避祸患。西周末年，周厉王是位十分残暴的君主，人们自然会将议论的矛头指向他，周厉王便命令卫巫来监视人民的言论。结果"国人莫敢言，道路以目"。《国语·周语》载大臣召公对周厉王说："防民之口，甚于防川。川壅而溃，伤人必多，民亦必之。是故为川者决之使导，为民者宣之使言。"君主专制最基本的一个表现就是不让民众自由地发表议论。春秋时期，《孟子·滕文公下》中描述为"圣王不作，诸侯放恣，处士横议，杨朱、墨翟之言盈天下"，看似言论非常自由，但这个自由也是有限度的。《春秋左传注·襄公三十一年》记载：郑人游于乡校，以论执政。然明谓子产曰："毁乡校何如？"子产曰："何为？夫人朝夕退而游焉，以议执政之善否。其所善者，吾则行之；其所恶者，吾则改之，是吾师也。若之何毁之？我闻忠善以损怨，不闻作威以防怨。岂不遽止？然犹防川，大决所犯，伤人必多，吾不克救也。不如小决使道，不如吾闻而药之也。"[2]从这番话来看，郑子产在对待乡校的问题上十分开明，他认为如果压制民众的议论就会积怨，而积怨过深会让统治崩溃。但他却杀害了与自己刑法观念不同的邓析子，《吕氏春秋新校释·离谓》中邓析子"以非为是，以是为非，是非无度，而可与不可日变。所欲胜因胜，以欲罪因罪。郑国大乱，民口讙哗。子产患之，于是杀邓析而戮之。"邓析的议论引起了人民的响应，子产只能动用屠刀进行压制。邓析子是位讼师（相当于今天的律师），其身份应该是士人，他被杀的原因就是因为他的议论超出了统治者允许的范围。

　　"天下有道，则庶人不议。"[3]正是政治有可圈可点之处才会让有识之士发出议论，而且散发这些言论的目的是参政议政，本身是为朝廷的利益服务的，但是都没有得到统治者的欣赏。尤其是在东汉末年宦官专权的情况下，没有实权的党人只靠言论是解决不了任何问题的。清议虽然能制造强大的舆论，能引起社会上广泛的关注，但是如果没有相应的具体措施和行动，是不能从根本上解决当时的政治腐败问题的。党人所作的牺牲也不会换来太多的实际效果。正如司马光所说："天下有道，君子扬于王庭以正小人之罪，而莫敢不服；

[1]　《后汉书·申屠蟠列传》，第1752页。
[2]　《春秋左传注·襄公三十一年》，第1192页。
[3]　《日知录集释·直言》，第846页。

天下无道，君子囊括不言以避小人之祸，而犹或不免。党人生昏乱之世，不在其位，四海横流，而欲以口舌救之，臧否人物，激浊扬清，撩虺蛇之头，践虎狼之尾，以至身被淫刑，祸及朋友，士类歼灭而国随以亡，不亦悲乎！"[1]

　　秦朝经过"坑儒"之后，将大量的士人推到了政权的对立面，士人为起义军出谋划策，促进了秦朝的灭亡；而东汉经过两次党锢之祸以后，士人对政权的信心也丧失殆尽，东汉的灭亡也指日可待了。焚书坑儒和党锢之祸是两次著名的政治事件，如果站在封建社会统治者的立场上，因为士人的言论触犯了法律或者统治者的意志才被治罪，所以，这两次事件也可以说是士人的集体犯罪。

二、党锢之祸的规模更大，牵连的范围更广

　　士人之所以如此踊跃地议论朝政一是由于其自身的文化特质，二是与统治者的提倡和放宽言路有关。东汉的党锢之祸使大批的党人卷入了清议的浪潮中，而秦朝的坑儒，公开议政的人毕竟是少数，方士的议论引发了大祸。这种现象的出现，与汉代放宽了臣民言论的自由有关系。

（一）汉代言论自由的放宽

　　《汉书·艺文志》载，汉兴，萧何制定法律："吏民上书，字或不正，辄举劾。"此条文虽然是对官吏识字能书的基本要求，从"吏民上书"来看，上书言事的也包括了"民"，即没有官职的人，这些人一般是指有知识的士人。由此也可见上书言事的现象是比较常见的。在汉文帝时期，就下令解除了诽谤和妖言之法，《汉书·文帝纪》："古之治天下，朝有进善之旌，诽谤之木，所以通治道而来谏者也，今法有诽谤、訞言之罪，是使众臣不敢尽情，而上无由闻过失也。将何以来远方之贤良？其除之。"文帝此举的目的就是尽量放宽民众的言论自由，为统治者出谋划策，虽说是笼络民心之举，确实也起到了统治者希望的作用。文帝以后的历代皇帝都下诏书寻求"直言极谏"之士，鼓励吏民上书的制度大大增加了士人们接触政治的机会，也为他们的言论犯罪创造了前提条件。

　　《汉书·文帝纪》：文帝二年，"举贤良方正能直言极谏者，以匡朕之不逮"。

　　《汉书·晁错传》：文帝十五年：

　　　　昔者大禹勤求贤士，施及方外，四极之内，舟车所至，人迹所

----

[1]　《资治通鉴》卷五十六，第1823页。

及，靡不闻命，以辅其不逮；近者献其明，远者通厥聪，比善戮力，以翼天子。是以大禹能亡失德，夏以长楙。高皇帝亲除大害，去乱从，并建豪英，以为官师，为谏争，辅天子之阙，而翼戴汉宗也。赖天之灵，宗庙之福，方内以安，泽及四夷。今朕获执天子之正，以承宗庙之祀，朕既不德，又不敏，明弗能烛，而智不能治，此大夫之所著闻也。故诏有司、诸侯王、三公、九卿及主郡吏，各帅其志，以选贤良明于国家之大体，通于人事之终始，及能直言极谏者，各有人数，将以匡朕之不逮。二三大夫之行当此三道，朕甚嘉之，故登大夫于朝，亲谕朕志。大夫其上三道之要，及永惟朕之不德，吏之不平，政之不宣，民之不宁，四者之阙，悉陈其志，毋有所隐。[1]

　　文帝承认了自己会有过失和不德之处，所以需要贤明者的辅助，需要民众的直言劝谏。"这种'对策'以'求言'的制度，是与选官制度相结合的，'能直言极谏者'被委以官职，等于在原则上认可了官员在行政事务之外的据道谏君之责。"[2]文帝要求官吏选拔能直言极谏者，有利于从士人中拔擢人才。

　　武帝即位之初，四方士多上书言得失，这与汉朝建立的吏民上书制度有关。吏民上书制度由公车司马令负责，《汉书·萧望之传》载，宣帝初即位时，"思进贤良，多上书言便宜"。士人的言论只要符合统治者的要求和利益，便会被委任以官职；然而，言论是一把双刃剑，万一与统治者的意向不合，士人就有被治罪的危险。以言论获得仕进之途是两汉士人的一个捷径。两汉统治者多次下诏，令各级官吏举直言极谏之士。而从扬雄《剧秦美新》的文章中可以一窥秦朝的言论情况："秦……盛从鞅、仪、韦、斯之邪政，……划灭古文，刮语烧书，弛礼崩乐，涂民耳目，遂欲流唐漂虞，涤殷荡周，燃除仲尼之篇籍，自勒功业，改制度轨量，咸稽之于《秦纪》。是以耆儒硕老，抱其书而远逊；礼官博士，卷其舌而不谈。"[3]虽然此文是扬雄为赞赏王莽新政而竭力攻击秦政，但这些话也从一定程度上反映了秦朝以言论议政之事自焚书坑儒后就自动减少，统治者也没有主动的求言行为。而自汉文帝起，两汉的统治者不断下达诏命，寻求能直言极谏之士。自武帝起：

　　《汉书·武帝纪》：建元元年冬十月，诏丞相、御史、列侯、中

[1]　《汉书·晁错传》，第2290页。
[2]　阎步克：《士大夫政治演生史稿》，第340—341页。
[3]　扬雄：《六臣注文选·剧秦美新》，中华书局1987年版，第914—915页。

二千石、二千石、诸侯相举贤良方正直言极谏之士。丞相绾奏："所举贤良，或治申、商、韩非、苏秦、张仪之言，乱国政，请皆罢。"奏可。[1]

《汉书·宣帝纪》：冬十月，诏曰："乃者九月壬申地震，朕甚惧焉。有能箴朕过失，及贤良方正直言极谏之士以匡朕之不逮，毋讳有司。[2]

《汉书·元帝纪》：（初元二年，诏）丞相、御史、中二千石举茂材异等直言极谏之士。

（初元三年）六月，诏曰："盖闻安民之道，本繇阴阳。间者阴阳错谬，风雨不时。朕之不德，庶几群公有敢言朕之过者，今则不然。媮合苟从，未肯极言，朕甚闵焉。永惟烝庶之饥寒，远离父母妻子，劳于非业之作，卫于不居之宫，恐非所以佐阴阳之道也。其罢甘泉、建章宫卫，令就农。百官各省费。条奏毋有所讳。有司勉之，毋犯四时之禁。丞相、御史举天下明阴阳灾异者各三人。"于是言事者众，或进擢召见，人人自以得上意。

（永光二年）三月壬戌朔，日有蚀之。诏曰："……其令内郡国举茂材异等贤良直言之士各一人。"[3]

《汉书·成帝纪》：（鸿嘉二年）诏曰："古之选贤，傅纳以言，明试以功。故官无废事，下无逸民，教化流行，风雨和时，百谷用成，众庶乐业，咸以康宁。朕承鸿业十有余年，数遭水旱疾疫之灾，黎民娄困于饥寒，而望礼义之兴，岂不难哉！朕既无以率道，帝王之道日以陵夷，意乃招贤选士之路郁滞而不通与，将举者未得其人也？其举敦厚有行义能直言者，冀闻切言嘉谋，匡朕之不逮。"

（元延元年）秋七月，有星孛于东井。诏曰："……与内郡国举方正能直言极谏者各一人"。[4]

《汉书·哀帝纪》：（建平元年）二月，诏曰："盖闻圣王之治，以得贤为首。其与大司马、列侯、将军、中二千石、州牧、守、

---

[1]　《汉书·武帝纪》，第155—156页。
[2]　《汉书·宣帝纪》，第249页。
[3]　《汉书·元帝纪》，第281—289页。
[4]　《汉书·成帝纪》，第317、326页。

相举孝弟惇厚能直言通政事，延于侧陋可亲民者，各一人。"

元寿元年，春正月辛丑朔，日有蚀之。诏曰："……将军、列侯、中二千石举贤良方正能直言者各一人。"[1]

《汉书·平帝纪》：（元始元年）夏五月丁巳朔，日有蚀之。……公卿、将军、中二千石举敦厚能直言者各一人。[2]

即便是在新莽时代，上书言事者仍很多，"言便宜者以万数"。东汉举荐直言极谏之士从汉章帝开始。

《后汉书·章帝纪》：建初元年，三月巳巳，令太傅、三公、中二千石、二千石、郡国守相，举贤良方正能直言极谏之士各一人。

建初五年，春二月庚辰朔，日有蚀之。诏曰：公卿巳下，其举直言极谏、能指朕过失者各一人，遣诣公车，将亲览问焉。其以岩穴为先，勿取浮华。[3]

《后汉书·和帝纪》：永元六年，三月丙寅诏，诏曰："朕以眇末，承奉鸿烈。阴阳不和，水旱违度，济、河之域，凶馑流亡，而未获忠言至谋，所以匡救之策。寤寐永叹，用思孔疚。惟官人不得于上，黎民不安于下，有司不念宽和，而竞为苛刻，覆案不急，以妨民事，甚非所以上当天心，下济元元也。思得忠良之士，以辅朕之不逮。其令三公、中二千石、二千石、内郡守相举贤良方正、能直言极谏之士各一人。昭岩穴，披幽隐，遣诣公车，朕将悉听焉。"帝乃亲临策问，选补郎吏。[4]

《后汉书·安帝纪》：永初元年，三月癸酉，日有食之，诏公卿内外众官、郡国守、相，举贤良方正、有道术之士，明政术、达古今、能直言极谏者，各一人。

永初五年，令三公、特进、侯、中二千石、二千石、郡守、诸侯相举贤良方正、不道术、达于政化、能直言极谏之士各一人，及至孝与众卓异者，并遣诣公车。[5]

[1] 《汉书·哀帝纪》，第338、343页。
[2] 《汉书·平帝纪》，第351页。
[3] 《后汉书·章帝纪》，第133、139页。
[4] 《后汉书·和帝纪》，第178页。
[5] 《后汉书·安帝纪》，第206、217页。

《后汉书·桓帝纪》：建和元年，夏四月庚寅，京师地震。诏大将军、公、卿、校尉举贤良方正、能直言极谏者各一人。

建和三年，六月庚子，诏大将军、三公、特进、侯，其与卿、校尉举贤良方正、能直言极谏之士各一人。

永兴二年，二月癸卯，京师地震，诏公、卿、校尉举贤良方正、能直言极谏者各一人。[1]

汉章帝建初四年，诏下太常、将、大夫、博士、议郎、郎官及诸生、诸儒会白虎观，讲议《五经》同异，参加白虎观会议的"诸生"、"诸儒"身份应该就是士人，章帝召集他们参加会议其实就是给予士人参政议政的机会，虽然只是讲求《五经》异同，但经术是东汉统治者治国的根据，所以讨论经术就是为了给统治者提供更合适的治国方略。东汉桓帝永兴二年之后，朝廷再无明确的举能直言极谏者的诏令。统治者下诏求直言极谏之士，大多是在有天灾时，为了获忠言、寻找匡救之策才这样做的。桓帝延熹九年党锢之祸爆发前，士人议论超出了统治者允许的范围，并形成了一定的规模，自然不会被宦官为首的腐朽统治集团接受。"夫上好则下必甚，矫枉故直必过，其理然矣。若范滂、张俭之徒，清心忌恶，终陷党议，不其然乎？"[2]当时，太学诸生三万余人，郭林宗、贾伟节为其冠，并与李膺、陈蕃、王畅更相褒重，"天下模楷李元礼，不畏强御陈仲举，天下俊秀王叔茂"的话语也在诸生中间广泛流传。"又渤海公族进阶、扶风魏齐卿，并危言深论，不隐豪强。自公卿以下，莫不畏其贬议，屣履到门。"如此声势浩大的议论势必导致宦官势力的干涉。而党锢之祸就是清议运动发展到一定程度，士人集团与宦官集团矛盾斗争爆发的表现。

（二）两汉以言论得官者增多

两汉以言获官者增多。《汉书·扬雄传》："策非甲科，行非孝廉，举非方正，独可抗疏，时道是非，高得待诏，下触闻罢。"从扬雄的这番话可以看出，用进谏的方式议论时政的是非对错，是当时没有官位的士人或民众常用的方式，这可以使他们由此走入仕途，如果不能这样，至少可以让统治者听到他们的意见。《潜夫论笺校正·考绩第七》："侍中、大夫、博士、议郎，以言语为职，谏争为官。"[3]而这些人在为官前，身份一般都是儒生。

---

[1] 《后汉书·桓帝纪》，第289、294、299页。

[2] 《后汉书·党锢列传》，第2185页。

[3] 王符著，汪继培笺：《潜夫论笺校正·考绩第七》，中华书局1985年版，第65页。

除了这些官职以外，两汉还出现了一些与上书言事有关的职位，例如，《汉书·朱博传》：朱博尤不爱诸生，所至郡辄罢去议曹，曰："岂可复置谋曹邪！"文学儒吏时有奏记称说云云，博见谓曰："如太守汉吏，奉三尺律令以从事耳，亡奈生所言圣人道何也！且持此道归，尧舜君出，为陈说之。"[1] "议曹"就是一个以言论影响当政者的职位，由"诸生"一词来看，议曹多由儒生担任。东汉有议曹祭酒一职。如《后汉书·任延列传》中隐士龙丘苌就担任此职，还有"议生"等，"其职事略近于先秦稷下学宫、'列大夫'之'不治而议论'。"[2]

基于以上两个原因，在两汉时期，士人上书议政成了经常性的活动，这也是两汉与秦朝的不同之处。赵翼认为汉人上书言事"多狂悖无忌讳之语"，而"帝受之，不加谴怒，且叹赏之，可谓圣德矣！"此语也说明了汉朝对言论的控制远比清朝要松缓。例如，在西汉的盐铁会议上，儒生"辩讼于公门之下，汹汹不可胜听"[3]。秦政与汉政的不同也正是由于儒生们的参与造成的。狄百瑞认为："儒家学者对于他们所长久拥护支持的专制制度的一切，是无法完全逃避历史责任的。……儒家思想一方面透过他们的道德说教，不断地给专制权力种种限制，一方面又不断地从事于政府组织的改革，这些对中国专制政治似乎有调和与软化的作用。"[4]当然，士人能做到的更多还是利用道德说教来影响统治者。

毋庸置疑的一点就是，儒生们的道德说教和言论必须在统治者允许的范围内。汉武帝虽然崇儒，但汲黯认为他"陛下内多欲而外施仁义，奈何效唐、虞之治乎"，这是在说武帝表里不一，其实这句话也可以用在证明统治者虽然求言，但当言论触及了他们的客观利益或者主观意志时，他们就会翻脸不认人，将那些敢于直言进谏的人一一治罪。金春峰认为西汉时代的思想，武帝崇儒是一次转折，"然而好景不长，接着就开始了第二次转折，……这个转折就是和平到战争的转折"，结果"政治权利自然地落到了崇尚申商，富国强兵有术的桑弘羊等手中……儒生，在残酷的战争面前，则黯然失色，被历史扫进了无权的角落。昨天被罢黜的，今天又成了政治、国家的主人；昨天被尊奉的，今天

[1] 《汉书·朱博传》，第3400页。
[2] 阎步克：《士大夫政治演生史稿》，第341页。
[3] 王利器校注：《盐铁论校注·利议》，中华书局1992年版，第323页。
[4] W.T.de Bary：《中国的专制政治与儒家理想》，《中国思想与制度论集》，联经出版事业公司1976年版，第215页。

成了破落寒酸、被斥责受讥笑的对象"[1]。方苞也认为："武帝虽好儒术，实不能用。太初所定，不过改正朔，易服色，以文封禅，其宗庙百官之仪袭秦之故，不合圣制。"[2]武帝的改制也没有满足儒生们"复礼"的希望，对于士人来说，他们仍以言论为工具，继续进行着"故事"和"古制"的争斗。历史就是这样无情，无权的儒生们还是得拿起言论的武器，引起统治者的注意，希望再次获取青睐。如此，言论犯罪便在所难免。

士人主要以言论参与政事的另一个原因就是，虽然经术在两汉被尊崇，习经入仕者也大有人在，但是，两汉统治者的治国方略从实质上来讲是儒法合流，并不单纯以经术治国，由此，即便是官员的权力也是有限的，何况那些没有官职的士人。吕思勉说："汉崇儒之主，莫过于武帝；其为治，实亦儒法杂。一读《盐铁论》，则知桑弘羊之所持，纯为法家之说矣。"[3]大多数学者都认为盐铁会议是儒法思想的短兵相接，虽然儒生在此次会议以后扩大了其政治影响，但是经术仍然不是治国的唯一，"杂霸"的情况仍然存在，即便是"重经术士"的霍光也不例外。《汉书·循吏传》："自武帝末，用法深。昭帝立，幼，大将军霍光秉政，大臣争权，上官桀等与燕王谋作乱，光既诛之，遂遵武帝法度，以刑罚痛绳群下，繇是俗吏上严酷以为能。"[4]《汉书·霍光传》："今丞相用事，县官信之，尽变易大将军时法令，以公田赋与贫民，发扬大将军过失。又诸儒生多窭人子，远客饥寒，喜妄说狂言，不避忌讳，大将军常雠之，今陛下好与诸儒生语，人人自使书对事，多言我家者。"[5]儒生以言论激起了外戚的仇恨。

汉宣帝召开了石渠阁会议，杂论五经异同，可以说是相当重视儒生的，但是他并不是纯用儒生治国。《汉书·元帝纪》：

> （太子）柔仁好儒。见宣帝所用多文法吏，以刑名绳下，大臣杨恽、（盍）[盖]宽饶等坐刺讥辞语为罪而诛，尝侍燕从容言："陛下持刑太深，宜用儒生。"宣帝作色曰："汉家自有制度，本以霸王道杂之，奈何纯（住）[任]德教，用周政乎！且俗儒不达时宜，好是古非今，使人眩于名实，不知所守，何足委任！"乃叹曰："乱我

[1] 金春峰：《汉代思想史》，中国社会科学出版社1987年版，第305—308页。
[2] 《望溪先生文集》卷二，《书〈史记·礼记序〉后》，《四部丛刊》本。
[3] 《吕思勉读史札记》，上海古籍出版社1982年版，第648页。
[4] 《汉书·循吏传》，第3628页。
[5] 《汉书·霍光传》，第2954页。

家者，太子也！"繇是疏太子而爱淮阳王，曰："淮阳王明察好法，宜为吾子。"而王母张倢伃尤幸。上有意欲用淮阳王代太子，然以少依许氏，俱从微起，故终不背焉。

史家多以宣帝"霸王道杂之"的论断来证明西汉的治国思想。汉宣帝认为纯用儒生会乱国，恐怕好儒的太子会丢掉刘家的江山社稷，所以曾起过改易太子的念头，后来因为少时受过许氏的恩惠才作罢。儒生的"是古非今"、"妄发议论"都是统治者所不愿意看到的。《汉书·宣帝纪》赞曰："孝先之治，信赏必罚，综核名实，政事、文学、法理之士咸精其能"。可见，在儒生之外还活跃着一大批政事、法理之士。盖宽饶在宣帝时以儒术上书谏争，王生劝他"方今用事之人皆明习法令，言足以饰君之辞，文足以成君之过"，后来盖宽饶果然以"言事不当意而为文吏诋挫"，自杀而死。官吏尚且如此，士人言事不当者更会被治罪。

西汉平帝元始五年，王莽"征天下通知逸经、古记、天文、历算、钟律、小学、《史篇》、方术、《本草》及以《五经》、《论语》、《孝经》、《尔雅》教授者，在所为驾一封轺传，遣诣京师。至者数千人"。这是"两汉史上规模最大的一次征召"[1]。另外王莽还在郡县乡广设学校，扩大京师太学，置《左氏春秋》、《毛诗》、《逸礼》、《古文尚书》博士，置师友祭酒及侍中、谏议、六经祭酒等九个祭酒，这些举动为王莽赢得了大批的拥戴者，"儒生成了王莽变法的主要依赖者"[2]。王莽"意以为制定则天下自平，故锐思于地里，制礼作乐，讲合《六经》之说。公卿旦入暮出，议论连年不决，不暇省狱讼冤结民之急务"[3]。学者认为"乌托邦精神"在西汉后期曾经左右了儒生的思想动向，并导致了王莽"新政"和大规模的变法。这个变法的宗旨，正是在于建立一个"完美无缺的理想社会"[4]。但王莽的变法措施都要靠严厉的惩戒来执行，对官员和臣民的刑罚极重。一些为之效忠的士大夫都丢掉了性命。如甄丰、甄寻父子案，不但甄氏父子死亡，还牵连了刘歆的儿子刘棻、刘泳、门徒丁隆等数百人被杀，之后，王莽对刘歆也失去了信任，王莽的智囊团一一被害或自杀，与王莽的猜忌不无关系。

[1] 黄留珠：《秦汉仕进制度》，西北大学出版社1985年版，第203页。
[2] 阎步克：《士大夫政治演生史稿》，第389页。
[3] 《汉书·王莽传》，第4140页。
[4] 阎步克：《士大夫政治演生史稿》，第398页。关于"乌托邦精神"见金观涛《中国文化的乌托邦精神》，香港中文大学中国文化研究所《二十一世纪》，1990年第2期。

　　东汉建立以后，统治者还需要"解王莽之繁密，还汉世之轻法"。即便在东汉初，汉光武帝更加注重经术、求言的情况下，言论自由仍是有限的，统治者能得到的治世箴言毕竟只有少数，"建武、永平之间，吏事刻深，亟以谣言单辞，转易守长。故朱浮数上谏书，箴切峻政，钟离意等亦规讽殷勤，以长者为言，而不能得也。所以中兴之美，盖未尽焉。"[1]

[1]　《后汉书·循吏列传》，第2457页。

第四章　秦汉时期士人犯罪的原因

余英时认为："知识分子有几个重要的特性最值得注意。第一是他比较具有全面的眼光，因此能够敏锐地觉察到整个社会在一定历史阶段中的动向和需要。第二是作为基本精神价值的维护者，他比较富于使命感和正义感，因此具有批判和抗议的精神。第三是他比较能够超越一己的阶级利害，因此发展出一种牺牲小我的精神。"[1]这三个特点也可以理解为士人犯罪的部分原因。正是因为他们的这些特性才会在很多时候以言论或行为触怒当政者，导致犯罪。

秦汉时期士人犯罪的原因主要从三个方面加以考察：一是封建专制主义中央集权的出现和逐步完善，不允许与之相对抗或成为其离心力的小集团存在，士人在秦朝和汉初没有完全适应政局的质变，由此造成了某些犯罪行为的出现；王朝以"法治"和"人治"相结合来治理社会；二是从士人阶层的分化来看，秦汉时期，士人逐渐分化为士人和为官的士大夫两个部分，而入仕是大部分士人的理想和追求，只有入仕才有可能实现自己的政治理想和抱负，士人为了入仕采取了各种形式表现自己的才能，寻找入仕的门径。比如，投靠一些有举荐官吏权力的官僚或权贵，在政治立场上尽量与他们保持一致，在这种情况下，如果士人投靠的官僚、权贵犯罪，士人势必会受到牵连而被定罪；三是选官途径的变化，两汉的察举、征辟制度使得士人必须不断加强自己的知识修养和参与社会、政治事务的能力，以求得在朝廷中直接效力，但朝廷吸纳的士人人数是有限的，大量不能被朝廷吸纳的士人只得寻求其他的途径参与政治，例如，从民间上书、投靠诸侯王等，如此难免会触犯统治者，导致犯罪。

---

[1]　余英时：《论士衡史》，上海文艺出版社1999年版，第1页。

第一节　专制主义中央集权的建立

专制主义中央集权的建立使得统治者开始将如何治理人民作为一个重要的命题进行研究。学界一般认为，封建王朝是法治与人治两种统治手段并存。法治，就是依据王朝制定的成文法来治理天下，客观的标准就是法律。依法治国是在战国时期，由诸子百家中的法家首先提出来的。秦国的商鞅是推行法治并使国家强大的典型代表人物。商鞅在秦国变法时，将成文法抄于帛布之上，悬挂于国都的城门街道，不仅使法律让民众知道，而且鼓励民众提意见，并宣布能改一字者赏千金。这就是将赏罚的标准告知大家。有无区别对待的情况呢？商鞅又规定，不论身份，官民全部要依法行事，也因此而遭到反动贵族的激烈反抗，商鞅断然地将违背法律的太子的师傅公子虔和公孙贾分别处以刑罚，并在渭水边处死了一批企图反对新法发动变乱的贵族，以血的例子证明了自己执行依法治国的决心。因此，在我国古代，法律面前人人平等的思想早就存在了。商鞅变法取得了巨大的成功。至于商鞅本人最后的悲惨下场，就不能不提到与法治相伴随的"人治"了。"人"在专制社会指的是皇帝，即统治者。如何治呢？政治家申不害提出"术"治，慎到提出了"势治"。所谓术，即统治者不仅要有法，而且要有权术，即驾驭控制臣下的一套手段；所谓势，即统治者要有威势，掌握军事、政治的绝对权力。只有既有法，又有术、势，统治者才不会沦于一般臣民的地位，既有法可以治理国家，又有术和势可以驾驭和控制臣下，保持统治者的专制地位。战国晚期，韩国的思想家韩非子提出了一套法、术、势合一的君主专制主义理论，得到了秦始皇的赞赏并迅速推行。秦始皇不但用繁杂的法律条文约束百姓，还加上了皇帝至高无上的权威。说到秦二世而亡的教训，不能不把皇帝过分加入了个人的权威和意志统治百姓的因素放在重要的位置。孔庆明先生在《秦汉法律史》一书中指出："战国末期在秦国形成的法律制度，反映了春秋战国时期政治、经济发展的要求。……这个法律制度，在当时的历史条件下，是保证和推动社会发展的重要制度。但是，秦始皇统一中国之后，他离开了这个制度的客观基础，把历史的进展归因于个人的意志，把法制变成施展个人意志的工具，法律成为横征暴敛、意得欲纵的强力保证；酷法滥刑代替了正常的法律秩序。结果使刚刚建立起来的封建统治秩序走上崩溃。"[1]

秦朝大一统封建王朝建立后，政权性质与先秦时期相比有了质的变化，由此影响到士人的境遇和行为方式也要发生相应的变化。但在秦统一之初一直到汉初，统治者和士人之间的相处并不融洽。一方面，统治者没有给士人尤其是文士提供发挥才智的舞台。例如，秦朝的尚武轻文，汉初刘邦也特别轻视文士，甚至于将小便解到儒生的帽子里，相反却比较重视武士和策士，那是出于征战和稳定政局的需要。在战乱初定的秦初和汉初，秦用法家和刘邦重武士、策士的做法都有其合理之处。刘邦的政权基本稳定以后，在论功行赏之际，武将争功，醉酒之后不顾礼仪，刘邦的权威很难得到体现，在这种情况下，文士开始登上历史的舞台，开始有了叔孙通等儒士的用武之地。另一方面，士人本身也没有做好准备，还没有认识到哪种方式是为新政权所欣赏和他们应该采用的。这两方面的原因导致了秦朝和汉初士人与政权的冲突，由此引发了士人一系列的犯罪事件，其中，最著名的也是最残酷的、规模最大的就是秦朝的焚书坑儒。

在汉朝建立之初，叔孙通降汉，为刘邦制定礼仪，"通使征鲁诸生三十余人。鲁有两生不肯行，曰：'公所事者且十主，皆面谀以得亲贵。今天下初定，死者未葬，伤者未起，又欲起礼乐。礼乐所由起，积德百年而后可兴也。吾不忍为公所为。公所为不合古，吾不行。公往矣，无汙我！'通笑曰：'若真鄙儒也，不知时变。'"[2]被叔孙通嘲笑为"鄙儒"的这些儒士其实代表了一大批士人。他们在汉初还没有意识到大一统的形势已经成为定局，应该调整自身的心态和行动为新的王朝服务，如果不这么做，与统治者发生冲突是在所难免的事情。士人在大一统之际的转型往往比较困难，能够认识到时局变化并尽快适应的士人还是少数。因此，有些士人还是出于道义或者先秦时期的一些教条，做出一些与封建专制主义中央集权相抵触的事情，那么，犯罪就在所难免了。

因此，在专制主义初步形成并逐渐完善的秦汉时期，法律和统治者的权威是两条并行线，统治者用它们维持统治秩序，约束臣下。同时又是礼法并存的时代，礼融入了法的内部，礼是法的内容，又是法的灵魂。西汉昭帝时举行了一场会议，名为"盐铁会议"，其中内容之一就是讨论治国的方针和理论。盐

[1] 孔庆明：《秦汉法律史》，陕西人民出版社1992年版。
[2] 《史记·叔孙通列传》，第2722—2723页。

铁会议辩论的双方，一方是从武帝时起长期当政的法家代表人物御史大夫桑弘羊，一方是由郡国荐举的贤良文学，他们是儒家思想的忠实信徒。两方虽然有分歧，但从辩论中可以看出，西汉政权的文、景、武、昭各朝，统治集团仍然坚持法治，而贾谊、董仲舒和贤良文学之士，则极力宣扬儒家的礼治，并日益形成强大的舆论，影响深入人心。从辩论中可以看出，儒家和法家，都主张用法，都承认法律具有镇压人民群众和约束内部的作用。"这场辩论最后表明：第一、法治不能放弃，只能更加严密，这完全符合汉初以来的实际；第二、礼治被逐步接受，它将成为法制的指导原则和重要内容，礼将变成法条，实现新的礼、法合体。"[1]

（一）春秋战国时期士人择主的多重选择

春秋战国时期，各个诸侯国的国君为了壮大自己的政治势力，不惜降低姿态，礼贤下士。而士为了报答他们的知遇之恩，会为他们鞠躬尽瘁，死而后已。《吕氏春秋新校释·知士》："今有千里之马于此，非得良工，犹若弗取。良工之与马也，相得则然后成。譬之若炮与鼓。夫士亦有千里，高节死义，此士之千里也。能使士待千里者，其惟贤者也。"《士节》："士之为人，当理不避其难，临患忘利，遗生行义，视死如归。"[2]这样的例子在当时比比皆是。例如，田婴与剂貌辩相善，田婴手下的其他人都很讨厌剂貌辩，尽管有很多人包括孟尝君都认为田婴不应该信任剂貌辩，但田婴仍坚持己见。威王死后，宣王即位，田婴与剂貌辩一起到了薛地。剂貌辩为了挽回宣王对田婴的信任，冒死见了宣王并诉说了田婴的忠诚，宣王于是亲自到郊区迎接田婴。正是为了要报答田婴的知遇之恩，剂貌辩才会"外生乐、趋患难"。有些报恩的行为是会触犯法律的，例如，燕国的荆轲刺杀秦王，高渐离为荆轲报仇又以筑击秦始皇而死难；齐国的聂政为报严遂的知遇之恩，为严遂刺杀韩国的宰相韩傀，功成而剖腹自杀；刺杀赵襄子不成而死的豫让等。虽然有些行为因为当时人的赞赏而没有被追究法律责任，但严格来说这都是犯罪。自秦朝建立起封建专制主义中央集权以后，随着封建法律的完善，对这些行为的约束和惩罚也就比春秋战国时期更加严格了。

《史记·魏世家》载，魏文侯之子子击受到了田子方的冷遇，他问田子方富贵者和贫贱者谁更有骄傲的资本："子击逢文侯之师田子方于朝歌，引车避，

[1] 孔庆明：《秦汉法律史》，第197页。

[2] 吕不韦著，陈奇猷校释：《吕氏春秋新校释》，上海古籍出版社2002年版，第496、629页。

下谒。田子方不为礼。子击因问曰：'富贵者骄人乎？且贫贱者骄人乎？'子方曰：'亦贫贱者骄人耳。夫诸侯而骄人则失其国，大夫而骄人则失其家。贫贱者，行不合，言不用，则去之楚、越，若脱鵷然，奈何其同之哉！'子击不怿而去。"而在大一统的政权面前，士人的荣辱取决于皇帝，而且这个皇帝是唯一的，因此，士已经不像战国时期那么理直气壮和敢于去就了，离开了专制的皇帝，他们就没有可以施展抱负的空间了。

春秋战国时期，士人选择效忠的主人的机会不是唯一的，而且这些选择是合法的；但在封建专制主义中央集权建立以后，从统治者的角度来说，他们只允许士人为现存的中央政权服务，政权的代表人物就是皇帝，因此不效忠于皇帝的行为都是不允许的。其实，早在先秦时期，诸子百家中就有许多人希望天下只有一个统治者的局面出现。如孔子、孟子认为"天无二日，民无二王"[1]。法家从矛盾事物的双方不能平衡并存的哲学高度论述了君主只能有一个，不能二，更不能多。慎到认为："多贤不可以多君，无贤不可以无君。"[2]《管子校注·霸言》称："使天下有两天子，天下不可理也。"专制主义中央集权的建立才使这些理论真正变成了现实。封建皇帝的唯一和皇权的至高无上使得一些士人难免会触犯统治者的忌讳，从而构成犯罪。封建皇帝的个人意志得到了更大程度的发挥，"天下治乱，在予一人"。《新书·保傅》："天下之命，县于太子"，这些都反映了皇帝实际上掌握了士人们的生死大权。

经过春秋末期的社会大动荡之后，士人失去了固定的职业，变成了无根的游士。他们有自由选择职业和思想的自由，但随之而来的是士人价值的紊乱和安全感的丧失，士人阶层的行为规范、安身立命之道就成了当时亟待解决的问题了。孔子在此时提出了"士志于道"的信条。正如余英时先生所说："中国知识阶层刚刚出现在历史舞台上的时候，孔子便已努力给它贯注一种理想主义的精神，要求它的每一个分子——士——都能超越他自己个体的和群体的利害得失，而发展对整个社会的深厚关怀。这是一种近乎宗教信仰的精神。"[3]正是这种对自己理想和追求的执着，才使得士人与专制集权的冲突不可避免。

（二）汉代诸侯王对士人吸引力的由强到弱

由于两汉时期的一些特殊原因，社会上还存在着士人可以效忠的其他势

---

[1] 《诸子集成》（一），《孟子正义·万章上》，中华书局1954年版，第376页。

[2] 《诸子集成》（五），《慎子·逸文》，中华书局1954年版，第9页。

[3] 余英时：《士与中国文化》，上海人民出版社1987年版，第101页。

力或者人物。这主要是指：西汉初年的诸侯王、察举制度下的举主、门生众多的名儒；以其为核心形成的小集团的存在，在一定程度上被最高统治者当作威胁，一个核心人物犯罪可能就会牵连到整个集团里的人，其中诸侯王的门客、舍人，高官的故吏，或者跟随名师大儒学习的学生之中就有大批士人。由此构成了士人犯罪的一个方面。

汉初，刘邦惩戒亡秦孤立之败，剖裂疆土，大封子弟和功臣为王。这些诸侯王掌握藩国的政治、经济大权，实力雄厚，因此他们往往积极招致贤良之士，形成了以诸侯王为首的小集团。随着秦的灭亡，秦对游士的打击政策也随之而去，士人们又开始在新的政治环境中寻找栖身之地。而礼贤下士的诸侯王此时正好可以成为士人依附的对象，当时的许多诸侯王以招贤纳士而闻名于时。汉初诸侯王蓄养门客和士，一种是为了治理国家，探讨国家治乱之因；另一种是不安分的诸侯王，借养士之名，培植死党，图谋不轨。如吴王刘濞、梁孝王刘武、淮南王刘安等；此外还有有野心的大臣，借养士之名扩展个人的势力。诸侯养士，应首推代相陈豨。《汉书·卢绾传》载："豨以郎中封为列侯，以赵相国将监赵、代边，边兵皆属焉。豨少时，常称慕魏公子，及将守边，招致宾客。常告过赵，宾客随之者千余乘，邯郸官舍皆满。"陈豨招收宾客多至数千。吴王刘濞、淮南王刘长也都以能养士称于当世。《汉书·吴王刘濞传》载吴王刘濞"即招致天下亡命"，《汉书·淮南厉王刘长传》载淮南王刘长"收聚汉诸侯人及有罪亡者，匿与居，为治家室，赐与财物爵禄田宅"。其子淮南王安也"招致宾客方术之士数千人"，然三王终以谋反灭国。武帝于元狩元年（公元前122年）下诏尽捕淮南王与衡山王之宾客党朋，牵连致死者竟达数万人之多，可见其宾客之众多。

诸侯与王国官吏和其所养门客、舍人之间的君臣之义首先表现在称谓上。王国官吏对诸侯王自称臣，甚至连汉朝官吏有时也对诸侯王自称为臣。例如，樊哙对淮阴侯韩信说："大王乃肯临臣。"[1]其次，在利益维护上，他们坚决站在本国诸侯王一边。刘邦曾经侮辱赵王张敖，赵相贯高、赵午甚为不平，主张杀死刘邦以泄愤，张敖没有允许。后来张敖以谋反的罪名被拘至长安，贯高便一口咬定谋反之事与张敖无关，虽被"榜笞数千，刺爇，身无完者"[2]，仍不改口，最后张敖被赦免，贯高认为自己已经尽到了臣下的责任，便自杀而死。

---

[1] 《汉书·韩信传》，第1876页。
[2] 《汉书·张耳陈余传》，第1839页。

这是比较典型的表现君臣之义的事例。

汉初的诸侯王与其王国官吏之间的君臣之义在西汉初年比较盛行，到汉武帝时情况有了变化。在汉初，刘邦就对诸侯王和权贵门下"济济多士"的局面非常反感，文景时期，心怀二志的诸侯王与士人关系的密切对专制主义中央集权的破坏力初步显现，于是，中央开始抑黜诸侯王。文帝时有贾谊、景帝时有晁错，在君臣的共同努力下开始削弱藩国的势力。汉武帝承接汉景帝削藩的事业，颁布了"左官律"和"附益法"，禁止汉朝官员和王国官员相互勾结，并严格禁止汉朝官员对诸侯王称臣，顾炎武在《日知录·对人称臣》中有详细的阐述："至文景以后，则此风渐衰。而贾谊《新书》有'尊天子避嫌疑，不敢称臣'之说。《王子侯表》有利侯钉坐遗淮南王书称'臣'，弃市；《功臣侯表》安平侯鄂但坐与淮南王女陵通，遗淮南王书称'臣'尽力，弃市；平棘侯薛穰坐受淮南王赂，称'臣'在赦免前，皆在元狩元年。而《严助传》天子令助谕意淮南王，一则曰'臣助'，再则曰'臣助'，史因而书之未尝以为罪，则知钉等三人所坐者交通之罪。而自此以后，廷臣之于诸侯王遂不复有称'臣'者耳。"[1]而且对谋反的诸侯王的处罚也更为严厉。淮南王刘安谋反被觉，"上下公卿治，所连引与淮南王谋反列侯二千石豪杰数千人，皆以罪轻重受诛。"胶西王刘端上书曰："淮南王安废法行邪，怀诈伪心，以乱天下，荧惑百姓，倍畔宗庙，妄作妖言。《春秋》曰：'臣无将，将而诛'。安罪重于将，谋反形已定。臣端所见其书节印图及他逆无道事验明白，甚大逆无道，当伏其法。而论国吏二百石以上及比者，宗室近幸臣不在法中者，不能相教，当皆免官削爵为士伍，毋得宦为吏。其非吏，他赎死金二斤八两，以章臣安之罪，使天下明知臣子之道，毋敢复有邪僻倍畔之意。"[2]汉武帝论坐淮南衡山事，死者数万人。经过汉武帝的削藩，诸侯国的实力已经大大削弱，但诸侯王与王国官吏之间的君臣称谓并没有被禁止。

但随着诸侯王势力的削弱，对士人们的吸引力也随之减弱了，士人们最初跟随诸侯王的目的是希望借助诸侯王的政治权势实现自己的人生理想，吸引他们走近诸侯王的是生活上的安逸和精神上的有所寄托。而有这种想法的士人还没有从战国时期的局势中转变过来。例如，齐人邹阳客游于梁，不慎遭谗下狱，他在狱中的上书颇有战国的游说之风，邹阳竟然忽视了诸侯王对汉天子的

臣属关系，以战国时期割据称雄的霸王、方伯视之。但邹阳毕竟意识到了汉绝非没落的东周可比，因此他发出了"鸷鸟累百，不如一鹗"的感叹。与邹阳同时并游的枚乘比他更明白一些，枚乘认为中央政权是坚不可摧的，汉朝与战国的局面有根本的不同。因此，士人们在意识到这一点以后，开始自觉地向中央政权靠拢。从一开始他们意识到诸侯王的不安分之后，就以比较婉转的方式劝谏诸侯王。邹阳精心写了《上吴王书》一文，在颂扬吴王的同时，极力向吴王说明汉王朝是不可反抗的。伍被投靠淮南王，因为淮南王有谋逆之心，伍被屡次劝谏，淮南王不但不听，还将伍被的父母囚禁了三个月。这些人都表现出了崇汉的倾向，表明了汉朝廷已经开始具有吸引士人靠近的资本。虽然还有些士人情愿围绕在诸侯王身边寻找机会，有时与诸侯王共同犯上作乱，但毕竟入仕汉廷成为了士人追求的主流。

东汉初年也有类似情况。建武十七年，刘秀将他分封为公的王子晋爵为王。《后汉书·樊宏列传》载："时禁罔尚疏，诸王皆在京师，竞修名誉，争礼四方宾客。"建武二十四年，有司诏"申明旧制阿附藩王之法"，表明了朝廷对诸侯王的限制之心。建武二十八年，有人上书说沛王辅宾客不法，因为此事，王侯宾客"坐死者数千人"，明帝即位以后，继续采取打击、压制诸侯王的政策，例如，楚王英一事牵连死徙者将近千人。

从西汉到东汉，总有大批的士人向诸侯王或权臣的身边靠拢，以宾客的身份追随诸侯王，如果诸侯王有什么非分之想，这些士人就跟着遭殃了。但士人仍如飞蛾扑火般不知后退，其原因之一就是随着士人人数的增多，中央政权吸纳的士人数量毕竟有限，不能通过正常的察举、征辟途径入仕的士人只能寻求其他的方式实现自己的政治理想，权臣、诸侯王正好给他们提供了这样一个机会。

（三）入仕成为士人实现人生理想和价值的最主要途径

士人在春秋时期崛起以后，作为国家生活中举足轻重的力量，一直未被社会吸纳。于迎春先生认为："直到汉武帝时期，士阶层的基本价值在经过调校、修正之后，卒获官方的认可，学问和道德于是成为士人晋身之资，与仕途经济联系起来。以学行为基本标准，国家制定了有关选举的一系列科目及规则，以确保合乎要求的人材经由一定的程序、途径依次上升。这条便利而稳定的晋身之途，终于将士人纳入了统一的社会政治秩序，结束了他们自春秋战国之际便游离于此外的存在状态。"[1]士人中有些人入仕为官，有些人却因为各种原因仍然没有与政权直接结合，随着西汉选官制度的完善，这两类士人的界限越来越明显了。

士人与统治者的关系注定了士人与政治是密不可分的。"学而优则仕"，早在孔孟时代的士人就是如此规划自己的人生的，后世士人秉承着这样的宗旨，大多数人都被功名利禄诱惑着，而且在封建社会里，入仕为官也是士人们实现其救世济众抱负的最主要途径。虽然在王朝末期，社会动荡混乱的情况下，士人中间会兴起隐逸之风，但在新王朝开始之际，士人的政治热情会重新爆发，如此往复循环。也就是说，士人一直有积极的"用世"意识。"所谓用世，是指士人积极投身社会，自愿以自己的知识智能为社会服务，成就事业，实现自己的人生价值。一般对士进行深入研究的学者，都强调士人的一个重要属性是具有强烈的社会责任感和使命感。实际上用世思想是责任感和使命感的集中表现。士人用世主要表现为两个方面，运用通古今的知识和辩然否的能力设计，规画社会并可以从事具体的事业；承担社会良心的责任和教化社会。"[2]也就是曾子所说的："士不可不弘毅，任重而道远，仁以为己任，不亦重乎？死而后已，不亦远乎？"

叔孙通开启了汉代儒生入仕的热情。"宁做百夫长，不做一书生"，儒生们为了追求功名利禄，尽量调整自己的行为，与统治者合拍。公孙弘是历史上第一个从布衣而封侯拜相的儒生。《史记·儒林列传》："公孙弘以《春秋》白衣为天子三公，封以平津侯，天下学士靡然向乡风矣。"公孙弘之所以能够如此，是因为他能够"曲学阿世"，士人必须调整自己的信条和行动，才能与统治者相处融洽。《汉书·循吏传》："（董仲舒、公孙弘、倪宽）三人皆儒者，通于世务，明习文法，以经术润饰吏事，天子器之。""以经术润饰吏事"表明了三者必须调试自身的价值理想，与现实政治的需要接轨才能得到统治者的赏识。而统治者离开士人也是寸步难行的。"握有无上政权的天子，固然可以在政权的占有上丝毫不让人，但是幅员辽阔的天下，却不能一手经营，他虽未必不想凡事亲理，天子也是人，还是有实际的限制，所以他不能不雇佣大批官僚"。[3]吴晗《论皇权》中也说："士大夫是帮闲的一群，是食客，他们的利害

[1] 《汉代文人与文学观念的演进》，第30页。
[2] 马亮宽：《略论士人知识群体的形成及社会属性》，《聊城大学学报（哲学社会科学版）》2004年第4期。
[3] 费孝通：《费孝通文集》，群言出版社1999年版，第470页。

和皇权是一致的，生杀予夺之权在皇帝之手，作耳目，作鹰犬，柳箠在握，驱使自如，士大夫愿为皇权所用，又为什么不用？而且，可以马上得天下，不能以马上治天下，马上政府是不存在的。治天下得用官僚，官僚非士大夫不可，这道理不是极为明白吗？"

士人中的隐士虽然客观上归隐，但也并没有割断和政治的联系，他们具有一定的社会地位，真正心如止水、一生不仕的人是少数，一旦有合适的机会，他们还是会加入到现实政治生活中来。而且统治者为了笼络民心和标榜求贤也会对他们礼让有加。"明王圣主必有不宾之臣"[1]，即《论语·尧曰》中所说的"举逸民，天下归心焉"。汉高祖时有废太子之意，但看到太子竟能请到当时有名的隐士"商山四皓"之后就打消了这个念头。光武帝时的隐士周党、王良、王成等人，"使者三聘，乃肯就车，及陛见帝廷，党不以礼屈，伏而不谒，偃蹇骄悍，同时俱逝。"有司劾以大不敬，但光武帝并没有在意，反而赐帛四十匹。[2]统治者礼遇隐士的主要原因就是他们对统治不能构成直接的威胁。这一点在王莽篡权后表现得比较明显。王莽用行动赢得了很多士人的拥戴，但却对原西汉的官员或名士隐居不仕者大开杀戒，因为这些人对王莽政权的抵制意图太明显了。王莽上台以后，"士之蕴藉义愤甚矣。是时裂冠毁冕，相携持而去之者，盖不可胜数"[3]。士人虽然身不在朝廷，但他们对政治的关切程度却不亚于在朝为官的那些人。晋人庾峻说："黎庶之性，人众而贤寡；设官分职，则官寡而贤众。为贤众而多官，则妨化；以无官而弃贤，则废道。是故圣王之御世也，因人之性，或出或处，故有朝廷之士，又有山林之士。朝廷之士，佐主成化，犹人之有股肱心膂，共为一体也。山林之士，被褐怀玉，太上栖于丘园，高节出于众庶。其次轻爵服，远耻辱以全志。最下就列位，惟无功而能知止。彼其清劭足以抑贪污，退让足以息鄙事。故在朝之士闻其风而悦之，将受爵者皆耻躬之不逮。斯山林之士、避宠之臣所以为美也，先王嘉之。节虽离世，而德合于主；行虽诡朝，而功同于政。"[4]《后汉书·方术列传》："后进希之以成名，世主礼之以得众，原其无用亦所以为用，则其有用或归于无用矣。"这些话揭示了隐士与君主的微妙关系，也可以用来形容士人与君主的关系。

[1] 《后汉书·逸民列传》，第2762页。
[2] 《后汉书·逸民列传》，第2762页。
[3] 《后汉书·逸民列传》，第2756页。
[4] 《晋书·庾峻列传》，中华书局1974年版，第1392—1393页。

在汉代大一统的社会中，士人的出路越来越受拘束和限制，扬雄描述当时的情景："当今县令不请士，郡守不迎师，群卿不揖客，将相不俛眉，言奇者见疑，行殊者得辟，是以欲谈者宛舌而固声，欲行者拟足而投迹。乡使上世之士处乎今，策非甲科，行非孝廉，举非方正，独可抗疏，时道是非，高得待诏，下触闻罢，又安得青紫？"[1]随着选官制度的完善，士人对政权的依附性增强，大批士人以入仕为官为实现自己人生价值的唯一途径，独立人格丧失。

早在秦时，士人李斯就用仓鼠和厕鼠来比喻士人入仕与否对人生的影响。李斯年轻时做过掌管文书的小吏。司马迁在《史记·李斯列传》中记载了这样一件事：有一次，他在厕所见到老鼠吃人粪，一见到人和狗，老鼠就被吓跑了。后来，他在仓库里看到老鼠很自在地偷吃粮食，也没有人去管。于是，他发出了这样的感慨："人之贤不肖，譬如鼠矣，在所自处耳！"这就是说，一个人要想在社会上出人头地，就应该像在粮库里偷吃粮食的老鼠，才能为所欲为，尽情享受。为了实现这样的理想，李斯不做小吏了，专程跑到齐国去拜荀子为师。李斯学完之后，反复思考应该到哪个地方才能显露才干，得到荣华富贵呢？经过对各国情况的分析和比较，他认为楚王无所作为，其他各国也在走下坡路，于是决定到秦国去。临行之前，荀卿问李斯为什么要到秦国去，李斯回答说："干事业都有一个时机问题，现在各国都在争雄，这正是立功成名的好机会。秦国雄心勃勃，想奋力一统天下，到那里可以大干一场。人生在世，卑贱是最大的耻辱，穷困是莫大的悲哀。一个人总处于卑贱穷困的地位，那是会令人讥笑的。不爱名利，无所作为，并不是读书人的想法。所以，我要到秦国去。"李斯告别了老师，到秦国去实现自己的愿望了。根据李斯其后的经历可知，李斯到了秦国之后果真大展宏图，个人的地位得到极大提升。这是其后世的士人们所向往的一种情景。汉武帝时代，东方朔以俳优畜之，内心充满了未被重用的悲哀，但他仍然对武帝一片忠心，因为他对当时的形势有很清醒的认识，他知道武帝之世与苏秦、张仪所处的时代已经有了本质上的不同。《汉书·东方朔传》：

> 夫苏秦、张仪之时，周室大坏，诸侯不朝，力政争权，相禽以兵，并为十二国，未有雌雄，得士者强，失士者亡，故谈说行焉。身处尊位，珍宝充内，外有廪仓，泽及后世，子孙长享。今则不然。圣帝流德，天下震慑，诸侯宾服，连四海之外以为带，安于覆盂，动犹

[1] 《汉书·扬雄传》，第3570页。

运之掌，贤不肖何以异哉？遵天之道，顺地之理，物无不得其所；故绥之则安，动之则苦；尊之则为将，卑之则为虏；抗之则在青云之上，抑之则在深泉之下；用之则为虎，不用则为鼠；虽欲尽节效情，安知前后？夫天地之大，士民之众，竭精谈说，并进辐辏者不可胜数，悉力慕之，因于衣食，或失门户。使苏秦、张仪与仆并生于今之世，曾不得掌故，安敢望常侍郎乎？故曰时异事异。[1]

这正表明了封建专制主义中央集权下士人的处境，士人的进退，全在于一个皇帝的用与不用。士人对皇帝的依附心理在此昭然若揭。

士人的特点就是以救国救民为己任，非常有责任感。"社会责任律令的崇高意识，功业建设的成就感，衣食生计的现实利益，所有这一切都使得干禄求进以行志的入仕事业，在士大夫的人生实践中，具有核心的位置和当然的意义。"[2]士人一般都具有很强的忧患意识。忧患意识，也就是"安不忘危"或"居安思危"的意识，指人们在太平时期不忘记出现危难的可能性，从而采取一系列的措施来加以预防。《孟子·告子下》："入则无法家拂士，出则无敌国外患，国恒亡。然后知生于忧患，死于安乐也"，这就是人们常说的"生于忧患，死于安乐"，它是传统忧患意识的主要内容。士人们会对朝廷的各种事务发表意见，揭示社会上存在的各种问题。忧患意识具有鲜明的时代特性，先秦时代的士大夫怀有的是一种"忧天下"的博大情怀；在封建时代，"家天下"的观念占据了人们的头脑，君主成为国家、政治、天下的象征，是统治阶级的集中代表。在这种情况下，忧国、忧民便集中表现为忧君了。士人无权直接参与政事，只能用间接的方法表明自己对政事的关心。士人们的言论或著述虽然是以关心朝政为出发点，但是，在皇帝拥有至高无上的地位、对士人有生杀予夺大权的情况下，他们发出某些触怒皇帝的言论自然就会招来牢狱之灾或杀身之祸。

在入仕是施展才能、抱负的主要途径，而这个途径又越来越难行的情况下，士人们势必要想出各种各样的办法，求得名声或引起统治者的注意。战国时代的吴起就是为了谋求政治出路而不择手段的典型。《史记·孙子吴起列传》：

尝学于曾子，事鲁君。齐人攻鲁，鲁欲将吴起，吴起取齐女为妻，而鲁疑之。吴起于是欲就名，遂杀其妻，以明不与齐也。鲁卒以

---

[1] 《汉书·东方朔传》，第2864—2865页。
[2] 《汉代文人与文学观念的演进》，第217页。

为将。将而攻齐，大破之。……其少时，家累千金，游仕不遂，遂破
其家，乡党笑之，"吴起杀其谤己者三十余人，而东出卫郭门。与其
母诀，啮臂而盟曰：起不为卿相，不复入卫。"遂事曾子。居顷之，
其母死，起终不归。曾子薄之，而与起绝。

吴起杀妻求将、母死不归的行为虽然是不仁不义的，但作为士人求仕的一
种方式却为后世的士人所沿用。士人追名逐利者历来为数不少。《后汉书·胡
广列传》中范晔评论汉代士人处境时说："爵任之于人重矣，全丧之于生大矣。
怀禄以图存者，仕子之恒情；审能而就列者，出身之常体。夫纤于物则非己，
直于志则犯俗，辞其艰则乖义，徇其节则失身。"秦汉时代，士人还要时刻面
临着专制君主权威的威胁，稍有不慎即会招来杀身之祸。在生死、贵贱、荣辱
的考验面前，士人们的选择何其艰难！班固在《汉书·张禹传》中评论说：
"自孝武兴学，公孙弘以儒相，其后蔡义、韦贤、玄成、匡衡、张禹、翟方
进、孔光、平当、马宫及当子晏咸以儒宗居宰相位，服儒衣冠，传先王语，
其酝藉可也，然皆持禄保位，被阿谀之讥。彼以古人之迹见绳，乌能胜其任
乎！"自西汉以后，随着儒学的日益经典化和利禄化，儒士枉道取容、曲学阿
世已经成为了一种风气，而即便是士人如此小心，仍会在不经意间触怒最高统
治者，引来性命之忧。

第二节　两汉选官制度的影响

春秋战国以来，士人的出路问题就一直备受关注。孟子认为士人入仕和
农夫耕田一样是天经地义的事，但要堂堂正正地入仕。先秦时期的士人，"最
早的社会身份是所谓'游士'，他们犹如一张浮萍，尽管有了其精神依托——
'道'，却缺乏足够的社会依托，因而常常是贫穷潦倒，'无以为衣食业'，
即使是'先圣'孔子和孟子本人也莫能例外，孔孟的'学而优则仕'、'劳心
者治人'的理想那时还遥远得望不见踪影。"[1]而到了两汉时期，有了比较完
善的入仕制度，士人可以通过竞争，用合理合法的途径入仕。两汉仕进制度，
主要以察举制度为主体选拔官吏，包括辟除、征召、私人荐举、博士弟子课

---

[1] 张培锋：《论中国古代"士大夫"概念的演变与界定》，《天津大学学报（社会科学版）》2006年
第1期。

◎ 第四章　秦汉时期士人犯罪的原因

105

试、任子、纳赀及其他多种途径。察举和征辟是两汉士人入仕的主要途径，虽然随着选官制度的完善，越来越多的士人可以参与到政权中来，但通过察举征辟吸取的士人人数是有限的，士人又是在不断增加的，为了得到入仕的机会，士人们真是费尽心机。由此便会引发士人与统治者的一些矛盾冲突，士人犯罪便是不可避免的了。

（一）选官制度的逐渐完善

从西汉到东汉，察举制度的具体内容发生了一系列的变化，由此影响到士人的犯罪行为也发生了变化。察举制度最初的萌芽可以追溯到汉高祖时期。汉高祖登上帝位以后，政府的官吏主要是追随他打天下的武力功臣，据《汉书·高惠高后文功臣表》，高祖一代封侯的功臣就有143人，"侯者百四十有三人"[1]。这些人和以后又封的一些官僚大部分是凭借武力为官的，随着社会经济的恢复和发展，"以勇力之所加而治智能之官"的矛盾越来越明显和突出了，为了汉王朝的长治久安，汉高祖一边让陆贾等总结汉兴秦亡的经验教训，试图从《诗》、《书》等儒家经典中汲取治国安邦的策略，一边着眼于人事，调整政府官员的组成比例。在公元前196年下诏云："盖闻王者莫高于周文，伯者莫高于齐桓，皆待贤人而成名。今天下贤者智能岂特古之人乎？患在人主不交故也，士奚由进！今吾以天之灵，贤士大夫定有天下，以为一家，欲其长久，世世奉宗庙亡绝也。贤人已与我共平之矣，而不与吾共安利之，可乎？贤士大夫有肯从我游者，吾能尊显之。布告天下，使明知朕意。御史大夫昌下相国，相国酂侯下诸侯王，御史中执法下郡守，其有意称明德者，必身劝，为之驾，遣诣相国府，署行、义、年。有而弗言，觉，免。年老癃病，勿遣。"[2]"就令郡国荐举人才这一点，却显露了察举的端倪，实际上开了西汉察举制的先河。"[3]一般认为，文帝时产生了真正意义上的察举。《汉书·文帝纪》：二年十一月诏曰："及举贤良方正能直言极谏者，以匡朕之不逮。"[4]十五年"九月，诏诸侯王、公卿、郡守举贤良能直言极谏者，上亲策之，傅纳以言"[5]。景帝时，把原来訾十算方能为吏的标准降低为"訾算四得宦"。其

---

[1]　《汉书·高惠高后文功臣表》，第527页。
[2]　《汉书·高帝纪》，第71页。
[3]　《秦汉仕进制度》，第83页。
[4]　《汉书·文帝纪》，第116页。
[5]　《汉书·文帝纪》，第127页。

目的是"亡令廉士久失职"[1]。从而放宽了选官的范围，为更多的士人入仕提供了条件。

到汉武帝时，察举制度有了进一步的完善，武帝确立了选拔人才的新标准。武帝建元元年冬十月："诏丞相、御史、列侯、中二千石、二千石、诸侯相举贤良方正直言极谏之士。丞相绾奏：'所举贤良，或治申、商、韩非、苏秦、张仪之言，乱国政，请皆罢。'奏可。"[2]这也就是人们常说的"罢黜百家，独尊儒术"，从此确立了儒家在中国学术思想史上的正统地位，从察举制角度讲，开创了以儒术取士的新规定。这个时期，察举发生了一些新的变化：察举取士的范围已经扩大到了布衣之士，也就是士人。如公孙弘在花甲之年被察举贤良。文帝时，察举的科目虽然有"贤良方正能直言极谏者"和"贤良能直言极谏者"，其实两者是一码事。到武帝时，除了贤良方正之外，又增加了"孝廉"、"秀才"等其他科目。武帝时，还产生了岁举性的科目，即孝廉。"元光元年冬十一月，初令郡国举孝廉各一人"。孝廉，《汉书·武帝纪》："孝谓善视父母者，廉谓清洁有廉隅者。"人们自古就很推崇孝，《春秋左传注·文公二年》："孝，礼之始也。"[3]《吕氏春秋新校释·孝行览》："务本莫贵于孝。人主孝，则名章荣，下服听，天下誉；人臣孝，则事君忠，处官廉，临难死；士民孝，则耕芸疾，守战固，不罢北。夫孝，三皇五帝之本务，而万事之纪也。夫执一术，而百善至、百邪去、天下从者，其惟孝也。"岁举性的孝廉是两汉察举制度的重要科目，但由于在执行之初，举荐不当的人要承担法律责任，所以出现了"或至阖郡而不荐一人"[4]的现象。针对这种现象，武帝在元朔元年冬十一月下诏："公卿大夫，所使总方略，壹统类，广教化，美风俗也。夫本仁祖义，褒德禄贤，劝善刑暴，五帝、三王所由昌也。朕夙兴夜寐，嘉与宇内之士臻于斯路。故旅耆老，复孝敬，选豪俊，讲文学，稽参政事，祈进民心，深诏执事，兴廉举孝，庶几成风，绍休圣绪。夫十室之邑，必有忠信；三人并行，厥有我师。今或至阖郡而不荐一人，是化不下究，而积行之君子雍于上闻也。二千石官长纪纲人伦，将何以佐朕烛幽隐，劝元元，厉蒸庶，崇乡党之训哉？且进贤受上赏，蔽贤蒙显戮，古之道也。其与中二千石、礼官、博士议不举者罪。"其后又规定："不举孝，不奉诏，当以不敬论。不

---

[1] 《汉书·景帝纪》，第152页。
[2] 《汉书·武帝纪》，第155—156页。
[3] 《春秋左传注·文公二年》，第527页。
[4] 《汉书·武帝纪》，第166页。

察廉，不胜任也，当免。"[1]这样以来，岁举孝廉便得以施行了。但是，还存在一个问题。汉代各郡国人口数多少是不一样的，如果一律按照每个郡一年荐举两人的规定，势必会存在不均衡的问题，到了东汉和帝时期，司徒丁鸿与司空刘方建议说："凡口率之科，宜有阶品，蛮夷错杂，不得为数。自今郡国率二十万口岁举孝廉一人，四十万二人，六十万三人，八十万四人，百万五人，百二十万六人。不满二十万二岁一人，不满十万三岁一人。"[2]在永元十三年冬十一月，和帝又对边郡举孝廉的人数做了调整："幽、并、凉州户口率少，边役众剧，束修良吏，进仕路狭。抚接夷狄，以人为本。其令缘边郡口十万以上，岁举孝廉一人；不满十万，二岁举一人；五万以下，三岁举一人。"[3]在孝廉制度的刺激下，很多读书人为了求得被举荐，竞相讲求孝行和廉洁，由此导致社会上出现了注重名节的风气，到了东汉后期达到鼎盛。"察举制以岁举性科目的产生为标志，既表明它本身已经发展为一种比较完备的仕进途径，也表明它作为两汉仕进制度的主体地位的确立"[4]。

东汉的选举呈现出了鲜明的特点：选择对象以儒士为主，成了名副其实的选士制度。以得人最多的孝廉科来说，徐天麟认为："得人之盛，莫如孝廉。"[5]马端临《文献通考》卷三四《选举七》列举了举孝廉者91人，其中"初为吏而后为孝廉者14人，与西汉的情形大相径庭"[6]。而根据劳干先生对西汉孝廉科的疏理[7]，西汉的孝廉从身份上看，主要有士和吏两类人，其中由吏举孝廉者有赵广汉、张敞、萧望之、黄霸、薛宣、朱博、严延年、尹赏、路温舒等九人；由儒士举孝廉的有王嘉、平当、王吉、盖宽饶、刘辅、杜邺、师丹、京房、孟喜等十人，两者基本均衡。以察举、征辟为主要内容的选官制度成了大多数士人仕进的必经之路。

（二）选官制度下的举主和门生故吏集团

汉代的察举制度从文帝开始实行，到东汉时期更加完善。随着察举制度日益成为选官制度的最主要途径，举主与被举荐者之间会不可避免地形成利益、志趣相同的小集团。这种现象在东汉时期更加显著。

---

[1] 《汉书·武帝纪》，第166—167页。
[2] 《后汉书·丁鸿列传》，第1268页。
[3] 《后汉书·孝和帝纪》，第189页。
[4] 《秦汉仕进制度》，第86页。
[5] 徐天麟：《东汉会要·选举上》，中华书局1955年版，第285页。
[6] 王保顶：《汉代士人阶层的演变》，《江苏行政学院学报》2001年第2期。
[7] 劳干：《汉代察举制度考》，《历史语言研究所集刊》第17册，中华书局1987年版。

光武帝曾经在诏令中申明辟举不合格者有罪，汉章帝建初八年己未，"诏书辟士四科。……自今已后，审四科辟召，及刺史、二千石察举茂才尤异孝廉吏，务实校试以职。有非其人，不习曹事，正举者故不以实法。"[1]汉和帝时也重申了此类的诏令。选举不实便会被治罪，这样就使得辟主选择举荐一些自己比较了解、声望好、与自己志趣相投的人。辟举者与辟主从属关系的建立，是以自愿为基础的。如果本人不愿意，他们可以不应召。如郎颛"州郡辟召，举有道方正，不就"[2]。张衡"举孝廉不行，连辟公府不就"[3]。还有种皓、韦著等。即使应召以后，如果发现与举主、辟主不和，也可以自行离去。巴肃"察孝廉，历慎令、贝丘长，皆以郡守非其人，辞病去"[4]。张俭"初举茂才，以刺史非其人，谢病不起"[5]。檀敷"以郡守非其人，弃官去"[6]，等等。这种自愿使辟主、举主与其掾属的关系一旦建立就会比较密切。掾属与其辟举者一般都有相同的政治立场或见解，在一个问题上容易达成一致的意见。

自古皆以钟子期和俞伯牙的故事比喻互相欣赏。其实，士人与君故主的关系也与此有相似之处。辟主与掾属、故吏之间的君臣之义表现在：首先从人际称谓上来说，掾属、故吏对其辟举者自称为臣，视其为君，这样的例子在两汉史书中很多，而且宽泛到了对其郡守、县令自称为臣。《后汉书·郅恽列传》载：郅恽为门下掾，为给其友报仇而杀人，后对其县令说："为友报仇，吏之私也，奉法不阿，君之义也。亏君以全生，非臣之节也。"郅恽为功曹，对太守欧阳歙说："此既无君，又复无臣，恽敢再拜奉觥。"门下掾郑敬进曰："君明臣直，功曹言切，明府德也，可无受觥哉？"此外还有很多此类的例子，如《三国志·魏书·刘表传》载，从事中郎韩嵩对荆州牧刘表说："圣达节，次守节。嵩，守节者也。夫事君为君，君臣名定，以死守之，今策名委质，唯将军所命。"可以看出举主与故吏之间的君臣称谓是广泛存在的。

其次，掾属、故吏对其辟举者尽义务。因为对辟举者有感激之情，掾属们对其辟举者自愿尽许多义务。这种义务带有君臣之义的性质。谷永受大将军王凤的提拔为光禄大夫，书谢王凤曰："永斗筲之才，质薄学朽，无一日之雅，左右之介，将军说其狂言，擢之皂衣之吏，厕之争臣之末，不听浸润之谮，不

[1] 《后汉书·孝和帝纪》注引《汉官仪》，第176页。
[2] 《后汉书·郎颛列传》，第1053页。
[3] 《后汉书·张衡列传》，第1897页。
[4] 《后汉书·党锢列传·巴肃》，第2203页。
[5] 《后汉书·党锢列传·张俭》，第2210页。
[6] 《后汉书·党锢列传·檀敷》，第2215页。

食肤受之恩，虽齐桓晋文用士笃密，察文愍兄覆育子弟，诚无以加！昔豫子吞炭坏形以奉见异，齐客陨首公门以报恩施，知氏、孟尝犹有死士，何况将军之门！"[1]表达了自己誓死效忠的报恩之情。清朝赵翼也说："是时郡吏之于太守，本有君臣名分，为掾吏者，往往周旋于生死患难之间。"[2]掾属对其辟举者的义务主要有以下几种：

（1）与辟举者共患难、为主争讼、替主赴死的义务

这主要表现在举主有难或势力衰退时不离弃，举主有冤时为主伸冤，在必要时替主人受过，代主赴死。陇西太守邓融曾备礼谒廉范为功曹，在邓融有难时廉范托病求去，邓融大恨之。后来邓融入狱，廉范变更姓名，改变身份去狱中侍奉，一直到邓融死也没有透漏自己的身份。第五种为卫相，善门下掾孙斌，种以弹劾宦官单超子匡，坐徙朔方，朔方太守董援是单超的外孙，孙斌知道种往必被害，乃追上第五种，杀掉了送第五种的小吏，救了第五种一命。周嘉仕为郡主簿，王莽末，群贼入汝阳城，嘉从太守何敞讨贼，敞为流矢所中，郡兵奔北，贼围绕数十重，周嘉乃拥敞，以身体掩护之，对贼说："嘉请死赎君命。"[3]《后汉书·独行列传》中也有很多的例子，如卫福、所辅、缪彤、童恢等故吏、掾属与主人共贫富共患难到替主人顶罪，替主人受死等，表现了很明显的君臣之义。

（2）为辟主、举主收葬、守孝的义务

掾属、故吏对其辟举者守丧时间大致为三年，为辟主服丧、送葬更成为惯例。守孝三年和给父母守孝的时间相同，荀子说："三年之丧何？曰：称情而立文，因以饰群。别亲疏贵贱之节，而弗可损益也。故曰无易之道也。创矩者，其日久，痛甚者，其愈迟，三年者称情而立文，所以至痛之极也。"[4]守孝三年表达了故吏、掾属对其辟举者的哀痛之情，反映了他们之间关系的密切程度。《后汉书·桓鸾列传》载：桓鸾被太守向苗举孝廉，迁为胶东令，始到官而向苗卒，桓鸾即奔丧，终三年然后归。《后汉书·王允列传》载桓帝时，王允为太原郡吏，太守刘瓒被宦官诬陷下狱死，王允送丧还平原，终毕三年。

此外，被举荐者对辟举者的墓祭也比较常见。如《后汉书·徐稚列传》载："稚尝为太尉黄琼所辟，不就，几琼卒归葬，稚乃负粮徒步到江夏赴之，设

---

[1] 《汉书·谷永传》，第3455页。

[2] 《廿二史札记·东汉尚名节》，第89页。

[3] 《后汉书·独行列传·周嘉》，第2627页。

[4] 《荀子集解·礼论》，《诸子集成》（二），中华书局1954年版，第246页。

鸡酒薄祭，哭毕而去，不告姓名。"《三国志·魏书·田畴传》载：田畴"时年二十二矣，虞乃备礼请与相见，大悦之，遂署为从事，县车骑。……三府并辟，皆不就，得报，弛还，未至，虞已为公孙瓒所害，畴至，谒祭虞墓，陈发章表，哭泣而去。"故吏们为其辟主、举主树碑诵德，其目的也是要表现他们之间的君臣之义。如《桂阳太守周憬功勋铭》载："于是熹平三季，岁在摄提，仲冬之月，曲红长零陵重安区祉，字景贤，遵承典宪，宣扬德训，帅礼不越，钦仰高山，乃与邑子故吏龚台、郭苍、 雒等命工击石，建碑于泷上，勒铭公功，传之万世，垂示无穷。"[1]

（3）对辟主、举主有经济上扶助的义务

经济扶助表现在金钱、物质等各个方面。如《后汉书·朱晖列传》：朱晖在太守阮况死后，厚赠其家；"邓训尝将黎阳营兵屯狐奴，后迁护乌桓校尉，黎阳故吏最贫羸者举国志训所服药北州少乏，又知训好青泥封书，从黎阳步推鹿车于洛阳市药，还赵国易阳，并载青泥一幞，至上谷遗训。"[2]可见，故吏对辟主、举主的物质需要、喜好，总是尽力去满足。

辟主与掾属、故吏集团之间的关系如此密切，在政治上的立场也是基本一致的，所以很容易让朝廷觉得他们有结党之嫌，因此，一荣俱荣，一损俱损，在辟主犯罪时，其掾属、故吏和未仕进的门生势必会受到牵连。

（三）选官制度下的师生集团

早在春秋战国时期，老师就有举荐其学生入仕的义务。例如，《论语》中记载孔子"使漆雕入仕"，孔子的大弟子子路"使子羔为费宰"；墨子对弟子说："姑学乎，吾将仕子。"而且学生也可以请求老师举荐自己为官。《墨子·公孟》载墨子的弟子有"责仕于墨子者"。墨家还明确规定，弟子入仕以后，仍跟老师保持师生关系并将俸禄的一部分奉献给老师。延至秦末降汉的叔孙通，投靠刘邦后没有举荐自己的弟子为官，遭到了弟子的埋怨和不满。《史记·叔孙通列传》：叔孙通降汉，从儒生弟子百余人，然通无所言进，专言诸故群盗壮士进之，弟子皆窃骂曰："事先生数岁，幸得降汉，今不能进臣等，专言大猾，何也？"叔孙通说："诸生且待我，我不忘矣。"后来叔孙通为汉高祖制定礼仪有功，他乘机请高祖为他的门生弟子赐官，"悉以为郎"。可见，举荐自己的学生入仕是老师义不容辞的责任。孔光曾任御史大夫、丞相、大

---

[1] 洪适：《隶释》，中华书局1985年版，第55页。
[2] 李昉等撰：《太平御览》卷606引《东观汉纪》，中华书局1960年版。

司徒、太傅、太师等职，因为很少举荐弟子为官，被弟子怨恨，由此推之，在当时老师举荐学生当官的大有人在。张禹"从沛郡施仇受《易》，琅邪王阳、胶东庸生问《论语》，既皆明习，有徒众，举为郡文学。甘露中，诸儒荐禹"[1]，经过萧望之的考察，得以教授太子《论语》，由是迁为光禄大夫。张禹"成就弟子尤著者，淮阳彭宣至大司空，沛郡戴崇至少府九卿"[2]。

此外，《汉书》、《后汉书》中有许多的例子可以证明，在两汉时代，无论是高官显贵或是一般官僚，都是比较重视师道的。他们对教授经术的学者是很尊重的：

> 《汉书·孙宝传》：孙宝字子严，颖川鄢陵人也，以明经为郡吏。御史大夫张忠辟宝为属，欲令授子经，更为除舍，设储偫。宝自劾去，忠固还之，心内不平。后署宝主簿，宝徙入舍，祭灶请比邻。忠阴察，怪之，使所亲问宝："前大夫为君设除大舍，子自劾去者，欲为高节也。今两府高士俗不为主簿，子既为之，徙舍甚说，何前后不相副也？"宝曰："高士不为主簿，而大夫君以宝为可，一府莫言非，士安得独自高？前日君男欲学文，而移宝自近。礼有来学，义无往教；道不可诎，身诎何伤？且不遭者可无不为，况主簿乎！"忠闻之，甚惭，上书荐宝经明质直，宜备近臣。为议郎，迁谏大夫。[3]

> 《后汉书·方术列传》：郭宪字子横，汝南宋人也。少师事东海王仲子。时王莽为大司马，召仲子。仲子欲往。宪谏曰："礼有来学，无有往教之义。今君贱道畏贵，窃所不取。"仲子曰："王公至重，不敢违之。"宪曰："今正临讲业，且当讫事。"仲子从之，日晏乃往。[4]

> 《后汉书·儒林列传》：包咸字子良，会稽曲阿人也。少为诸生，受业长安，师事博士右师细君，习《鲁诗》、《论语》。王莽末，去归乡里，于东海界为赤眉贼所得，遂见拘执。十余日，咸晨夜诵经自若，贼异而遣之。因住东海，立精舍讲授。光武即位，乃归乡里。太守黄说署户曹史，欲召咸入授其子。咸曰："礼有来学，而无

---

[1] 《汉书·张禹传》，第3347页。
[2] 《汉书·张禹传》，第3349页。
[3] 《汉书·孙宝传》，第3257页。
[4] 《后汉书·方术列传》，第2708页。

往教。"谠遂遣子师之。[1]

东汉兴盛的私学中，很多教授者的身份是亦官亦师。他们可以以此扩大自己的声誉和影响。《后汉书·儒林列传》："张兴字君上，颍川鄢陵人也。习《梁丘易》以教授。建武中，举孝廉为郎，谢病去，复归聚徒。后辟司徒冯勤府，勤举为孝廉，稍迁博士。永平初，迁侍中祭酒。十年，拜太子少傅。显宗数访问经术。既而声称著闻，弟子自远至者，著录且万人，为梁丘家宗。十四年，卒于官。"[2]

欧阳歙"在郡，教授数百人，视事九岁，征为大司徒。坐在汝南臧罪千余万发觉下狱。诸生守阙为歙求哀者千余人，至有自髡剔者。平原礼震，年十七，闻狱当断，驰之京师，行到河内获嘉县，自系，上书求代歙死。曰：'伏见臣师大司徒欧阳歙，学为儒宗，八世博士，而以臧咎当伏重辜。歙门单子幼，未能传学，身死之后，永为废绝，上令陛下获杀贤之讥，下使学者丧师资之益。乞杀臣身以代歙命。'"[3] 楼望"少习《严氏春秋》。操节清白，有称乡闾。建武中，赵节王栩闻其高名，遣使赍玉帛请以为师，望不受。后仕郡功曹。永平初，为侍中、越骑校尉，入讲省内。十六年，迁大司农。十八年，代周泽为太常。建初五年，坐事左转太中大夫，后为左中郎将。教授不倦，世称儒宗，诸生著录九千余人。年八十，永元十二年，卒于官，门生会葬者数千人，儒家以为荣。"[4]

《吕氏春秋新校释·劝学》中说："君子之学也，说义必称师以论道，听从必尽力以光明，听从不尽力，命之曰背，说义不称师，命之曰叛。背叛之人，贤主弗内于朝，君子不与交友，故教者也。"也就是说，学生要极力维护老师的见解并将之发扬光大，否则就会被人们视为叛逆。汉代的许多经师在谈到自己的观点时经常说是从老师那里得到的。《汉书·儒林传》载王式在回答弟子的问题时说："闻之于师具是矣。"《后汉书·儒林列传》李贤注："《魏台访议》问物故之义，高堂隆答道：'闻之先师，物，无也；故，事也。言死者无复所能于事也。'"亦官亦师身份的士人更容易吸引大批士人的到来。他们围绕在这些士大夫的周围，希望由此找到自己的晋身之阶。由此，师生之间很容易结成兴趣、利益相同的集团，当为首的人犯罪或政治上有问题时，难

[1] 《后汉书·儒林列传》，第2570页。
[2] 《后汉书·儒林列传》，第2552—2553页。
[3] 《后汉书·儒林列传》，第2556页。
[4] 《后汉书·儒林列传》，第2580—2581页。

免就会牵连到门生弟子。

师生关系在一定程度上也类似于举主与故吏和被举荐者的关系，也就是说，在老师与门生之间也存在这种君臣之义，具体表现如同掾属对辟举者所尽的义务差不多，表现在行动上有赴难、替师受死、争讼、收葬、守孝等。云敞，师事同县吴章，吴章与王莽子宇以血涂王莽的家门，被王莽发现后，王宇死，吴章坐腰斩，露尸东门。吴章为当世的名儒，教授尤盛，弟子千余人，因为吴章与王宇以血涂王莽门事件被王莽以为是恶人党，于是皆被禁锢，不得仕宦，门人于是都另投师而去，云敞当时为大司徒掾，"自劾吴章弟子，收抱章尸归，棺敛葬之，京师称焉"。[1] 到东汉时期，这样的事例更是多见，表现形式也更多，具体有托孤于门生、门生守孝等。李固被梁冀诬陷下狱，他的门生王调"贯械上书，证固之枉"，李固死后露尸于外，有收尸者治罪。李固的弟子汝南郭亮，时才十五岁，"乃左提章钺，右秉鈇锧"，上书要求收李固的尸体，并且冒着被治罪的危险去尸前痛哭，后来感动了皇太后，得以敛尸而归葬。郭亮由此而显名，三公并辟。李固的幼子李燮幸免于难也得益于其门生。李固的女儿文姬对其父的门生王成说："君执义先公，有古人之节，今委君以六尺之孤，李氏存灭，其在君矣。"王成便领着李燮进入徐州境内，自己"卖卜于市"[2]，抚养李燮成人。虞诩因为得罪当宠的中常侍张防而入狱，他的儿子与门生百余人举幡候中常侍高梵车，叩头流血，诉言枉状，虞诩由此而得救。欧阳歙门生众多，当他迁任大司徒时，坐在汝南臧罪千余万发觉下狱，诸生守阙为他求哀者千余人。平原礼震，年十七，闻狱当断，驰之京师，行到河内获嘉县，自系，上书求代歙死。可见，师生之间虽无君臣之称，但其举动却显示出了很强的君臣之义。

这些以举主和门生故吏为主体形成的集团在两汉尤其是东汉时代是广泛存在的。举主与门生故吏之间的君臣之义本来就会对皇帝与臣民之间的君臣之义起分化作用，这些集团的存在很容易被定义为结党的性质，如果集团中的领导者犯罪，势必会连及集团里的其他成员，而这些成员主要就是士人。

---

[1] 《汉书·云敞传》，第2927页。

[2] 《后汉书·李固列传》，第2087—2090页。

第三节 秦汉士人对士节的认识和追求

西汉初年，士人对君臣关系的论述具有两面性，既有竭力鼓吹君尊臣卑的一面，又有宣扬君轻臣重的一面。例如，董仲舒在《春秋繁露》中竭力说明皇帝是上天的儿子，拥有至高无上的地位，臣下对皇帝效忠是应该的，而且规定了臣下忠君的一些具体行为。但同时，董仲舒又用"天"来作为一个比皇帝拥有更高权威的存在来约束皇帝的行为，《说苑校证·建本》中说："君人者以百姓为天，百姓与之则安，辅之则强，非之则危，背之则亡。"《新序校释·杂事》："为人君而侮其臣者，智者不为谋，辩者不为使，勇者不为斗。"这些都是从限制君主行为的方面来论述的。西汉士人的这些论述明显地受先秦时期功利主义思想的影响。春秋战国时期，重义轻利或者见利忘义的思想和行为在士人中比较流行。"夫天下以市道交，君有势，我则从君，君无势则去，此固其理也"[1]。《孟子·滕文公上》："贫穷则父母不子，富贵则亲戚畏惧。人生在世，势位富贵，盖可忽乎哉？"追逐功名利禄，体现个人价值是部分西汉士人的人生目标。在这个前提下，士人对君主的忠心就相对削弱了。如果在君主之外可以有更好的实现士人价值和目标的对象，士人自然就会放弃君主转而去效忠另外的主人。西汉末年王莽当政时期，直接出面表示反对的人少而拥戴者多，原因之一就是因为士人认为投靠王莽可以更有政治前途。士人们追求的是实实在在的利益，而非名誉和精神食粮。王莽之所以篡权成功，除了朝廷的腐败给了他可乘之机以外，士人的支持也是非常重要的一个因素。

西汉时期的士节有着明显的明哲保身色彩。《说苑校证·杂言》：

> 贤人君子者，通乎盛衰之时，明乎成败之端，察乎治乱之纪，审乎人情，知所去就。故虽穷不处亡国之势；虽贫不受污君之禄……故贤者非畏死避害而已也，为杀身无益，而明主之暴也。比干死纣而不能正其行，子胥死吴而不能存其国。二子者，强谏而死，适足明主

---

[1] 《史记·廉颇蔺相如列传》，第2448页。

之暴耳。未尝有益如秋毫之端也。是以贤人闭其智，塞其能，待得其人然后合，故言无不听，行无见疑，君臣两与，终身无患。今非得其时，又无其人，直私意不能已，闵世之乱，忧主之危，以无赀之身，涉蔽塞之路，经乎谗人之前，造无量之主，犯不测之罪，伤其天性，岂不惑哉。

刘向认为士人应该审时度势，在某些时候不要做出不必要的牺牲。扬雄以"仁义礼智信"作为士节的纲领，对颜渊、黔娄、韦玄等甘于贫贱、淡泊名利的人表示了由衷赞叹。身处西汉末年与王莽新朝的交接时期，他对于如何自处有更多的思考。在士节中，扬雄最强调的是"智"。《法言义疏五·修身》："天下有三门：由于情欲，入自禽门；由于礼义，入自人门；由于独智，入自圣门。"[1]《问明》："或问：'人何尚？'曰：'尚智。'曰：'多以智杀身者，何其尚？'曰：'昔乎，皋陶以其智为帝谟，杀身者远矣；箕子矣其智为武王陈《洪范》，杀身者远矣。'"[2]"或问'活身。'曰：'明哲'。'……君子所贵，亦越用明保慎其身也。如庸行翳路，冲冲而活，君子不贵也。'"[3]在此处，扬雄强调的"智"带有明显的明哲保身的意味，由此出发，扬雄还认为冒死向昏君进谏是不明智的行为。"扬雄把忠君、守节建立在个人对形势的判断和自主选择的基础上，而不仅仅是为了对某些外在规范的服从了，而这正是他的'尚智'——强调理性高于道德——的具体表现。"[4]这是西汉后期至王莽时代士节的主要指导原则。在西汉末年王莽篡权的迹象已经显露的时候，朝中的大臣歌功颂德、支持王莽上台者不在少数，另外一些不愿意支持王莽的人也基本没有特别激烈的反抗行动，而是以自身的隐逸不仕来逃避这个问题。虽然一些人因为不应王莽的征召而被王莽治罪，但大部分的士人要么成了王莽的拥戴者，要么逃避山野，走出王莽的视线，与东汉末年，外戚、宦官掌权时士人的激烈反抗形成了鲜明对比。

但东汉初年的士风还是偏向于谨固自守。东汉王朝建立之初就注重对士人忠节的宣扬。关于东汉对士人忠君观念的宣扬和灌输，在"政府对士人犯罪的预防措施"一章中有详细论述，此不赘述。东汉的士节与西汉有了很大的不同。忠君观念指导下的东汉士人对王朝利益的维护表现出了比西汉士人更大的

---

[1] 《法言义疏五·修身》，第104页。
[2] 《法言义疏九·问明》，第186页。
[3] 《法言义疏九·问明》，第198页。
[4] 蓝旭：《东汉士风与文学》，人民文学出版社2004年版，第33页。

热心。时穷节乃现，只有在王朝末期或动乱之际才能显示出士人对王朝的忠心程度。东汉自和帝开始，外戚专权，朝野士人便以行动或言论来抵制外戚势力，直到党锢之祸爆发了士人和宦官大规模的流血冲突，大量士人为此或死或徙，虽然牺牲极大，但也沉重地打击了宦官和外戚腐朽势力，这种情况在西汉末年王莽篡权时期是没有出现的，由此也表现了两汉的士风、士节的不同，对王朝命运的影响也有很大的不同。虽然东汉难免灭亡的命运，但由于士人的抗争，还是延缓了王朝灭亡命运的到来。

士人的抗争遭到了腐朽的当权者的无情打击，表现之一就是大量士人罹难的党锢之祸。正是由于东汉士人对王朝的忠心耿耿，才使得他们在皇权被分割之际奋起抗争，斗争的规模和人数大大超过了西汉。东汉中后期，士人追求名节的风气很盛行，如果是被社会舆论支持和赞扬的行为，即便会丢掉性命，士人也会勇往直前，无所畏惧。这也是不同士风影响下的两汉士人行为的不同。

第五章　秦汉时期士人犯罪的预防措施

犯罪的预防措施也可以称之为犯罪预防，是指在犯罪行为没有发生前采取的一系列措施，这些措施的目的就是防止犯罪行为的发生。预防即为防备，防患于未然。张远煌先生关于犯罪预防措施或行为的论述比较全面："预防措施或预防行为，应当具备四个条件：1.其基本目的或至少部分目的是基于对犯罪或偏离行为的预防；2.这种措施或行为应当是针对全体公众或公众中的某一群体，即应当是一般性的，而不是个别化的；3.这种措施或行为应当在行为发生之前介入，而不是在行为发生之后；4.这种措施或行为本身不能具有直接的威慑性。威慑则意味着行为的已然。"[1]

对士人犯罪预防措施的考察应该从两个方面着手，一是从统治者方面，因为士人犯罪直接影响了统治者的利益；二是从士人方面，因为士人自身也会采取一些防患于未然的措施，远离统治者的政治、文化迫害，保全性命。统治者主要是从两个方面来加强士人犯罪的预防：一是宣扬皇权的至高无上，从思想上加大忠君观念的宣传力度。士人们的忠君观念加强了，势必会为皇权的兴衰存亡尽自己的最大努力，对于犯罪这样不利于皇权的行为自然就会尽量避免，不去触犯统治阶级制定的法律，除非统治者凭借主观意志将士人定罪；二是兴办学校，宣扬儒家思想，用高官厚禄吸引士人，用刑罚震慑士人。学而优则仕，这是多数士人的理想和奋斗方向，统治者运用政府的力量大力兴办学校，同时最大限度地允许私人办学的存在和发展，为自己的统治培养大批的官员后备力量。私学和官学的教材与给学生灌输的思想都是为统治阶级服务的；统治者还通过学校或教化措施宣传法治思想，用刑罚震慑士人。刑罚向来是制止犯

---

[1]　张远煌：《论犯罪预防的概念》，《法商研究》1996年第5期。

罪的一种有效手段。士人由于本身的文化特质，很少去做违背社会道德的事情，他们的犯罪一般都与政治有关系，大多是为了维护统治者的利益，却触怒了统治者从而被定罪，严刑反而在一定程度上消弱了士人对王朝效忠的程度，导致士人以明哲保身作为自己的处事原则和人生信条，这对王朝的延续是没有益处的，而且在外来势力入侵，皇权受到威胁时，少了士人的挺身而出、舍命奋斗，王朝灭亡的几率大大增加。士人自身预防犯罪的措施主要表现在王朝升平之际的隐退和王朝末期乱世的隐退两个方面。在王朝政治清明、社会稳定之际，统治者一般比较有作为，比较注意礼贤下士，但很多士人在此时仍然保持了清醒的头脑，尽量远离政治，即便出仕会有一番作为，可以实现自己的人生理想和价值观念，士人也不为所动，遁迹山林，极少过问世事。这其中包括了大量荣宠之际抽身而退的士大夫，虽然士大夫不在本书的考察对象之列，但作为士人阶层的一个主要部分，他们在预防犯罪方面的行为有共同之处，因此将他们放在这里一并考察。士人的犯罪预防在王朝末期表现得更为明显。在政治趋向腐败时，不论是在朝士大夫还是士人，都很容易遭到飞来横祸，这个时期的退隐就比平时显得更重要了。这在西汉末年、新莽时期、东汉末年出现较为频繁。

第一节　秦汉政府对士人犯罪的预防措施

一、宣扬皇权的至高无上，加强忠君观念的灌输

最高统治者只有加强自己的权威，用至高无上的权力作为震慑臣民的力量，才能让士人臣服于自己，韩非子将君臣关系比喻为赤裸裸的交换关系，"君臣异心，君以计畜臣，臣以计事君，君臣之交，计也。"[1]君臣以计合，他主张君主要用权势来驾驭臣下，"势重者，人君之渊也"[2]。而为臣者更应该无条件地服从君主："贤者之为人臣，北面委质，无有二心，朝廷不敢辞贱，军旅不敢辞难，顺上之为，从主之法，虚心以待令，而无是非也。故有口不以私言，有目不以私视，而上尽制之。"[3]韩非子的君臣观"标志着封建忠君思想的形成，适应了战国末期要求结束诸侯割据局面，建立专制统一的中央集权的

---

[1]　《韩非子集解·饰邪》，第93页。

[2]　《韩非子集解·喻老》，第116页。

[3]　《韩非子集解·有度》，第23页。

封建国家的历史需要"[1]。

秦始皇建立起封建专制主义中央集权以后，改变了春秋战国时期诸侯并立的局面，真正实现了"天无二日，民无二王"[2]。秦始皇首先从称号上确定了自己至高无上的地位。他采用传说中的三皇五帝之名，号称"皇帝"，制定了一套尊君抑臣的朝仪和文书制度，实行郡县制，更加突显了皇帝的地位。秦始皇崇尚韩非子的思想，以法家理论治理国家，他要求臣民绝对效忠，但赵高和丞相李斯却在他死后私改其遗诏，立胡亥为皇帝。李斯在给秦二世的上书中进一步发展了法家的君臣之术："夫贤主者，必且能全道而行督责之术者也。督责之，则臣不敢不竭能以徇其主矣，此臣主之分定，上下之义明，则天下贤不肖莫敢不尽力竭任以徇其君矣。是故主独制于天下而无所制也。""法修术明而天下乱者，未之闻也。""故督责之术设，则所欲无不得矣。群臣百姓救过不给，何变之敢图？若此则帝道备，而可谓能明君臣之术矣。"[3]秦二世采用了李斯的君臣之术，厉行严刑酷法，使国人深受其害，李斯本人也被二世以"不忠"的罪名处死。秦朝对忠君思想的宣传是很不到位的，而且过于严酷的刑罚加速了王朝的灭亡。在秦末起义军攻进咸阳时，几乎没有大臣为秦朝奋起一搏，秦王子婴也只好"系颈以组，白马素车，奉天子玺符，降轵道旁"[4]。

两汉统治者进一步完善了皇帝制度，并且从多方面加强了忠君观念的宣传。

（一）从制度、礼仪上进一步完善皇帝制度

皇帝这个名号具有丰富的政治文化内涵，"皇帝称谓内涵着制度、法律、道德、文化，概言之，即大一统。"[5]汉代除了继承秦朝的皇帝称号以外，又有所发展。蔡邕《独断》中说："汉天子正号曰皇帝，自称曰朕，臣民称之陛下，其言曰制诏，史记事曰上，车马衣服器械百物曰乘舆，所在曰行所在，所进曰御，其命令一曰策书，二曰制书，三曰诏书，四曰戒书。"相比秦朝只规定了号、命、令、自称等，西汉规定了从皇帝自身到臣民以及衣食住行的所有礼节。西汉还完善了预立太子制度。秦始皇身死沙丘之后，宦官赵高和丞相李斯

[1] 雷学华：《试论中国封建社会的忠君思想》，《华中师范大学学报（哲学社会科学版）》1997年第6期。
[2] 《孟子正义·万章上》，第376页。
[3] 《史记·李斯列传》，第2554、2557页。
[4] 《史记·秦始皇本纪》，第275页。
[5] 张分田：《中国帝王观念——社会普遍意识中的"尊君—罪君"文化范式》，中国人民大学出版社2004年版，第251页。

篡改了他的遗诏立胡亥为帝。西汉统治者吸取了秦的教训，早立太子，因为他们认为"国在立太子者，防篡煞，压臣子之乱也"[1]。在刘邦欲以赵王如意易太子时，叔孙通便劝阻说："昔者晋献公以骊姬之故废太子，立奚齐，晋国乱者数十年，为天下笑。秦以不蚤定扶苏，令赵高得以诈立胡亥，自使灭祀，此陛下所亲见。今太子仁孝，天下皆闻之；吕后与陛下攻苦食啖，其可背哉！陛下必欲废适而立少，臣愿先伏诛，以颈血污地。"刘邦见叔孙通态度如此强硬，只得说是开玩笑罢了，叔孙通又说："太子天下本，本一摇天下振动，奈何以天下为戏！"[2]汉景帝未立太子时，曾戏言千秋万岁后传位于弟梁孝王，窦婴便进言曰："天下者，高祖天下，父子相传，汉之约也，上何以得传梁王！"[3]在继统问题上基本上按照"立嫡以长不以贤，立子以嫡不以长"的原则进行的，这样就减少了因此而造成的混乱。

刘邦以一介布衣，持三尺而定天下登上帝位，跟随他征战的将领、大臣也是由市井小民或小吏转变而来，不懂宫廷礼节，因此出现了在朝堂上喝酒，"醉或妄呼，拔剑击柱"的情况。叔孙通奏请制定礼仪之后"竟朝置酒，无敢讙哗失体者"，刘邦说："吾乃今日知为皇帝之贵也。"[4]礼仪的制定使等级尊卑有了明显的分化，更加突显了皇帝的地位。贾谊《新书》有言："贵贱有级，服位有等。等级既设，各处其检，人循其度，擅退则让，上僭则诛。建法以习之，设官以牧之。是以天下见其服而知贵贱，望其章而知其势，使人定其心，各著其目。故众多而天下不眩，传远而天下识只，卑尊已著，上下已分，则人伦法矣。于是主之与臣，若日之与星。臣不几可以疑主，贱不几可以冒贵，下不凌等，则上位尊；臣不逾级，则主位安，谨守伦纪，则乱无由生。"在两汉时还出现了称呼皇帝的"至尊"一词。[5]应劭《风俗通义》中说："夫擅国之谓王，能制割之谓王，制杀生之威之谓王，王者，往也，为天下所归往也。"[6]只有将皇帝置身于万民景仰和畏惧的地位上，才可以震慑臣民，防止犯罪。

公元前195年，汉高祖辞世，群臣议定谥号时认为"帝起细微，拨乱世反之

[1] 陈立撰，吴则虞点校：《白虎通疏证》卷四《封公侯》，中华书局1994年版，第147页。
[2] 《史记·叔孙通列传》，第2725页。
[3] 《汉书·窦婴传》，第2375页。
[4] 《史记·叔孙通列传》，第2722页。
[5] 赵翼：《陔余丛考·至尊》，商务印书馆1957年版，第781页。
[6] 应劭著，王利器校注：《风俗通义校释》，天津人民出版社1980年版，第19页。

正，平定天下，为汉太祖，功最高"，于是"上尊号曰高皇帝"。为去世或新即位的皇帝上尊号，也是为了显示皇帝的尊贵，使臣民在皇帝一即位之初就有万人敬畏的权威，或者在皇帝死后余威尚存。上尊号、加徽号、定谥号的目的都是为了昭显皇帝的至尊地位。另外，皇帝的宫殿也是其权威的一个象征。在陕西澄成县良周村出土的战国秦汉帝王行宫的瓦当上有"与天无极"的铭文，"这正是宫廷制度所物化的政治文化意义的高度概括。在这方面，秦始皇的极庙也很典型。极庙是秦朝宫廷建筑群的核心建筑。它是宫殿式宗庙，比附天上的北极星，又称太极庙。极庙的象征意义是：皇帝在人间的地位相当于上帝在天国的地位。"[1]汉高祖刚刚称帝时，丞相萧何就大兴土木修建未央宫，"立东阙、北阙、前殿、武库、大仓"，汉高祖还为此指责萧何："天下匈匈，劳苦数岁，成败未可知，是何治宫室过度也。"萧何却认为："天子以四海为家，非令壮丽亡以重威，且亡令后世有以加也。"[2]大建宫室也是为了体现皇帝的尊严。另外，皇帝的冠冕、衣服、车马等都有特殊的规定，衣食住行各方面都充满了皇帝独有的特点，以此来创造一种平民百姓所无法企及和拥有的气势和氛围，对皇帝只能顶礼膜拜而不敢有非分之想。

（二）皇权与神权进一步结合，加强了皇帝的神秘性

秦始皇时就极力为皇权蒙上神秘的色彩，按照五德终始说确定秦为水德，表示应天承运。历代帝王感天而生的说法，在汉代相当流行。三皇五帝均为神种，汉代皇帝自然也不例外。司马迁在《史记·高祖本纪》开首就讲述刘邦为龙种。"父曰太公，母曰刘媪。其先刘媪尝息大泽之陂，梦与神遇。是时雷电晦冥，太公往视，则见蛟龙于其上。已而有身，遂产高祖。"[3]在《封禅书》中又说："汉兴，高祖之微时，尝杀大蛇。有物曰：'蛇，白帝子也，而杀者赤帝子。'"[4]班固在《汉书》中也有类似的描述，就连朴素唯物主义思想家王充也对此深信不疑，津津乐道，在王充看来，汉高祖、光武帝的生平比远古的帝王们还要神奇，五帝三王"皆不及汉太平之端"。王充不仅用神异的笔调描述两汉开国始祖，而且对其后继者也多加神化，指出汉家之符瑞远远超过五帝三王："前世龙不见双，芝生无二，甘露一降，而今八龙并出，十一芝累生，甘

---

[1] 张分田：《中国的帝王观念——社会普遍意识中的"尊君—罪君"文化范式》，第257页。
[2] 《汉书·高帝纪》，第64页。
[3] 《史记·高祖本纪》，第341页。
[4] 《史记·封禅书》，第1378页。

露流五县，德惠盛炽，故瑞繁多也。自古帝王，孰能致斯？"[1]

董仲舒认为，人具有趋利避害的本性，导致其见利忘义，做出违反社会秩序的事情，防止人违法犯禁的主要办法，就是预先进行教化，防患于未然。一般来讲，任何阶层的犯罪都会影响到最高统治集团的利益，以皇帝为首的统治集团为了尽量避免人民犯罪就会大力宣扬皇帝的权威，宣扬皇帝作为最高统治者统治人民的合理性，从而使民众更加效忠于皇帝，达到降低犯罪率的目的。思想上的教化主要表现在对忠君观念的宣传上。于是，他顺应时代发展，将法家和道家等各家学说融入儒家，宣扬君权神授，并将天物化为一个有意志、有人格的神，而皇帝是天的儿子，贵为天子，"受命之君，天意之所予也，故号为天子者，宜视天如父，事天以孝道也"[2]。人臣为地，皇帝为天，"地出云为雨，起气为风，风雨者，地之所为，地不敢有其功，名必上之于天命，若从天命者，故曰天风天雨也，莫曰地风地雨也，勤劳在地，名一归于天，非至有义，其孰能行此？故下事上，如地事天也，可谓大忠矣"[3]。以天和地比喻君臣的地位差距，对宣扬臣忠于君提供了一定的依据。董仲舒还提出了处理君臣上下关系的"三纲"学说，并用阴阳学说做了哲学的解释："阴者阳之合，妻者夫之合，子者父之合，臣者君之合，物莫无合，而合各有阴阳，阳兼于阴，阴兼于阳；夫兼于妻，妻兼于夫；父兼于子，子兼于父；君兼于臣，臣兼于君。君臣父子夫妇之义，皆与诸阴阳之道。君为阳，臣为阴；父为阳，子为阴；夫为阳，妻为阴。阴道无所独行，其始也不得专起，其终也不得分功，有所兼之义。是故臣兼功于君，子兼功于父，妻兼功于夫，阴兼功于阳，地兼功于天……王道之三纲可求于天。"[4]

尊君的提倡，加神权于皇权，都是为了给臣民忠于皇帝提供理论依据。刘泽华先生说："'教化'作为君主政治的基本职能之一，成为最主要的社会化途径。所谓'教化'即以王权为中心的政治系统，通过宣讲、表彰、学校教育以及各种祭祀仪式等方式，将王权主义的价值体系灌入人们的意识之中，培养出符合君主政治需要的忠臣和顺民。"[5]两汉的思想家们竭力提倡忠君理论就是其表现。董仲舒在其代表作《春秋繁露》中对人臣的各种行为作了详细规定："为人臣者，其法取象于地，故朝夕进退，奉职应对，所以事贵也；供设饮

---

[1] 《论衡·恢国》，第309页。
[2] 董仲舒撰，凌曙注：《春秋繁露》，中华书局1991年版，第162页。
[3] 《春秋繁露·五行对》，第173页。
[4] 《春秋繁露·基义》，第199页。
[5] 《中国的王权主义》，第159页。

食，候视疢疾，所以致养也；委身致命，事无专制，所以为忠也；竭愚写情，不饰其过，所以为信也。"[1]桑弘羊也说："夫守节死难者，人臣之职也。"[2]

东汉时期，统治者更注重忠君理论的宣传。东汉开国皇帝刘秀比较注重对大臣进行忠君观念的宣传。他在开国之初就大力提倡和褒扬忠臣。他访求西汉旧臣卓茂，下诏书说："前密令卓茂，束身自修，执节淳固，诚能为人所不能为。夫名冠天下，当受天下重赏，故武王诛纣，封比干之墓，表商容之间。今以茂为太傅，封褒德侯。"其中最主要的原因就是卓茂在王莽摄政的时候，"以病免归郡，常为门下掾祭酒，不肯作职吏"[3]。刘秀把他比作商朝的忠臣比干、商容，是要以此为榜样，号召更多的人为汉室效忠。刘秀称王常"率下江诸将辅翼汉室，心如金石，真忠臣也"，封他为"汉忠将军"[4]。来歙出征西川时遇刺身亡，刘秀赐策曰："中郎将来歙，攻战连年，平定羌、陇，忧国忘家，忠孝彰著"[5]，谥号为节侯。刘秀甚至将忠于王莽的益州太守文齐封为"成义侯"，将杀害彭宠的彭宠家奴封为"不义侯"。刘秀所表扬的不止是忠于汉朝的忠臣，凡是忠于其主的都给予褒奖，他要树立的是一种忠心耿耿的为主人效忠的风气，即坚持忠节，贵在坚持。汉章帝亲自主持的白虎观会议，其会议成果由班固整理成书，这就是东汉经学的集大成之作——《白虎通德论》，它进一步发展了西汉董仲舒的学说，强调了所谓"人之大伦"的"三纲六纪"：

> 三纲者何谓也？谓君臣，父子，夫妇也。六纪者，谓诸父、兄弟、族人、诸舅、师长、朋友也。故《含文嘉》曰："君为臣纲，夫为妻纲。"又曰："敬诸父兄，六纪道行，诸舅有义，族人有序，昆弟有亲，师长有尊，朋友有旧。"何谓纲纪？纲者，张也。纪者，理也，大者为纲，小者为纪，所以张理上下，整齐人道也。
>
> 三纲法天地人，六纪法六合。君臣法天，取象日月屈信，归功天也。[6]

皇帝处于政治权力的顶端，主宰着臣民的一切，也只有加强皇帝的权威，

[1] 《春秋繁露·天地之行》，第272页。
[2] 《盐铁论校注·忧边》，第161页。
[3] 《后汉书·卓茂列传》，第871页。
[4] 《后汉书·王常列传》，第581页。
[5] 《后汉书·来歙列传》，第589页。
[6] 《白虎通疏证·三纲六纪》，第373—375页。

臣民才会效忠于皇帝。"人臣之于其君，非有骨肉之亲也，缚于势而不得不事也。"[1]韩非子的话道出了臣下效忠君主的一个很重要的原因。在皇权的束缚下，士人们要想施展自己的抱负，有一番大的作为，就必须仰仗皇帝的赏识。李斯对此有过形象的论述：他看到厕所中的老鼠吃着脏东西还心惊胆战，害怕随时有人进来，而粮仓中的老鼠大摇大摆地吃着粮食，同为老鼠，一个又瘦又脏，一个则又大又肥。由此，李斯联想到士人，如果不入仕或者找不到赏识自己的人，就会如同厕所中的老鼠一样可怜，永无出头之日。而在专制主义中央集权制度下，士人只有入仕效忠于皇帝，才能真正展示自己的价值，使学有所用。而入仕以后，不忠于皇帝就会被处以刑罚甚至丢掉性命。忠君观念的灌输和皇帝的权威可以在很大程度上降低犯罪。例如，不到迫不得已，士人不会谋反。当然，忠君观念的宣传和灌输并不只是针对士人，但士人是其中的一部分，所以要说明国家政权对士人犯罪的预防措施，这方面也应该包括在内。

二、兴办学校，宣扬儒家思想，利禄与刑罚并用

教育历来被统治者认为是统一臣民的思想，预防犯罪的主要手段之一。儒家、法家等学派的思想家们也强调教育预防犯罪的作用。儒家把"仁"作为最高的道德，"克己复礼为仁"，而只有通过学习才能做到"克己"，《论语·为政》："道之以政，齐之以刑，民免而无耻；道之以德，齐之以礼，有耻且格。"意为单靠政令刑罚并不能使人产生羞耻心，而没有羞耻心则难免会犯罪，故孔子主张用道德教育来培养人们的羞耻心，提高人们的道德觉悟，从而有效预防犯罪。孔子的观点被汉代大儒董仲舒所继承，他提出的"刑者德之辅"及"大德小刑"等主张正是对孔子道德观的发扬。汉武帝独尊儒术以后，儒家的教条既是士人们入仕的敲门砖，又是士人入仕以后为人处事的准则，因此，对士人灌输儒家思想并保证他们思想上对王朝的效忠，便成了统治者必须采取的行动了。其方法之一就是在开办官学的基础上，允许私人办学力量的存在，从官方和民间两个方面着手，培养出大量统治者需要的人才。

（一）兴办学校，宣扬儒家思想

学校可以集中为统治者培养他们需要的各类人才。西周时期，学在官府，统治者全面控制了教育权。春秋战国时期，情况发生了变化，私学兴盛起来并承担了社会教育的任务，但"官学和私学并不是对立的，相互并不排斥。官学

---

[1]　《韩非子集解·备内》，第82页。

和私学的兴衰过程，恰恰是彼此替代过程"，战国时期"私学规模逐渐缩小，官学规模逐渐扩大，统治者已不依靠私学为自己培养人才，而是通过官学来扶植统治力量"[1]。可见，通过学校为自己培养和扶植统治力量是先秦时期就已经出现的统治策略之一。

秦朝统一中国后，以法家思想统治全国，施行以吏为师的文教政策，秦朝的"吏师制度是变双轨制为单轨制的创始者，而同时确定后世教育之中央集权倾向"[2]。但是秦朝奉行法家思想治国，却最终将士人推到了朝廷的对立面。究其原因，徐复观在《两汉思想史》中认为，"法家政治，是以臣民为人君的工具，以富强为人君的唯一目标，而以刑罚为达到上述两点的唯一手段的政治。这是经过长期精密构造出来的古典的极权政治。任何极权政治的初期，都有很高的行政效率；但违反人道精神，不能作立国的长治久安之计。秦所以能吞并六国，但又二世而亡，皆可于此求得解答。"适应封建统治的需要，两汉的学校制度在规模上比前朝有了更大的发展，其教育思想和理念也更贴近统治者的要求。

刘邦在征战过程中虽然藐视儒者，但建国后他很快就意识到了，"儒者难与进取，可与守成"的说法是非常正确的，吸收大批儒生为政权服务是政权存在的基本条件之一。秦朝的短祚也正是因为在这一方面的欠缺。刘邦在其求贤的诏书中说："盖闻王者莫高于周文，伯者莫高于齐桓，皆待贤人而成名。今天下贤者智能岂特古之人乎？患在人主不交故也。士奚由进！今吾以天之灵、贤士大夫定有天下，以为一家，欲其长久，世世奉宗庙亡绝也。贤人已与我共平之矣，而不与吾共安利之，可乎贤士大夫有肯从我游者，吾能尊显之。布告天下，使明知朕意。御史大夫昌下相国，相国酇侯下诸侯王，御史中执法下郡守，其有意称明德者，必身劝，为之驾，遣诣相国府，署行、义、年。有而弗言，觉，免。年老癃病，勿遣。"[3]这个诏书表明了刘邦对士人态度的改变。

文景时期，奉行黄老无为，儒家思想还没有那么大的宣传阵地，窦太后死后，武安侯田蚡"黜黄老、刑名百家之言，延文学儒者以百数，而公孙弘以治《春秋》为丞相封侯，天下学士靡然乡风矣"[4]。儒家思想开始抬头并且逐渐

[1] 朱启新：《春秋战国时期的教育变革》，《教育研究》1986年第2期。
[2] 周予同：《中国学校制度》（师范小丛书），商务印书馆1933年版，第5页。
[3] 《汉书·高帝纪》，第71页。
[4] 《汉书·儒林传》，第3593页。

成为治学或入仕的首选之学。经过董仲舒的改造，儒家思想在汉武帝时期成为统治者尊奉的思想工具，美国当代著名学者赖肖尔在谈及汉代"儒学的胜利"时说："遵从儒家传统的学者们进入起初是纯粹法家类型的政府。……结果受过教育的人成为国家的支持者而不是反对者。"[1]正是由于儒家的一些理论主张适应了专制主义中央集权的需要。儒家力主入世，在入世的同时主张"列君臣、父子之礼，序夫妇、长幼之别"等一系列道德伦理和社会政治学说，更有利于封建宗法制度与专制统治的巩固和加强。儒家在主张"亲亲"、"贵贵"的同时，孔子倡导"举贤才"，孟子要求"尊贤"，荀子则立倡"论德而定次，量能而授官，皆使人载其事而各得其所宜"[2]。这些理论既可以为统治者服务，又可以安抚士人。

陆贾提倡以"教化"作为守成的手段。他在《新语》中主张重视对人民的道德教育，进行思想上的感化，并提出"设辟雍庠序之教"。这与董仲舒等提倡兴办太学的思想是一致的。太学是汉代宣传正统思想的理论阵地。汉代太学是贾谊、董仲舒等人"养士"思想指导下而出现的官办学校。董仲舒认为："夫不素养士而欲求贤，譬犹不琢玉而求文采也。故养士之大者，莫大乎太学；太学者，贤士之所关也，教化之本原也。今以一郡一国之众，对亡应书者，是王道往往而绝也。臣愿陛下兴太学，置明师，以养天下之士，数考问以尽其材，则英俊宜可得矣。"[3]即兴办太学的目的是招揽大量为国效忠的人才。太学生主要从民间选拔而来。公孙弘在元朔五年奏疏中建议实行博士弟子员制度，规定博士弟子的类别有两种：一类是由太常选拔，名额规定为五十人，称为"博士弟子"；一类是由地方（郡国以下）选送，名额不定，当时称之为"受业如弟子"，此为特别生或称之为非正式生。博士弟子是"民年十八以上仪状端正者"，受业如弟子是由郡国县官推荐"好文学，敬长上，肃政教，顺乡里，出入不悖"[4]者。此时的太学主要是为平民子弟提供入仕的场所与机会。太学是宣传儒家思想的最基本的阵地。班固在《汉书·儒林传》中写道："自武帝立《五经》博士，开弟子员，设科射策，劝以官禄，迄于元始，百有余年，传业者浸盛，支叶蕃滋，一经说至百余万言，大师众至千余人，盖

---

[1] （美）费正清、赖肖尔著，陈仲丹等译：《中国：传统与变革》，江苏人民出版社1996年版，第71—72页。

[2] 《荀子集解·君道》，第150页。

[3] 《汉书·董仲舒传》，第2512页。

[4] 《汉书·儒林传》，第3594页。

禄利之路然也。"既然是利禄吸引大批的士人聚集于此，那么，受到儒家思想熏陶的士人自然很少会想到去谋反或触犯王朝的利益，越来越成为朝廷的顺民。汉代太学的规模是不断扩大的。"昭帝时举贤良文学，增博士弟子员满百人，宣帝末增倍之。元帝好儒，能通一经者皆复。数年，以用度不足，更为设员千人，郡国置《五经》百石卒史。成帝末，或言孔子布衣养徒三千人，今天子太学弟子少，于是增弟子员三千人。岁余，复如故。平帝时王莽秉政，增元士之子得受业如弟子，勿以为员，岁课甲科四十人为郎中，乙科二十人为太子舍人，丙科四十人补文学掌故云。"[1]汉代太学以经学教育为主，一大批封建统治的忠实拥护者便是从这里面走出来的。《后汉书·襄楷列传》："太学，天子教化之宫也。"

东汉统治者更注重对儒学的尊崇和宣传。顾炎武《日知录·两汉风俗》载：汉自武帝表章六经之后，师儒虽盛，而大义未明，故新莽居摄，颂德献符者遍于天下。东汉统治者鉴于此，加大了提倡儒学的力度。刘秀"爱好经术，未及下车，而先访儒雅，采求阙文，补缀漏逸"。由于西汉末年和王莽当政时期的混乱政局，"四方学士多怀协图书，遁逃林薮"，在刘秀的号召下，"自是莫不抱负坟策，云会京师，范升、陈元、郑兴、杜林、卫宏、刘昆、桓荣之徒，继踵而集。于是立《五经》博士，各以家法教授，《易》有施、孟、梁丘、京氏，《尚书》欧阳、大小夏侯，《诗》齐、鲁、韩，《礼》大小戴，《春秋》严、颜，凡十四博士，太常差次总领焉"[2]。东汉在立国之初就掀起了学习经学的高潮。在"宫室未饰，干戈未休"的建武五年，刘秀"修起太学，稽式古典"[3]，并建立了太学，将经术讨论引入了朝廷："每旦视朝，日仄乃罢。数引公卿、郎、将讲论经理，夜分乃寐。"[4]明帝、章帝将尊儒的规模更加扩大。明帝"正坐自讲，诸儒执经问难于前，冠带缙绅之人，圜桥门而观听者盖亿万计。其后复为功臣子孙、四姓末属别立校舍，搜选高能以受其业，自期门羽林之士，悉令通《孝经》章句，匈奴亦遣子入学。济济乎，洋洋乎，盛于永平矣！"并且在白虎观大会诸儒，"连月乃罢"[5]。班固《东都赋》描绘当时郡国兴建学校的盛况："四海之内，学校如林。"[6]马融在《上林颂》中

---

[1]　《汉书·儒林传》，第3596页。
[2]　《后汉书·儒林列传》，第2545页。
[3]　《后汉书·儒林列传》，第2545页。
[4]　《后汉书·光武帝纪》，第85页。
[5]　《后汉书·儒林列传》，第2546页。
[6]　《后汉书·班彪列传》，第1368页。

说："至于永平，明光上下，来远以文，崇德偃武，经始灵台，路寝在后，躬化正本，孝友三五。建初郁郁，增修前绪，班固斯籍，贾逵述古，崔骃颂征，傅毅巡狩，文章焕烂，桀然可观。自时厥后，以续妣祖，弈叶载德，不忝神符。文献之士，设于众寡。三九之辅，必乎儒雅，茂才尤异。乡举之徒，实置经行，课试图书。"[1]

官学招收的生员毕竟有限，那些无缘入官学的人就会寻找其他的途径学习经术，以求得自己的入仕之门。汉武帝独尊儒术以后，经学成了入仕的敲门砖。而传授经学的人也以自己的学生多、有出息为抬高自己身价的手段。徐复观认为："设博士弟子员后，博士有教学的责任，有由选拔而来的固定学生，这是官式教学，也可以说，这是两千年前中国最早所设的国立大学的教学。但博士们私人教授的徒众，常多于官式教学，影响力也大于官式教学……自此以后，博士以外的儒生，有了名望，则无论已入仕、未入仕，都有许多由私人教学而来的徒众。"[2]对统治者来说，私学传授的思想也可以作为统治者加强思想统治的手段，因此不会加以限制。在这两方面作用的影响下，两汉的私学和官学是并行存在的，而且，东汉的私学更加兴盛。

西汉的官学设立之前，经学的传授以私人教授为主，一般的儒学大师都从事私人教学。《汉书·儒林传》载："汉兴，言《易》自淄川田生；言《书》自济南伏生；言《诗》，于鲁则申培公，于齐则辕固生，燕则韩太傅；言《礼》，则鲁高堂生；言《春秋》，于齐则胡母生，于赵则董仲舒。"官学设立以后，私学继续发展，因为私学可以收纳不能进入官学的那一部分人。官学"难以满足众多读书人的入学要求，私人教学容纳的学生人数远比太学为多。实际上全国大部分教育任务仍然靠私学来承担。官学和私学相辅相成，相互促进"[3]。

东汉时期，统治者对经学更加重视，私学由此也更加兴盛。光武帝刘秀"爱好经术，未及下车，而先访儒雅，采求阙文，补缀漏逸"。并且在建武五年"乃修起太学，稽式古典，笾豆干戚之容，备之于列，服方领习矩步者，委它乎其中"[4]。"据粗略统计，《后汉书·儒林列传》中记载的私学计有20家。其中受业弟子百人以上者6家，千人以上者8家，万人以上者2家。《后汉

[1] 姜维公：《文馆词林阙题残篇考证》，《古籍整理研究学刊》2004年第1期。
[2] 徐复观：《徐复观论经学史二种》，上海书店出版社2002年版，第154页。
[3] 毛礼锐、沈灌群主编：《中国教育通史》（第二卷），山东教育出版社1986年版，第106页。
[4] 《后汉书·儒林列传》，第2545页。

书》中，除《儒林列传》记载以外的私学计18家，受业弟子百人以上者7家，千人以上者7家。据此，《后汉书》中记载的私学之家共计38家，受业弟子千人以上者15家，万人以上者2家。"[1]一些著名的经学大师招收的弟子很多。如郑玄"造太学受业，师事京兆第五元先，始通《京氏易》、《公羊春秋》、《三统历》、《九章算术》。又从东郡张恭祖受《周官》、《礼记》、《左氏春秋》、《韩诗》、《古文尚书》。以山东无足问者，乃西入关，因涿郡卢植，事扶风马融。……玄自游学，十余年乃归乡里。家贫，客耕东莱，学徒相随已数百千人。"而且，郑玄在跟随经学大师马融学习时，马融因为弟子众多，并不亲自教授学生，郑玄"三年不得见，乃使高业弟子传授于玄"[2]。《后汉书·儒林列传》中学生有千人以上的经学大师不胜枚举，如张丘著录的学生达万人，楼望有学生九千多人，蔡玄达万六千人。当然，这些私人教学必须是在朝廷的同意下才能开设，他们传授的内容也必须符合最高统治者的意愿。蔡玄"学通《五经》，门徒堂千人，其著录者万六千人。征辟并不就。顺帝特诏征拜议郎，讲论《五经》异同，甚合帝意"[3]。《后汉书·儒林列传》载"自光武中年以后，干戈稍戢，专事经学，自是其风世笃焉。其服儒衣，称先王，游庠序，聚横塾者，盖布之于邦域矣。若乃经生所处，不远万里之路，精庐暂建，赢粮动有千百，其著名高义开门受徒者，编牒不下万人，皆专相传祖，莫或讹杂。至有分争王庭，树朋私里，繁其章条，穿求崖穴，以合一家之说。"[4]在东汉党锢之祸时，一人被定为党人禁锢，连同他的门生、故吏都会被禁锢，由于私学的兴盛，一般有名望的官僚兼教师的人门生众多，由此，一旦有党禁，大批的士人便很难幸免。

既然官学和私学的存在可以为统治者提供人才，那么，他们使用的教材应该是经过统治者的认同的。董仲舒主张以"六经"为教材，在《春秋繁露·楚庄王第一》中对六经的作用进行了说明："读书序其志，礼乐纯其美，易春秋明其知，六学皆大，而各有所长。诗道志，故长于质；礼制节，故长于文；乐咏德，故长于风；书著功，故长于事；易本天地，故长于数；春秋正是非，故长于治人；能兼得其所长，而不能遍举其详也。"汉宣帝甘露三年召开的石渠阁会议，在宣帝的主持下，增立了梁丘《易》、大小夏侯《尚书》和《谷梁春

[1] 孙峰、肖世民：《汉代私学考》，《西安联合大学学报》1999年第3期。
[2] 《后汉书·郑玄传》，第1207页。
[3] 《后汉书·儒林列传》，第2588页。
[4] 《后汉书·儒林列传》，第2588页。

秋》四家博士。东汉章帝建初四年召开的白虎观会议，目的是删定五经，章帝在诏书中说："盖三代导人，教学为本。汉承暴秦，褒显儒术，建立《五经》，为置博士。其后学者精进，虽曰承师，亦别名家。孝宣皇帝以为去圣久远，学不厌博，故遂立《大、小夏侯尚书》，后又立《京氏易》。至建武中，复置《颜氏、严氏春秋》，《大、小戴礼》博士。此皆所以扶进微学，尊广道艺也。中元元年诏书，《五经》章句烦多，议欲减省。至永平元年，长水校尉阚奏言，先帝大业，当以时施行。欲使诸儒共正经义，颇令学者得以自助。"[1]班固将会议内容整理成书，即《白虎通德论》，它是东汉经学的集大成之作，代表着凌驾于各学派之上的官方权威。

（二）用利禄吸引士人，用刑罚震慑士人

汉代儒家经学是官方学术，士人靠此谋取晋身之阶。私学如此兴盛的原因之一就是朝廷用利禄做诱饵。西汉时期，韦玄成以明经历位至丞相。故邹鲁一带就流传着"遗子黄金满籯，不如一经"[2]的谚语。为了求得功名，师生两方面都会向统治者的要求靠拢，从而不管官学和私学培养出的都是有忠君思想的知识分子，由此便可以降低犯罪率。统治者正是看中了经学的教化功能，才会允许如此众多的私学存在。士人之间的学术讨论也有禁区，他们的教授和讨论必须在禁区之外进行。《史记·儒林列传》载：辕固生在汉景帝时为博士，与黄生在景帝面前争论。

> 黄生曰："汤武非受命，乃弑也。"辕固生曰："不然。夫桀纣虐乱，天下之心皆归汤武，汤武与天下之心而诛桀纣，桀纣之民不为之使而归汤武，汤武不得已而立，非受命为何？"黄生曰："冠虽敝，必加于首；履虽新，必关于足。何者，上下之分也。今桀纣虽失道，然君上也；汤武虽圣，臣下也。夫主有失行，臣下不能正言匡过以尊天子，反因过而诛之，代立践南面，非弑而何也？"辕固生曰："必若所云，是高帝代秦即天子之位，非邪？"于是景帝曰："食肉不食马肝，不为不知味；言学者无言汤武受命，不为愚。"遂罢。是后学者莫敢明受命放杀者。[3]

由此可以推知，学校的兴盛和学术讨论都必须在统治者许可的范围内进

---

[1] 《后汉书·肃宗章帝纪》，第137—138页。

[2] 《汉书·韦贤传》，第3107页。

[3] 《史记·儒林列传》，第3122—3123页。

行，教化是统治者笼络士人的重要手段之一。

　　君主还用高官厚禄来吸引大批的士人入仕，以此来维护统治的长久。士人求学的目的是为了入仕，有些士人入仕的原因也确实是物质利益的引诱，而且很多士人"仰禄"而生。《孟子·滕文公下》说："士之失位也，犹诸侯之失家也。""士之仕也，犹农之耕也。"很多士人必须以出仕作为谋生的手段。韩非子也认为"主卖臣爵，臣卖智力"，"臣尽死力以与君市，君垂爵禄以与臣市。"[1]君臣的这种交换关系在封建社会里表现得更为明显。"公孙弘以汉相，布被，食不重味，为天下先，然无益于俗，稍鹜于功利矣。"（《史记·平准书》）王符认为争趋富贵，追求财产，"此理之常趣也"，争去贫贱，憎恶穷困，"此理之固然也"，"人之常情也"。（《潜夫论·交际》）崔寔也主张喜爱荣华富贵是人之常情。

　　秦末，群雄竞起，有人推举陈婴为王，他的母亲制止他说："卒富贵不祥，不如以兵属人，事成，少受其利；不成，祸有所归。"赤裸裸地表明了对功利的态度，将一己之私利表露无疑，但当时的人并不以此为耻。新莽末年，窦融召集门下豪杰商议是否归顺刘秀，也是从功利目的出发的。刘邦在开国之初的求贤诏书中以"能尊显之"来吸引士人入仕。刘秀在征战的过程中，耿纯劝他说："天下士大夫捐亲戚，弃土壤，从大王于矢石之间者，其计固望其攀龙鳞，附凤翼，以成其所志耳。今功业既定，天人亦应，而大王留时逆众，不正号位，臣恐天下士大夫望绝计穷，则有去归之思，无为久自苦也。"[2]这表明许多士大夫围绕在君主的身边效忠，目的之一就是为了高官厚禄。这也是君主吸引臣下的一个重要因素。君臣的交换关系如同矛盾的两个方面一样不可分割，君主若没有大臣的辅佐，同样也治理不了天下。"帝者，昧旦而视朝廷，南面而听天下，将与谁为之？岂非群公卿士欤？故大臣不可以不得其人也。大臣者，君之股肱耳目也，所以视听也，所以行事也，先王知其如是也，故博求聪明睿哲君子，措诸上位，执邦之政令焉。执政则其事举，其事举则百僚任其职，百僚任其职则庶事莫不致其治，庶事致其治则九牧之民莫不得其所"。"故大臣者，治万邦之重器也。"[3]

　　大臣是君主治国的主要工具，将大量的士人吸附在政权周围还可以更好地监控和利用他们，减少犯罪率。因此，高官厚禄吸引士人入仕也是朝廷预防

[1]　《韩非子集解·难一》，第267页。

[2]　《后汉书·光武帝纪》，第21页。

[3]　徐干：《中论·审大臣》，《四部丛刊》初编子部，上海书店1989年版。

士人犯罪的措施之一。在用高官厚禄吸引士人的同时，政府还注重用刑罚的手段震慑士人，使他们惧于肉体上的痛苦而尽量避免犯罪。刑罚向来是制止犯罪的一种有效手段。法律即是规范民众行为的准绳。早在三代时期，夏商周统治者为了神化统治，极力宣扬"天命"和"天罚"思想。夏王宣称"有夏服天命"[1]，《诗经·商颂·玄鸟》中商人自以为"天命玄鸟，降而生商"，周人也自称是受天命统治人民的。统治者宣扬君权神授，视不服从统治者、违背法律的行为是有违天命的，是不可恕宥的大罪。他们常借助天意之名，或予以征讨或予以刑罚。启为夏王，有扈氏不服，启则"恭行天罚"[2]，商汤伐桀时说："有夏多罪，天命殛之"。[3]借助神讨天罚，来惩罚犯罪是三代预防犯罪思想的一个突出特点。周公虽然提出"明德慎罚"的主张，但他的理论基点仍是要以德配天。

秦朝奉行法家政策治理国家，法治思想是非常明显的。西汉开国之初奉行"黄老无为"思想，看似好像没有秦朝那么严苛，但从它的法律体系来看，基本是承袭秦朝的。到武帝时期的"罢黜百家，独尊儒术"，从思想和实践上加强了对人民的统治。汉宣帝也是比较注重用刑罚来震慑臣下的，太子"见宣帝所用多文法吏，以刑名绳下，大臣杨恽、盖宽饶等坐刺讥辞语为罪而诛，尝侍燕从容言：'陛下持刑太深，宜用儒生。'宣帝作色曰：'汉家自有制度，本以霸王道杂之，奈何纯任德教，用周政乎！且俗儒不达时宜，好是古非今，使人眩于名实，不知所守，何足委任？'乃叹曰：'乱我家者，太子也！'由是疏太子而爱淮阳王，曰：'淮阳王明察好法，宜为吾子'"。时为太子的元帝的劝谏和宣帝的感叹说明，好法用刑是汉宣帝所崇尚的。西汉的一些思想家也认为法刑与政治清明、社稷安危有很大的联系。《潜夫论笺校正·述赦第十六》："且夫国无常治，又无常乱，法令行则国治，法令弛则国乱。法无常行，亦无常弛。君敬法则法行，君慢法则法弛。"[4]在一定的情形下，严刑酷法是非常必要的："夫积急之俗，赏不隆则善不劝，罚不重则恶不惩。故凡欲变风改俗者，其行赏罚者也，必使足惊心破胆，民乃易视。"仲长统、荀悦等都认为法治是震慑士民、维持统治的重要工具。

王莽当政时期，很多士人并不愿意忠心为王莽政权服务，刑罚也是王莽震

---

[1] 《尚书译注·召诰篇》，第291页。
[2] 《尚书译注·甘誓》，第88页。
[3] 《尚书译注·汤誓》，第105页。
[4] 《潜夫论笺校正·述赦第十六》，第190页。

慑士人的一个常用手段。

《后汉书·杜林列传》载建武十四年，群臣上言"古者肉刑严重，则人畏法令；今宪律轻薄，故奸轨不胜。宜增科禁，以防其源"。《梁统列传》梁统抱怨法轻："以为法令既轻，下奸不胜。宜重刑罚，以遵旧典"，旧典可以在梁统后来的上书中找到答案："窃谓高帝以后，至乎孝宣，其所施行，多合经传，宜比方今事，验之往古，聿遵前典，事无难改，不胜至愿。"显然是指从汉高祖到汉宣帝形成的一套制度。虽然梁统的主张遭到了反对而未能实现，但是东汉政权的法家性质是许多史家所承认的。东汉的思想家也主张在衰世时厉行法治是当务之急。例如，崔寔在其《政论》中认为应该厉行法治，并且将西汉的法治施行情况作为佐证："今既不能纯法八代，故宜参以霸政，则宜重赏深罚以御之，明著法术以检之。自非上德，严之则理，宽之则乱。何以明其然也？近孝宣皇帝明于君人之道，审于为政之理，故严刑峻法，破奸轨之胆，海内清肃，天下密如。荐勋祖庙，享号中宗。算计见效，优于孝文。及元帝即位，多行宽政，卒以堕损，威权始夺，遂为汉室基祸之主。政道得失，于斯可监。"[1]虽然这些思想家的严刑酷法所针对的对象是"民"，他们是从统治者的角度和立场出发的，也代表了统治者的一些治理国家的思想，王朝如果厉行法治或者比较重视严刑酷法的作用，那么对于一些触犯当权者意志或者触犯法律的士人来说，同样具有威慑作用。

第二节　士人自身的预防措施

士人由于自身的特质，无可避免地会与统治者发生或多或少的联系，因此，得罪统治者的机会也比较多。荣宠和声名显赫都不是永久的，一些士人出于自身逃避祸患的需要，除了在乱世时的隐居不仕以外，还有在自身还荣宠有加时，自动退出政治舞台或者可以说是自动从统治者的视野中淡化，减少统治者的注意力，达到保全性命的目的。

封建统治者对忠臣的要求是"有功则君有其贤，有过则臣任其罪"。汉初，高祖刘邦大杀功臣，便是怕功臣夺权的心理作祟。《史记·萧相国世家》：萧何"为上在军，乃拊循勉百姓，悉以所有佐军，……客有说相国曰：

[1]　《后汉书·崔骃列传》，第1727页。

'君灭族不远矣。夫君位相国，功第一，可复加载？然君初入关中，得百姓心，十余年矣，皆附君，常复孳孳得民和。上所为数问君者，畏君倾动关中。今君胡不多买田地，贱贳贷以自污？上乃心安。于是相国从其计，上乃大悦"，但萧何不久又为民请命，开放上林苑为民田。刘邦大怒，将之关入监狱，"吾闻李斯相秦皇帝，有善归主，有恶自与。今相国多受贾竖金而为民请苑，以自媚于民，故系治之。"在汉朝初年，张良开了在荣宠之际避世保身的先河。张良深谙黄老之术，懂得适时进退的道理，为了避免"兔死狗烹"的悲剧，他在汉朝建立以后，虽然身为建国功臣之一，但他基本保持了与朝政疏离的状态，自称"愿弃人间事，欲从赤松子游耳"。刘邦死后，吕后与幸臣审食其谋尽诛当年辅佐刘邦打天下的诸将，认为"非尽族亡，天下不安"，陈平深知其利害，自污韬晦，"为相非治事，日饮醇酒，戏妇人"[1]。吕后闻之，"私独喜"，陈平也因而得自脱。而周勃父子便没有这么幸运了。周勃诛诸吕立文帝有功，官拜右丞相。"人或说曰：'君本诛诸吕，迎代王，今又矜其功，受上赏，处尊号，祸且及身。'右丞相勃及谢病免罢"[2]，孝文帝当即同意。陈平去世后，周勃又出任丞相，仅十余月，孝文帝借口要"列侯就国"，请他率先之，把他免职，赶出京都。其子周亚夫抗击匈奴，平定七王之乱，功勋卓著，封侯拜相。但景帝对他很不放心，先免其相，终因其"不逊"，按以"欲反"的罪名而下廷尉。周亚夫不食五日，呕血而死。

在王莽当政时期，很多士人对此不满但又无力反抗，只能以逃亡的消极方式来对抗，他们为了避开王莽政权的骚扰，逃离原来的居住地，不应王莽的征召，隐居避世。例如，胡刚"清高有志节。平帝时，大司徒马宫辟之。值王莽居摄，刚解其衣冠，县府门而去，遂亡命交趾，隐于屠肆之间。后莽败，乃归乡里。"[3]许杨在王莽辅政时，召为郎，稍迁酒泉都尉。及莽篡位，杨乃变姓名为巫医，逃匿它界。莽败，方还乡里。[4]时代给士人造成了尴尬的局面，"莽嫌诸不附己者，多以法中伤之"。有些士人因为家族浩大，逃亡不是保全之计，无奈之下只好仕于王莽，但他们的内心充满了不情愿。《后汉书·崔骃列传》载崔氏家族一直仕于西汉，在王莽当政之际，崔篆的兄崔发和母亲都仕于王莽，"后以篆为建新大尹，篆不得已，及叹曰：'吾生无妄之世，值浇、羿

---

[1] 《史记·陈丞相世家》，第2060页。
[2] 《史记·绛侯周勃世家》，第2072页。
[3] 《后汉书·胡广列传》，第1504页。
[4] 《后汉书·方术列传》，第2711页。

之君，上有老母，下有兄弟，安得独洁己而危所生哉？'乃遂单车到官，称疾不视事，三年不行县。"建武初，"朝廷多荐言之者，幽州刺史又举篆贤良。篆自以宗门受莽伪宠，惭愧汉朝，遂辞归不仕。客居荥阳，闭门潜思，著《周易林》六十四篇，用决吉凶，多所占验。"他写了《慰志赋》来表达自己的无奈和悔恨之情："愍余生之不造兮，丁汉氏之中微。氛霓郁以横厉兮，羲和忽以潜晖。六柄制于家门兮，王纲漼以陵迟。黎、共奋以跋扈兮，羿、浞狂以恣睢。睹嫚臧而乘衅兮，窃神器之万机。……岂无熊僚之微介兮？悼我生之歼夷。庶明哲之末风兮。惧《大雅》之所讥。遂翕翼以委命兮，受符守乎艮维。恨遭闭而不隐兮，违石门之高踪。"王莽当政时，退隐不仕的士人很多。

东汉初年，李通在帮助刘秀打下天下后，赏赐甚厚，"思欲避荣宠，以病上书乞身"，光武帝没有答应他，以他为大司空，李通居位"常避执权"，"自为宰相，称病不视事，连年乞骸骨"[1]。冯异在外征战日久且深得人心，所以"不自安，上书思慕阙廷，愿亲帷幄"[2]。窦融守河西，打败隗嚣后，光武帝对他"赏赐恩宠，倾动京师"，由冀州牧迁为大司空，但他"小心，久不自安，数上书，辞让爵位"。东汉初年的"云台二十八将"能保全性命和福禄，与他们的明哲保身、识时务有很大的关系。建武初，大臣难居相位，并不是因为他们不够格，只是光武帝刘秀的猜忌心作祟而已。东汉时期还有一个很典型的例子就是安帝时的廖扶，《后汉书·方术列传》：廖扶"父为北地太守，永初中，坐羌没郡下狱死。扶感父以法丧身，惮为吏……州郡公府辟召皆不应。"东汉末年党锢之祸的惨烈更是让很多的士人甘愿隐居，不过问世事。这在党锢之祸和士人行为中都有讲述，在此处略过。这可以说是士人为了保全自身的性命，避免无罪之罪而自动、自主采取的预防犯罪的措施，也是犯罪预防的一个方面。

[1] 《后汉书·李通传》，第576页。
[2] 《后汉书·冯异传》，第648页。

第六章　士人犯罪及受罚产生的影响

士人犯罪及政府对其处罚的影响主要从民风、士人本身、政权等几个方面来考察。

第一节　士人受罚对民风的影响

本书研究的犯罪主体——士人是统治集团的一部分，从这一角度来说，他们与一般百姓有区别；但从另一个方面来说，士人没有行政职务，没有任何实权，虽然说是性质上属于统治集团，由于没有官位，他们与平民百姓非常接近，更容易与百姓打成一片，百姓对他们的了解多于高高在上的朝廷官员。因此，士人的行为更易被一般民众了解，朝廷对士人的惩处、奖赏对百姓所造成的影响也就更显而易见。百姓势必会对士人犯罪及其影响进行评论，而这也会对社会风俗造成影响。"风俗"或"民俗"有多重含义，民俗研究的主体是民族全体成员的生活文化，其基本结构是物质生产和生活、社会组织、信仰意识和价值观念体系。[1]《汉书·地理志下》："凡民函五常之性，而其刚柔缓急，音声不同，系水土之风气。故谓之风；好恶取舍，动静亡常，随君上之情欲，故谓之俗。孔子曰：'移风易俗，莫善于乐。'言圣王在上，统理人伦，必移其本，而易其末，此混同天下一之乎中和，然后王教成也。"风俗与国家政治和兴衰是息息相关的。

任何王朝必须重视移风易俗的作用，而王朝的法律及其施行情况、对犯罪

---

[1]　程蔷、董乃斌：《唐帝国的精神文明——民俗与文学》，中国社会科学出版社1996年版，第10—19页。

的判定是否公正等必定会对社会风俗有一定的影响。西汉的贾山认为"风行俗成，万世之基定"[1]。应劭《风俗通义》自序中说："为政之要，辩风正俗最其上也。"[2]国家法律的执行情况也会对风俗造成一定的影响。如在元帝时，贡禹将一系列道德沦丧、风俗败坏的现象看作是法律松弛和政治腐败的结果："以犯法得赎罪，求士不得真贤，相守崇财利，诛不行之所致也。"[3]王符在《潜伏论·三式》中也强调了法律可以控制不良风俗："夫积怠之俗，赏不隆则善不劝，罚不重则恶不惩，故凡欲变风改俗者，其行赏罚者也，必使足惊心破胆，民乃易视。"从另一方面来说，法律败坏、赏罚不明也会影响民风。《淮南子》中也有关于法律可以影响民风的记载。

风俗对社会政治的影响主要是通过民谣实现的。民间对政事或个人的议论会对政局造成一定的影响，也可以说民谣在一定程度上是当朝政治的真实反映。"天下有道，则庶人不议。然则政教风俗，苟非尽善，即许庶人之议矣。"[4]汉代设有风俗使，专门负责定期考察各地的民风。汉宣帝元康四年，"遣大中大夫强等十二人循行天下，存问鳏寡，览观风俗"[5]。王莽当权时期，也派遣风俗使者循行郡国，他们编造了一些歌功颂德的民谣来显示王莽当权的合理性。

顾炎武认为："古之哲王，所以正百辟者，既已制官刑做于有位矣，而又为之立闾师，设乡校，存清议于州里，以佐刑罚之穷，移之郊遂，载在礼经，殊厥井疆，称于毕命。两汉以来，犹循此制，乡举里选，必先考其生平，一玷清议，终身不齿。君子有怀刑之惧，小人存耻格之风，教成于下而上不严，论定于乡而民不犯。降及魏、晋，而九品中正之设，虽多失实，遗意未亡。凡被纠弹付清议者，即废弃终身，同之禁锢。"[6]在朝代的末年，朝廷的政治和决策暴露出了很多弊端，一些先进的知识分子认识到，如果任这些弊端发展下去势必会影响到王朝的命运，因此，他们积极地向最高统治者献计献策。知识分子的本意是为王朝的利益着想，却不曾想听惯了歌功颂德、阿谀奉承的皇帝却认为他们是在恶意诽谤朝政，便将他们一一治罪。在公开的议政言路被堵塞以后，知识分子们只能转入清谈，私下议论国事，为国担忧。这些议论形成规模

[1] 《汉书·贾山传》，第2336页。
[2] 《风俗通义校释》，第2页。
[3] 《汉书·贡禹传》，第3077页。
[4] 《日知录集释·直言》，第846页。
[5] 《汉书·宣帝纪》，第258页。
[6] 《日知录集释·清议》，第597页。

以后，就会在社会上引起很大的反响，统治者只能进行严酷的镇压，由此却导致了更多的舆论的出现。尤其是在东汉后期，社会上兴起了重名节的风气，清议之风盛行并对时局造成了极大的影响。

汉代的一些学者认为，宽刑会使民风淳朴，而滥施刑罚则民风不禁。《吕氏春秋新校释·义赏》："赏罚之柄，此上之所以使也。其所以加者义，则忠信亲爱之道彰。久彰而愈长，民之安之若性，此之谓教成。教成则虽有厚赏严威弗能禁。故善教者，不以赏罚而教成，教成则赏罚弗能禁。用赏罚不当亦然。"而汉初的社会局面确实是这样的。"汉兴之初，反秦之敝，与民休息，凡事简易，禁罔疏阔，而相国萧、曹以宽厚清静为天下帅，民作'画一'之歌。孝惠垂拱，高后女主，不出房闼，而天下晏然，民务稼穑，衣食滋殖。至于文、景，遂移风易俗。是时循吏如河南守吴公、蜀守文翁之属，皆谨身帅先，居以廉平，不至于严，而民从化。"[1]

在王朝初年，政治一般比较清明，两汉征辟察举制度的施行比较正常，士人有望通过正常的途径入仕，此时期的士人一般是为了树立好的名声方便入仕，将议论的目标主要指向了人物素质的品评，很少对政事直接批评或议论。笔者认为，民谣虽是在百姓中间流传，但其最初的创造者应该是士人。一些大儒的名声往往靠其门生弟子的宣传。如伏湛世传经学，东州号为"伏不斗"；冯豹事后母至孝，以儒术教授乡里，乡里称赞他"道德彬彬冯仲文"。对人物的品评关系到了官吏的选拔和士人的仕进之门，因此，在王朝前期，名声和品行很好的士人可以给当地的民风带来好的影响。但到了王朝的中后期，政治开始趋向腐败，尤其是在东汉后期，士人的仕途被掌权的宦官和外戚堵塞，乡党舆论和对士人品行的称赞已经不能对选官造成影响，在这种情况下，乡党议论的中心也开始转移，更多的是直接评议政治，抨击黑暗的社会现实，尤其是正直的士大夫在党锢之祸中大批罹难，更加深了社会各界对朝政的批评。如针对当时选举不实的情况，民谣说："举秀才，不知书；举孝廉，父别居，高第良将怯如鸡，寒素清白浊如泥。"这便是对选举不实的辛辣讽刺。还有一些民谣形象地刻画了掌权宦官们的丑恶嘴脸，桓帝时宦官左悺、具瑗、唐衡、徐璜等被称为"左回天"、"具独坐"、"唐两坠"、"徐卧虎"。

民谣直接关注政治的现象经过党锢之祸后发生了变化。主要的议论者士人在党锢之祸时遭到了严重打击，使得士人的参政热情逐渐冷却了，清议逐渐

[1] 《汉书·循吏传》，第3623页。

远离了政治，又开始转向汉初的人物品论。但此时的士人心中已经添了几多无奈。名士许劭、郭泰等品评士人，更多的从艺术等远离政治的角度着手，语言含蓄，因此，郭泰在党锢之祸中没有被连及。党锢之祸中大批士人的罹难使得舆论开始转向清谈，在一定程度上对魏晋时期的清谈奠定了基础。士人抨击政治显示了统治阶级内部的矛盾和冲突，体现了他们参政的愿望；但当遭到无情的打击之后，士人将议论政治转入清谈表现了他们对统治阶级的妥协和依赖。士人态度的转变影响了民谣的内容指向，因此，民谣既可以看作是知识分子激扬名声、树立名望的手段，又可以看作是非掌权集团的政治要求和意愿。

第二节　士人受罚对自身的影响

政府对士人犯罪的处罚不管公正与否都会对士人本身产生许多影响。魏良弢先生认为："士人是分属于不同阶级的阶层。……各自不同的价值取向深受时代的影响，具有极大的趋同性，这种趋同性，又形成士人阶层的普遍的价值取向。这种价值取向在很大程度上取决于整个国家和民族的兴衰存亡，同时又反作用于国家和民族的兴衰存亡。"[1]因此，朝廷对士人的处罚必定会影响士人的行为，进而影响到深层次的思想，导致整个士风和政权的变化。赏罚不公带来的影响必然是负面的。一方面，不公平会使士人本身的价值观念、行为发生变化，例如，由积极参政议政、积极入仕变为消极隐退、不问世事；另一方面，士人是封建政府官僚阶层的主要后备军，士人的大量隐退使朝廷失去了许多为之效忠的社会成员，由此危及王朝的命运。无论从哪个方面说都是消极影响占据了主要地位。

一、不公正的处罚引发了士人的归隐不仕行为

综观士人犯罪及其处罚的情况，可以看出，士人因为忠心获罪的情况非常多，因此，针对士人的一些处罚就有失公允了。在王朝兴盛时期，这种不公正的现象出现的频率比较低，士人的隐逸行为也比较少见，而到了王朝的末期，随着政权腐败程度的增加，越来越多的士人因为忠心被治罪，他们忠心护卫的皇权已经失去了辨别忠奸的能力，在抗争无用且会招来杀身之祸的情况下，许

---

[1]　魏良弢：《中国历史上社会大动乱时期士人的价值取向》，《江海学刊》1998年第1期。

多的士人走上了归隐不仕的道路，由忧国忧民变为忧自身，开始消极地应对世事的变迁，只专注于自己内心世界的经营。

（一）西汉及东汉前期士人的归隐

两汉士人们信奉的是"达则兼济天下，穷则独善其身"的信条，因此，他们会针对不同的社会和政治情况调整自己的行为，一般是天下有道则仕，无道则隐。在朝廷正常运转时期，士人们的忧患意识的主题是如何帮助统治者更好地实行统治，延续王朝的生命。而到了末期，政权日益腐败之时，士人们的努力不但对于挽救王朝危机无济于事，反而会危及自己的生命，这种情形让他们不得不开始为自身的性命担忧。因此，此时忧患意识的主题就变成了个人生命的保全，其中也包括精神上的保全，在自己的主张和思想遭到社会无情打击之后，他们便会收起自己的那套主张，隐迹山林或者只关心学术而远离政治。

当然在王朝太平时期，也会有明智的士人急流勇退，保全富贵和生命，如汉初的张良。再如，周勃、周亚夫父子都是因为怕功高震主而辞去相位，但最终还是难免一死。东汉初年，一些为政权的建立立下汗马功劳的人也主动要求谢官。李通在帮助刘秀打下天下后，赏赐甚厚，"思欲避荣宠，以病上书乞身"，光武帝没有答应他，以他为大司空，李通居位"常避执权"，"自为宰相，称病不视事，连年乞骸骨"[1]。冯异在外征战日久且深得人心，所以"不自安，上书思慕阙廷，愿亲帷幄"[2]。窦融守河西，打败隗嚣后，光武帝对他"赏赐恩宠，倾动京师"，由冀州牧迁为大司空，但他"小心，久不自安，数上书，辞让爵位"。这些人都是为王朝立下汗马功劳的忠臣，他们有的并不是真的想辞官，只是为了不让君主猜忌，在此前提下，他们选择了保全自身，功成身退。这些人在王朝平定时期是少数，不占主流。

西汉末年王莽篡权之后，对不愿意为其政权服务的士人大肆打击，导致很多士人只能遁迹山林保全性命。例如，龚胜辞官归乡里以后，王莽派人请他回去当官，龚胜以年老体衰为借口不欲去。在推辞不掉的情况下，他说："吾受汉家厚恩，亡以报，今年老矣，且暮入地，谊岂以一身事二姓，下见故主哉？"于是棺敛丧事："衣周于身，棺周于衣。勿随俗动吾冢，种柏，作祠堂。"[3]之后就绝食而死。因为龚胜曾在西汉为官，有一定的名声，所以不得

[1]　《后汉书·李通列传》，第576页。
[2]　《后汉书·冯异列传》，第648页。
[3]　《汉书·龚胜传》，第3085页。

不以死来避开王莽的征召。而其他一些士人就可以遁迹山林避祸。尽管如此，但此时的忧生还没有成为主题，因为也有很多的士人拥戴王莽，他们认为王莽或许可以为他们开创一个实现人生理想和抱负的机会。归隐的士人只是一小部分，大部分人还在为新的政权热烈欢呼和奔忙着。

士人在王朝太平时期的归隐主要是出于本性的选择。可以以战国时期的鲁仲连的例子来作比。唐代诗人李白曾写过一首诗赞扬战国士人鲁仲连："齐有倜傥生，鲁连特高妙。明月出海底，一朝开光耀。却秦振英声，后世仰末照。意轻千金赠，顾向平原笑。吾亦澹荡人，拂衣可同调。"鲁仲连是齐国的士人，不仕于诸侯，但喜欢为人排忧解难。秦围赵都邯郸，经过长平之败的赵国无力抵抗，于是向魏国求救，魏安釐王与信陵君的意见相左。安釐王派大将晋鄙领兵救赵，但在荡阴按兵观望，又派客将军辛桓衍劝赵国投降，以保全魏国。鲁仲连以正义的言辞同辛桓衍进行了一场辩论，最终使辛桓衍放弃了劝说赵国投降的念头。后来信陵君窃符救赵，赵国由此转危为安。赵平原君欲封鲁仲连，他辞让不受，也不接受金钱，他说，士人就是为别人排忧解难而不求回报的。鲁仲连还解救过齐的聊城，并且不接受任何回报，归隐到了海上。

两汉之际以及东汉前期士人的归隐大多是主动选择的，他们一般性情上向往淡泊，他们的退隐并没有多少对现实极度不满的因素存在。如《后汉书·逸民列传》中所记载的向长喜欢《老》、《易》，认为富贵不如贫贱；高恢"少好《老子》，隐于华阴山中"；又如《后汉书·淳于恭列传》载淳于恭清静不慕虚名，好《老子》，州郡连辟而不应。而东汉末年出现的士人归隐现象就与此大不相同了。

（二）东汉党锢之祸之后大量的士人选择归隐

东汉末年，两次党锢之祸使士人对政权的信心几乎丧失殆尽，大量的士人选择了归隐不仕，朝廷失去了很多赖以维持统治的骨鲠之士，因此士人的隐逸行为给王朝带来了致命的影响。

1. 禁锢使得大量士人客观上失去了入仕的机会

党锢之祸是士人集团与外戚、宦官集团斗争失败的表现。在党锢之祸期间，大量的士人被诬为党人而被禁锢，在此有必要说明一下两汉禁锢的有关问题。

锢，《说文解字》释为"铸塞也"[1]。《史记·秦始皇本纪》："始皇初

---

[1] 许慎：《说文解字》，中华书局1963年版，第294页。

即位，穿治郦山，及并天下，天下徒送诣七十余万人，穿三泉，下铜而致椁，宫观百官奇器珍怪徒臧满之。"铜，《集解》徐广注曰：一作"锢"，锢，铸塞。另《张释之列传》："虽锢南山犹有郤。"《集解》张晏曰："锢，铸也。"《汉书·贾山传》："下彻三泉合采金石，冶铜锢其内，桼涂其外……"颜师古注曰："锢谓铸而合之也。" 即用金属熔液封闭缝隙。禁锢取"锢"的"封闭"之意，指的是禁止、幽闭，取消事主的为官资格。这在春秋时期已经出现，延至两汉，禁锢成为朝廷控制和镇压士人的手段之一。因为受两汉选官制度的影响，士人是官员的主要后备力量，平民百姓本身就没有多少入仕的机会，而士人的入仕权利如果被剥夺，不仅会对士人本身，对政权也会有很大的影响。

在春秋时期，禁锢作为一种处罚已经出现，禁锢的对象是犯了罪的人，这些人的身份一般是贵族。在《春秋左传注》中，记载了对巫臣和栾盈的禁锢，他们都是贵族。《成公二年》："晋人使（巫臣）为邢大夫，子反请以重币锢之。"杜预注曰："禁锢勿令仕。"又《襄公二十一年》：（晋侯、齐侯、宋公、卫侯、郑伯、曹伯、莒子等）会于商任，锢栾氏也。《襄公二十二年》：冬，会于沙随，复锢栾氏也。栾盈是晋国的大臣，平时乐善好施，所以"士多归之"。他的母亲告发他想谋反，范宣子"畏其多士也，信之"[1]。于是栾盈出逃，他的亲信箕遗、黄渊、嘉父、司空靖、邴豫、董叔、邴师、申书、羊舌虎等人都被范宣子杀死。从栾盈和巫臣的情况来看，春秋时期的禁锢，只是对事主的政治生涯的终结，而对其亲属和属下会处以其他的刑罚。程树德认为"禁锢盖本周制"，并在《九朝律考》中将禁锢列在"刑名考"。但也有人认为禁锢不是一种刑罚，它只是一种行政处分。[2]笔者认为，禁锢在春秋时期不是刑罚，但从西汉初年始向刑罚过渡，最迟到东汉光武帝时，禁锢成为了刑名的一种。

据《睡虎地秦墓竹简·秦律杂抄》，凡是对君主的命令阳奉阴违的官吏、冒领军粮的官吏、供应武器不合格的县丞、库啬夫、吏、训练的军马被评为下等的县司马、连续三年被评为下等的漆园、矿上的啬夫等人，在处"赀二甲"的同时处以"废"刑：

> 伪听命书，废弗行，耐为侯；不避席立，赀二甲，废。

[1] 《春秋左传注·襄公二十一年》，第1059页。
[2] 陈松青：《汉代"禁锢"说略》，《历史教学》2003年第12期。

不当稟军中而稟者，皆赀二甲，废。

稟卒兵，不完缮，丞、库啬夫、吏赀二甲，废。

到军课之，马殿，令、丞二甲；司马赀二甲，废。

漆园三岁比殿，赀啬夫二甲而废，令、丞各一甲。

采山三岁比殿，赀啬夫二甲而废。[1]

这里的"废"，学者一般认为就是终身剥夺此人的为官权利。另《除吏令》规定："任废官者为吏，赀二甲。"[2]《法律答问》："廷行事吏为诅诈伪，赀盾以上，行其论，又废之。"[3]即敢于任用废官者为吏的，要追究其刑事责任，官吏受到赀盾以上处分的，还要同时处以废刑。据此可以推论，秦时的"废"刑意义上相当于汉代的"禁锢"，只不过秦时针对的主要是官吏阶层。这些法律条文反映了战国末期、秦朝初期的"废"刑实施情况。

与春秋时期相比，两汉禁锢的原因大大增加。首先是因身份被禁锢。西汉的禁锢，最初是作为抑制商贾赘婿的一种手段。高祖、惠帝和吕后执政时期，重农轻商，明令规定市井之人的子孙不得仕宦为吏。孝文皇帝时，也规定贾人、赘婿皆不得为吏。实际上，到汉武帝推行平准、均输法，贾人多为吏，因此，身份的禁锢仅仅存在于西汉初年。西汉因犯罪被禁锢的记载最早出现在吕后二年[4]，《张家山汉墓竹简·二年律令》中有因为不孝罪和舍匿罪被禁锢的记载。汉文帝以后，因犯罪被禁锢的现象多了起来。具体到士人来说，两汉的士人被禁锢的原因一般是由于受牵连。第一种情况是业师犯罪，牵连门生被禁锢。《汉书·杨胡朱梅云传》：西汉吴章为当世名儒，教授尤盛，弟子千余人，吴章得罪王莽后，吴章"坐要斩，磔尸东市门"。他的弟子被王莽"以为恶人党，皆当禁锢，不得仕宦"。第二种情况就是犯罪者的亲属被禁锢。《汉书·息夫躬传》：息夫躬被人告发"怀怨恨，非笑朝廷所进，候星宿，视天子吉凶，与巫同祝诅"。息夫躬入狱死，他的母亲圣"坐祠灶祸诅上，大逆不道。圣弃市，妻充汉与家属徙合浦。躬同族亲属素所厚者，皆免废锢"。东汉党锢之祸时期，党人的亲属和门生故吏经常被禁锢。《后汉书·孝灵帝纪》：

---

[1] 《睡虎地秦墓竹简》，第129、132—138页。

[2] 《睡虎地秦墓竹简》，第137页。

[3] 《睡虎地秦墓竹简》，第176页。

[4] 廖伯源先生《汉禁锢考》："因犯罪受罚不得仕宦，至文帝始见。"因《张家山汉墓竹简·二年律令》的问世，此现象的出现应提前至吕后二年。廖伯源：《秦汉史论集》卷八，五南图书出版公司2003年版，第246页。

"冬十月丁亥，中常侍侯览讽有司奏前司空虞放、太仆杜密、长乐少府李膺、司隶校尉朱㝢、颍川太守巴肃、沛相荀昱、河内太守魏朗、山阳太守翟超皆为钩党，下狱，死者百余人，妻子徙边，诸附从者锢及五属。制诏州郡大举钩党，于是天下豪桀及儒学行义者，一切结为党人。""闰月，永昌太守曹鸾坐讼党人，弃市。诏党人门生、故吏、父兄、子弟在位者，皆免官禁锢。"此时，禁锢的对象不但包括犯罪者本人，还包括其亲属或门生故吏，犯罪者还会被处以或轻或重的刑罚。禁锢的对象可以是现任官，也可以是不在官位者，但其主要对象是士人，这在东汉党锢之祸时期表现得最为明显。禁锢的牵连范围与春秋时期相比更加广泛，禁锢的人数也大大增加。而且，东汉的禁锢范围更加扩大。对事主亲属的禁锢扩大到了三属，党锢之祸扩大到了五属，甚至包括了党人的门生和故吏的五属，范围之广是前代无法比拟的。

在西汉一朝，禁锢亲属的记载不多，《张家山汉墓竹简·二年律令》中，因为不孝罪被禁锢的，连及了妻和子；但到了东汉，禁锢亲属的记载明显增多，而且范围更广。《后汉书·肃宗孝章帝纪》："往者妖言大狱，所及广远，一人犯罪，禁至三属，莫得垂缨仕宦王朝。"[1]三属，也叫三族，指的是父族、母族和妻族。章帝认为这样的范围太广，一度废除禁锢。到安帝时，陈忠上书要求解臧吏三世锢，由此可见，此时禁锢至三世。但在安帝初，清河相叔孙光坐臧抵罪，"遂增锢二世，衅及其子"[2]。刘恺认为"如今使臧吏禁锢子孙，以轻从重，惧及善人，非先王详刑之意也"[3]。于是二世禁锢被废除。到灵帝时，除了对党人的禁锢外，"妻子徙边，诸附从者锢及五属"[4]。五属即指五服以内的亲属，五服是五种丧服：斩衰、齐衰、大功、小功、缌麻。不但禁锢党人的五属，连党人的门生和故吏的五属都要禁锢，这个范围就更加扩大了。党锢之祸愈演愈烈，以至于"制诏州郡大举钩党，于是天下豪桀及儒学行义者，一切结为党人"[5]。这种禁锢在整个汉代都非常普遍，在东汉党锢之祸时达到极至。

两汉的察举征辟制度使得多数高级官员和知名大儒有大量的门生和故吏，如果一旦事主犯罪或者在政治斗争中失败，自然会牵连他们的门生和故吏。如

[1] 《后汉书·肃宗孝章帝纪》，第147页。
[2] 《后汉书·刘恺列传》，第1308页。
[3] 《后汉书·刘恺列传》，第1309页。
[4] 《后汉书·孝灵帝纪》，第330页。
[5] 《后汉书·孝灵帝纪》，第331页。

外戚邓骘、梁冀、窦宪等失势时，大批官员和士人或被免官，或被禁锢。羊续"以忠臣子孙拜郎中，去官后，辟大将军窦武府。及武败，坐党事，禁锢十余年"[1]。梁冀失势被杀以后，周景、张奂等一大批人因为是梁冀的故吏而被免官禁锢。此类事例极多，在此不一一列举。与西汉相比，东汉禁锢的范围明显增大。西汉对事主门生故吏的禁锢与东汉相差不大，但没有禁锢五属的记载，也就是说西汉对亲属的禁锢，范围比东汉要小得多。西汉时期，禁锢大多是对事主的附加刑，如陈咸、朱云先"减死为城旦"以后，又被禁锢。

东汉和帝以后，皇帝大多年幼无知，外戚和宦官开始轮流掌权。他们利用察举征辟为主的选官制度大量举荐自己的亲信为官，形成了外戚和宦官集团。同时，朝野中与外戚宦官对立的士人和官僚也利用门生、故吏形成了自己的集团。这两个集团构成了东汉中后期官员的主体，两者的政见和利益都有一定的冲突。在外戚、宦官轮流掌权的情况下，禁锢就成为了他们压制士人集团发展和壮大的重要手段。

察举和征辟制度的特点是举主或辟主在选官上拥有很大的决定权，这就为举主或辟主荐举、征辟自己的门生、故吏或亲属为官打开了方便之门。外戚和宦官掌权的表现之一就是对选官制度的干涉。把持选官权的外戚和宦官们"亲其党类，用其私人，内充京师，外布列郡，颠倒贤愚，贸易选举。" 赵翼在《廿二史札记·宦官之害民》中也说："盖其时入仕之途，惟征辟、察举二事，宦官既据权要，则征辟、察举者，无不望风迎附，非其子弟，即其亲知。" 与外戚宦官相比，高官或大儒对自己的门生、故吏的举荐也网开一面。顺帝阳嘉年间，选举权由三公掌握，"每有选用，辄参之掾属，公府门巷，宾客填集，送去迎来，财货无已。其当迁者，竞相荐谒，各遣子弟，充塞道路"。

东汉末年，皇权在外戚、宦官、士人三大政治势力的争斗中苟延残喘，当宦官和外戚两派势力占上风时，他们对士人的主要钳制政策之一就是禁锢，为士人直接干预政治设置障碍。而皇权对外戚、宦官、士人三个集团都有依赖。皇帝出于对官僚士大夫和外戚的惮忌而重用宦官参决国政，维护皇权，势必导致宦官在政治上的发迹。当宦官的势力膨胀到一定程度时，皇帝就不得不用专制皇权的屠刀对宦官进行血淋淋的杀戮。当士人集团的势力增大时，宦官们便有了正当的理由，打着皇帝的旗号，以结党、诽谤为罪名，将大批的士人禁锢

---

[1] 《后汉书·羊续列传》，第1109页。

起来，达到垄断仕途的目的。

东汉时期，选官制度的特点是导致禁锢范围扩大的重要因素之一。禁锢一来可以防止臣下结党，避免对朝廷有威胁的集团的形成；二来可以阻断被禁锢者的仕途，等于切断了他们直接干预政治的途径。禁锢在一定程度上可以打击察举征辟制度下任人唯亲的情况。例如，外戚梁冀倒台时，他的一大批门生、故吏皆被禁锢，其中大部分应该是靠关系请托入仕、没有真才实学的人。但禁锢同时也使国家失去了一批骨鲠之士。尤其是党锢之祸时，禁锢了许多敢于针砭时弊、依恃道义为天下先的士人，这对王朝的影响是致命的。

禁锢的期限有长有短，并不是固定不变的。一些人被禁锢终身，在实际执行过程中也确实如此，例如，前文所提西汉王商的主簿、荀况等皆被"废锢终身"；还有人被禁锢了几年、十几年等，如羊续禁锢十余年，陈咸在元帝时被禁锢，但在成帝时又被重新起用，这样的情况很多。由于皇帝不定期下达赦令，终身禁锢一般很少能严格执行。

一般情况下，只有皇帝才有权力发布和解除禁锢令。西汉陈咸、朱云的禁锢就是由元帝决定的。东汉的桓谭在上书中曾提到："先帝禁人二业，锢商贾不得宦为吏。"[1]党锢之祸中党人或其门生故吏的禁锢都需要皇帝下诏，即便这不是出于皇帝本人的意愿。但东汉时三府（司空、司徒、太尉）合议也可以解除禁锢。安帝时任尚坐赃禁锢，任尚与大将军邓骘关系很好，太尉马英、司空李合为了巴结邓骘，解除了任尚的禁锢，但司徒刘恺不愿意这么做，后来尚书案查其事，太尉和司空都受到了谴咎。可见，三府合议有权力解除禁锢。禁锢的解除，可以是发布禁锢令的皇帝，也可以是他的后继者根据实际情况完全或部分解除禁锢令。禁锢的解除一般有以下几种情况：一是有功者可以免除或者减少禁锢的年限。如在武帝时期，征匈奴有功者，"诸禁锢及有过者，咸蒙厚赏，得免减罪"[2]；二是禁锢者可以通过赎买的方式免除禁锢。《史记·平准书》："议令民得买爵及赎禁锢免减罪。"[3]三是统治者经常以大赦的形式下令解除禁锢。《史记·景帝本纪》：四月乙巳，赦天下，赐爵一级。除禁锢。《后汉书·肃宗孝章帝纪》：诸以前妖恶禁锢者，一皆蠲除之，以明弃咎之路。章帝也曾听从鲍昱的意见，一度解除禁锢。殇帝时，邓太后下诏："自建武以来诸犯禁锢，诏书虽解，有司持重，多不奉行，其皆复为平民。"安帝时在

[1] 《后汉书·桓谭冯衍列传》，第958页。
[2] 《汉书·武帝纪》，第173页。
[3] 《史记·平准书》，第1422页。

平望侯刘毅的要求下也曾解除禁锢。

统治阶级解除禁锢是从本身的利益出发的。在东汉末年，掌握实权的宦官把持了禁锢令的下达和解除权。张让等与张角交通，后中常侍封谞、徐奉事独发觉坐诛，灵帝诘责张让等曰："汝曹常言党人欲为不轨，皆令禁锢，或有伏诛。今党人更为国用，汝曹反与张角通，为可斩未？"皆叩头云："故中常侍王甫、侯览所为。"[1]帝乃止。由此可知，禁锢令虽然仍由皇帝之口下达，但实际上是由宦官操纵的。在宦官的操纵之下，张奂复出以后，上书要求解除禁锢，"天子深纳奂言，以问诸黄门常侍，左右皆恶之，帝不得自从。"[2]在此时，即使是皇帝想解除禁锢，也已经无能为力了。

士人们苦心经营的主要目的就是入朝为官，实现自己的人生价值和理想，被禁锢以后，他们的仕途受到了严重的影响，有人会因此而终身不能为官。因此，禁锢的主要受害者是士人。士人被禁锢以后，政治生涯受到了极大限制。在入仕希望渺茫的情况下，多数士人选择了归隐，将自己的注意力转向了做学问。研究学术，著书立说是排遣苦闷的一种方法。"当士人深寄一腔情怀于学术研究、文章著述之中，并为之倾注心血，因之托付身心的时候，它实际上就具有了超出自娱、自慰之外的性质，成为令人不得等闲而视的事业。"[3]不少士人被禁锢以后，成了经学大家，如何休被禁锢以后，"乃作《春秋公羊解诂》，覃思不窥门，十有七年。又注训《孝经》、《论语》、风角七分，皆经纬典谟，不与守文同说。又以《春秋》驳汉事六百余条，妙得《公羊》本意。休善历算，与其师博士羊弼，追述李育意以难二传，作《公羊墨守》、《左氏膏肓》、《谷梁废疾》。"[4]郑玄游学十余年后客居东莱，后来因为太傅杜密的牵连被禁锢，便隐修经业，杜门不出，终身未仕。他以古文经为主，兼采今文经和谶纬，建立起了自己的经学体系，成为了两汉经学的集大成者。《后汉书·郑玄列传》："郑玄括囊大典，网罗众家，删裁繁诬，刊改漏失，自是学者略知所归。"荀爽先是隐于海上，又南遁汉滨，积十余年，专门从事著述，人们称之为"硕儒"。陈寔的儿子陈纪遭党锢，发愤著书数万言，号曰《陈子》。党禁解，四府并命，无所屈就。延笃在遭受梁冀的迫害以病免归以后，教授家巷，不肯重新入仕，他说："吾尝昧爽栉梳，坐于客堂。朝则诵羲、文

---

[1] 《后汉书·宦者列传》，第2535页。
[2] 《后汉书·张奂列传》，第2141页。
[3] 《汉代文人与文学观念的演进》，第221页。
[4] 《后汉书·儒林列传》，第2583页。

之《易》，虞、夏之《书》，历公旦之典礼，览仲尼之《春秋》。夕则消摇内阶，咏《诗》南轩。百家众氏，投闲而作。洋洋乎其盈耳也，涣烂兮其溢目也，纷纷欣欣兮其独乐也。当此之时，不知天之为盖，地之为舆；不知世之有人，已之有躯也。虽渐离击筑，旁若无人，高凤读书，不知暴雨，方之于吾，未足况也。"[1]虽然此时的延笃并没有遭到禁锢，但这种心境与被禁锢的士人大致相同。这种因为受政治迫害导致学术创作蒙上了一层郁闷之色，对于那些隐逸的士人来说，"著述往往成为其对世间唯一现成而可靠的释放途径和表达方式。"[2]因此，寄情于笔墨的士人们仍然与外部世界有着千丝万缕的联系。

有些士人被禁锢是因为他们确实触犯了法律，应该受到惩处。但有很大一部分却是因为出于忠心被禁锢的。他们为了王朝的利益，不惜牺牲自己的仕途和性命。在东汉末年，此种情况表现得最为明显。大批的士人为了反抗宦官专权而被禁锢。在几次反抗都遭到了残酷镇压之后，他们开始对时局丧失了信心，正所谓"当是时，凶竖得志，士大夫皆丧其气矣"[3]。一些被禁锢的士人在禁锢解除以后也不再出任官职。如荀爽五府并辟，司空袁逢举有道，不应，陈纪四府并命，无所屈就，此类人还有很多。

2. 士人在主观上失去了入仕的动力

在朝政腐败的情况下，士人们已经失去了行善政的立足点。他们的本意是要为君主尽忠，维护王朝的利益，而统治者此时已经不再在乎他们为王朝奉献了什么。在这种情况下，士人不再以入仕为主要的目标。

东汉末年，名士赵壹名动京师，州郡争致礼命，十辟公府而不就。赵壹写了《刺世疾邪赋》来表明自己不仕的理由，很具有代表性："佞谄日炽，刚克消亡。舐痔结驷，正色徒行。妪女禹名势，抚拍豪强；偃蹇反俗，立致咎殃；捷慑逐物，日富月昌。浑然同惑，孰温孰凉？邪夫显进，直士幽藏。原斯瘼之攸兴，窜执政之匪贤。女谒掩其视听兮，近习秉其威权。所好则钻皮出其毛羽，所恶则洗垢求其瘢痕。虽欲竭诚而尽忠，路绝险而靡缘。"[4]因为执政者的昏庸，士人对政权的疏离之感越来越明显。此外，如名士郭林宗、徐稚等也是州郡多次礼辟而不致。

有些官员在为官一段时间之后，会辞官回家，这说明了政权对士人吸引力

---

[1] 《后汉书·延笃列传》，第2106页。
[2] 《汉代文人与文学观念的演进》，第221页。
[3] 《后汉书·窦武列传》，第2244页。
[4] 《后汉书·文苑列传·赵壹》，第2630—2631页。

的下降。《后汉书·循吏列传》载，桓灵之世，仇览本为小吏，以德化人，治理地方非常有成绩。后来仇览入太学学习，"时，诸生同郡符融有高名，与览比宇，宾客盈室。览常自守，不与融言。融观其容止，心独奇之，乃谓曰：'与先生同郡壤，邻房牖。今京师英雄四集，志士交结之秋，虽务经常，守之何因？'览乃正色曰：'天子修设太学，岂但使人游谈其中！'"这段对话表明"通经入仕"已经不再是士人们的追求，太学中的士人也不再以入仕忠君为唯一的目标了。仇览学成以后归家，州郡辟而不仕。随着不仕士人的增加，王朝距离灭亡的命运也就不远了。

士人是朝廷官员的主要后备军，而且东汉党锢之祸时期，士人代表的是维护王朝延续的正直力量，禁锢了他们，剥夺了他们的政治权力，对王朝来说无疑也是致命的打击。黄巾起义爆发后，统治者为了防止大批被禁锢的士人与起义军联合，不得不解除禁锢，将这些人拉拢到统治集团中来，共同对付农民军。中平元年，黄巾贼起，中常侍吕强言于帝曰："党锢久积，人情多怨。若久不赦宥，轻与张角合谋，为变滋大，悔之无救。"帝惧其言，乃大赦党人，诛徙之家皆归故郡。其后黄巾遂盛，朝野崩离，纲纪文章荡然矣。[1]虽然赦免了党人以收拢人心，但东汉王朝已经是积重难返，只能走向灭亡了。

二、士人的忠君观念趋向衰微，忧患意识主题由社稷转向个人

（一）东汉末年天人感应学说和忠君观念的衰微

东汉党锢之祸对士人的打击是非常大的。"他们原本从矢忠于皇权开始，反对外戚和宦官专制的腐朽政治，意在维护大一统政权，而这个政权对他们的报答，却是一次次的残酷无情的打击。他们对于这个政权的向心力是很自然地慢慢消失了，他们的心态，从矢忠于皇权，转向了高自标置，转相了相互题拂。"[2]这是党锢之祸带给士人行为上的转变之一，另外，士人在思想上还有其他的变化，如天人感应学说和忠君观念的衰微等。

天人感应学说是西汉时期，董仲舒根据专制主义中央集权的需要制定的一套以"君权神授"为核心的理论。天人感应学说将天鼓吹成一个有感情和意志的神，皇帝是天神在人间的代理人，天子受命于天，天下受命于天子。臣民必须效忠于君主，个体的价值才能得以实现。《春秋繁露》竭力宣传和灌输这种

[1] 《后汉书·党锢列传》，第2189页。

[2] 罗宗强：《玄学与魏晋士人心态》，天津教育出版社2005年版，第13页。

观念。东汉的统治者更加注重天人感应学说和忠君观念的宣传，如《白虎通德论》等著作中充斥了此种论调。天人感应学说在统治者的提倡下在思想领域里占据了统治地位，成为了两汉士人的行动准则。他们一般都坚守忠君的信念，为了维护王朝的统治尽心竭力。但是，无情的社会现实摧毁了他们的信念，这种现象主要发生在东汉末年。东汉末年，社会危机日益严重，"在朝者以正议婴戮，谢事者以党锢致灾。往车虽折，而来轸方遒"[1]。在这种情况下，士人们的努力收效甚微。因为宦官和外戚专权、士人反抗而引发的党锢之祸大大地动摇了士人的信仰，也正是东汉后期统治者的腐朽和黑暗使天人感应学说和忠君观念的衰微成为了必然。东汉统治者曾以君权神授、天人感应及谶纬等神秘的理论来论证汉有天下的合理性，但是东汉末年皇帝受外戚和宦官任意摆布的命运把天神庇护的神话打破了。仲长统说："豪杰之当天命者，未始有天下之分者也。无天下之分，故战争者竞起焉。于斯之时，并伪假天威，矫据方国，拥甲兵与我角才智，程勇力与我竞雌雄，不知去就，疑误天下，盖不可数也。角知者皆穷，角力者皆负，形不堪复仇，势不足复校，乃始羁首系颈，就我之衔绁耳。夫或曾为我之尊长矣，或曾与我为等侪矣，或曾臣虏我矣，或曾执囚我矣。彼之蔚蔚皆胸晋腹诅，幸我之不成，而以奋其前志，讵肯用此为终死之分耶？"[2]

东汉和帝以后，皇帝大多是年幼即位，外戚和宦官轮流专权，天子的神秘性消失殆尽。宦官和外戚对皇权的践踏更是直接导致了天人感应学说和忠君观念的衰微。两次党锢之祸后，士人们陷入了巨大的悲恸和迷茫之中，对王朝命运和个人性命的双重担忧成了当时的主题。桓帝时，守外黄令张升去官归乡里，路上遇见友人，"共班草而言。升曰：'吾闻赵杀鸣犊，仲尼临河而反；覆巢竭渊，龙凤逝而不至。今宦竖日乱，陷害忠良，贤人君子其去朝乎？夫德之不建，人之无援，将性命之不免，奈何？'因相抱而泣。"[3]著名的党人范滂也抒发了其迷茫之意。第一次党锢之祸时，他被诬下狱，仰天长叹曰："古之循善，自求多福；今之循善，身陷大戮。身死之日，愿埋滂于首阳山侧，上不负皇天，下不愧夷、齐。"第二次党锢之祸时，县令郭楫愿意弃官与他同逃亡，范滂拒绝了，但他对儿子说的一番话表明了他对自己的这种行为的迷茫："吾欲

[1] 《后汉书·左周黄列传》，第2043页。
[2] 《后汉书·仲长统传》，第1646页。
[3] 《后汉书·逸民列传》，第2777页。

使汝为恶，则恶不可为；使汝为善，则我不为恶。"[1]这种迷茫代表了受党锢之祸的大批士人的心态。

另外，选官制度的破坏进一步打击了士人对朝廷的信心。党锢之祸后大批士人遭到了禁锢，内外官职基本被宦官集团占据了。士人的晋身之阶基本被阻塞了。汉灵帝时设鸿都门学，"其诸生皆敕州郡三公举用辟召，或出为刺史、太守，入为尚书、侍中，乃有封侯赐爵者，士君子皆耻与为列焉。"[2]其后，汉灵帝公开地卖官鬻爵，士人们读书入仕、修身治国平天下的努力在现实面前显得不堪一击，似乎没有任何实质性的意义了。因此，传统的价值观念也遭到了毁灭性的打击。士人们只能哀鸣："文籍虽满腹，不如一囊钱。伊优北堂上，抗脏倚门边。""势家多所宜，咳唾自成珠。被褐怀金玉，兰蕙化为刍。贤者虽独悟，所困在群愚。且各守尔分，勿复空驰驱。哀哉复哀哉，此是命矣夫！"[3]钱穆在《中国文学史概论》中说："汉末，王纲解钮，士大夫饱经党锢之祸，借门第为躲藏所，寒士无门第，则心情变，社会私情，胜过政治关切。"

对朝廷丧失信心和希望的大有人在。早在汉桓帝时期，有人劝郭林宗入仕，郭林宗回答说："吾夜观干象，昼察人事，天之所废，不可支也。"[4]魏桓也多次被征，他问乡人："夫干禄求进，所以行其志也，今后宫千数，其可损乎？厩马万匹，其可减乎？左右悉权豪，其可去乎？"乡人答曰不可，魏桓便长叹到："使桓生行死归，于诸子何有哉！"[5]这是忠君观念衰微的初露端倪。第一次党锢之祸后，郭林宗哭陈蕃、窦武于郊外，曰："'人之云亡，邦国殄瘁。''瞻乌爰止，不知于谁之屋'耳。"[6]士人对汉室的绝望又进了一步。

第二次党锢之祸以后，士大夫们发现以前他们为之抛头颅、洒热血的天下，到此时已经是面目全非了："汉自安帝已来，政去公室，国统数绝，至于今者，唯有名号，尺土一民，皆非汉有，期运久已尽，历数久已终，非适今日也。"[7]这种认为"汉室期运已尽"的观念，大大地削弱了他们继续为汉室效忠的信心。一部分党人开始归隐山林，不问世事。如张俭流亡数年，逃过了党

---

[1] 《后汉书·党锢列传》，第2207页。
[2] 《后汉书·蔡邕列传》，第1998页。
[3] 《后汉书·文苑列传》，第2631页。
[4] 《后汉书·郭太列传》，第2225页。
[5] 《后汉书·周黄徐姜申屠列传》，第1741页。
[6] 《后汉书·郭太列传》，第2226页。
[7] 《三国志·魏书·魏武帝纪》注引《魏略》，中华书局1959年版，第52页。

锢之祸，建安初，"见曹氏世德已萌，乃阖门悬车，不豫政事。"[1]再往后，群雄竞起的局面出现之后，江东谋士鲁肃认为："汉室不可复兴。"[2]夏侯惇："天下咸知汉祚已尽，异代方起。"[3]董卓入京标志着汉室的名存实亡，汉室已失去了控制政权的能力。并且，两汉辟举制度带来的弊端在此时也暴露无遗。由于辟主与其掾属形成了一些政治集团，在皇权强大时对皇权有向心力，但在皇权衰微时，它们便会发展成为分裂割据势力。袁绍、曹操、孙权等都是依靠各自的门生故吏以及掾属发展起来的。因此，在群雄竞起的东汉末年，士人择主而仕的局面再度出现了。

忠君观念虽然趋于衰微，但并没有消失。直到汉献帝时，仍有大臣忠心护卫已经支离破碎的汉室。种拂在李傕、郭汜作乱时，长安城溃，百官多避兵劫，种拂挥剑而出曰："为国大臣，不能止戈除暴，致使凶贼兵刃向宫，去欲何之。"[4]遂战而死。李傕借献帝之名召朱儁，军吏以为有危险不能去，他则认为"以君召臣，义不俟驾，况天子诏乎"[5]！乃就征，结果被李、郭等人活活气死。刘虞为汉室宗亲，任幽州牧，为人施仁义，深得民心，关东盟军想拥立他为皇帝，他严词拒绝，"今天下崩乱，主上蒙尘，吾被重恩，未能清雪国耻，诸君各据州郡，宜共勠力，尽心王室，而反造逆谋，以相垢误邪？"[6]这说明了信奉忠君观念的还大有人在。袁术想称帝，张承对他说："汉德虽衰，天命未改。"[7]可见，直到东汉灭亡的最后一段时间，仍有人为它效忠。孙权劝曹操废汉自立，曹操认为这如同让他往火炉上坐，为什么呢？司马光认为："及孝和以降，贵戚擅权，嬖幸用事，赏罚无章，贿赂公行，贤愚浑殽，是非颠倒，可谓乱矣。然犹绵绵不至于亡者，上则有公卿、大夫袁安、杨震、李固、杜乔、陈蕃、李膺之徒面引廷争，用公义以扶其危，下则有布衣之士符融、郭泰、范滂、许劭之流立私论以救其败。是以政治虽浊而风俗不衰，至有触冒斧钺，僵仆于前，而忠义奋发，继起于后，随踵就戮，视死如归。夫岂特数子之贤哉？亦光武、明、章之遗化也。……以魏武之暴戾强伉，加有大功于天下，其蓄无君之心久矣，乃至没身不敢废汉而自立，岂其志不欲哉？犹畏名义而自抑

[1] 《后汉书·党锢列传·张俭》，第2211页。
[2] 《三国志·吴书九》，第1268页。
[3] 《三国志·魏书一》，第53页。
[4] 《后汉书·种拂列传》，第1830页。
[5] 《后汉书·朱儁列传》，第2313页。
[6] 《后汉书·刘虞列传》，第2355页。
[7] 《三国志·魏书十一》，第337页。

也。"[1]但这些顾虑最终挽救不了东汉灭亡的命运。而且天命论还成为了各派割据势力的借口。五德始终学说也被军阀们利用。袁术"以袁氏出陈为舜后，以黄代赤，德运之次，遂有僭逆之谋。"[2]后来曹丕登基，也以"黄初"为年号。各派割据势力以五德始终学说为自己篡权的借口，一些士大夫也转而去效忠他们。曹丕代汉时，太史许芝的劝进书中就提到了大量谶纬和符瑞，来论证曹氏代汉乃天命所归。

（二）士人忧患意识的主题由社稷转向个人

先秦时期，士人们虽然在政治上不如意时，写下忧伤的诗句，但其主题还是"为王前驱"的积极、无悔的精神。例如，《诗经》、《离骚》等作品虽有一定的个体生命意识，但其主要的还是表达了对统治者的拥戴，即使他们讨厌战争，却因为统治者的需要而无意逃避战争，体现了一种关注整体、牺牲自我的精神，个体生命在整体面前显得微不足道。秦统一六国之后，随着封建专制主义中央集权的建立和最高统治者对长生不老的追求，珍惜生命的意识渐渐苏醒了。汉代的士人们在积极参政的同时，开始思考人在世界中所处的位置和作为生命个体的个人的价值。但是，人在世事面前有时是那么无助和渺小，由此引发了对生死的困惑和思考，就连高高在上的皇帝也不免会流露出韶华易逝、人生无常的感叹。如果说这种意识在西汉和东汉前期还不明显的话，到了东汉后期，这种情况就发生了变化。

东汉末年，随着政权的日渐腐败和士人挽救的无望，士人们的个人意识开始了新的觉醒。他们开始把人生价值建立在个人命运的前提下，而不是像以前建立在为皇帝效忠的基础上。汉末的《古诗十九首》一般认为是东汉后期下层士人之作，作者大部分是当时非常不得志的士人，他们或在京师游学，或游荡四方，本想"学得文武艺，货与帝王家"，却因为黑暗的社会现实而入仕无门，在处处碰壁之后仍然心存侥幸。而当时宦官掌权，士人们的仕进之途基本被堵塞的情况下，现实带给他们的只能是一次又一次的失望。清赵翼说："国家不幸诗家幸，赋到沧桑句便工。"正是因为政局和社会的动荡，士人们无端受害的现实才使得他们的诗句真实地抒发了内心的感受，成为了反映当时社会变动的一个佐证。到魏晋时期，生死的主题就更加普遍了。一代枭雄曹操也感叹人生如朝露，去日苦多，其子曹植也认为人生在世如风吹尘，转瞬即逝，享受

---

[1] 《资治通鉴》卷六十八，第2173页。

[2] 《后汉书·袁术列传》，第2439页。

荣华富贵、不用担心仕进之事的统治者和贵族尚且发出这种消极的感叹，那些在社会中下层苦苦挣扎的士人的心境就更不用说了。

在外部责任、要求淡去的同时，士人对内在生活的质量投入了越来越多的精力，他们开始日益关切心灵的真实感受和精神的愉悦。"区分并强调人生的内在和外在部分，由对外部世界的驰骛和联系而转入对内心世界的流连、经营，这是东汉后期渐次昭显的一个趋势。"[1]东汉时期，随着不仕士人人数的增加，这种趋势越来越成为士人的追求了。这是士阶层应对现实的方式之一。东汉的党锢之祸使士人对政权的信心丧失殆尽，在无力改变现状的情况下，消极心态占据了主要地位，大量士人隐居，开始专注于内心世界的经营，放松了对外部世界的关注。当救世成为遥不可及的乌托邦以后，士人们必定要找到精神的寄托。正义、理性在黑暗的政局面前无能为力，而且士人们的努力无法扭转灰暗局面，在内心的痛苦无处发泄的情况下，恣情放达、隐居不仕便成为了许多士人的追求，由重功名利禄转向重人格力量，这是一种消极避世的表现。以仲长统为代表的一批士人开始移情山水，从山水中得到自我满足。如果有良田广宅，何必羡慕那些入帝王之门的人！

避世的士人将文学作为精神的寄托，寄情于物，万物都能引发他们的伤感之情，他们在文学里尽情抒发着自己的苦闷和悲伤。士人们的活动影响了文学的走向，生命苦短、人生无常的感伤弥漫在文坛上，为魏晋时期"人的觉醒"做好了铺垫。著名的《古诗十九首》历来被认为是东汉后期下层文人所作，其中的诗句充满了命运无常、抗争无望的感叹。乱世更能激发文人们的才情。对政治的失望使得士人们不愿意也不能把人生价值的实现寄托在帝王身上，他们开始更多地考虑个人生命的价值。作为生命主体的人的价值被提高到了首要的地位。到魏晋时期，士人诗中的生死主题就更加普遍了。

东汉末年，"思想领域正处于大的动荡之中。经学一统的僵化局面是打破了，统一的思想规范失去了权威，士人从圣人崇拜转向名士崇拜，转向自我体认。人性和人生，受到了极大的重视。可以说，定儒学于一尊时士人的那个理性的心灵世界，已经让位于一个以自我为中心的感情的世界了。"[2]一般认为，魏晋清谈、玄学之风是从东汉末年开始萌芽的。李泽厚《美的历程》中认为玄学"实质上标志着一种人的觉醒，即在怀疑和否定旧有传统标准和信

---

[1] 《汉代文人与文学观念的演进》，第224页。
[2] 罗宗强：《玄学与魏晋士人心态》，第41页。

仰价值的条件下，人对自己生命、意义、命运的重新发现、思索、把握和追求。……又由于它不再停留在东汉时代的道德、操守、气节的品评，于是人的才情、气质、格调、风貌、性分、能力便成了重点所在。总之，不是人的外在的行为节操，而是人的内在的精神性（亦被看作是潜在的无限可能性），成了最高的标准和原则"[1]。

三、王朝末年士人选择的多元化

士人作为一个自由人，他可以选择自己的去就。在大一统的局面下，学而优则仕是士人的主流选择，而在王朝末年，随着政权吸引力的下降，新的掌权者开始出现并将逐渐取代旧统治者的时候，士人就多了一种选择，既可以为新生的政权服务，也可以继续为旧政权守节。在每个新旧王朝更替的时候，士人都面临着这种抉择。

（一）士人积极为新的政权服务，"识时务者为俊杰"

秦末，士人对秦朝失望以后，大量的士人追随了起义军，为他们出谋划策，加速了秦朝的灭亡和新王朝的建立。西汉末年，王莽礼贤下士的姿态吸引了一大批士人效忠，由此王莽成功代汉，建立了新朝。拥戴王莽的士人也尽力为王莽歌功颂德。一些士人为王莽代汉编造了很多借口，积极为王莽代汉服务。东汉末年，社会动乱，人人思危，天下共主的局面事实上已经结束，割据局面再次出现。士人们面临的选择多了起来，一是他们可以选择或隐或仕，二是如果仕进，选择什么样的主人。士人本身具有文化知识，又具有强烈的责任感和使命感，在割据势力并立的局面下，得士者得天下。春秋战国士无定主的局面再次出现了。

士人可以择主而仕，割据势力便纷纷招揽士人为自己服务，例如，曹操在建安元年（196年）迎汉献帝都许，但汉政权已经是名存实亡。曹操利用他的司空府、丞相府、魏公魏王府作为真正的决策机构实施统治，对于仍忠心于汉朝廷的士人来说，他们还在为汉朝的延续做最后的努力，对于效忠曹操的士人来说，他们则是在帮助曹操完成代汉的大业。曹操本人对人才是非常重视的，他曾说："吾任天下之智力，以道御之，无所不可。"[2]曹操还多次下求贤令，陈寅恪先生对此曾有过评论："夫曹孟德，旷世之枭杰也。其在汉末，欲取刘氏

---

[1] 李泽厚：《美的历程》，文物出版社1981年版，第90—92页。

[2] 《三国志·魏书·武帝经》，第26页。

之皇位而代之，则必先摧其劲敌士大夫阶级精神上之堡垒，即汉代传统之儒家思想，然后可以成功，故孟德三令，非仅一时求才之旨意，实际表明其政策所在。"[1]在朝廷昏庸无能的情况下，如果有如此礼贤下士的人，一些士人自然会去投靠。如程昱，初平年间，刘岱任命令他为骑都尉，他以疾病推辞，其后曹操辟他，他立刻就答应了。郭嘉"自弱冠匿名迹，密交结英隽，不与俗接，故时人多莫知，惟识达者奇之"[2]。他见了袁绍以后，对袁绍的谋士辛评、郭图说："夫智者审于量主，故百举百全而功名可立也。袁公徒欲效周公之下士，而未知用人之机。多端寡要，好谋无决，欲与共济天下大难，定霸王之业，难矣！"[3]他认为袁绍不可以成大事，而曹操才是他值得效忠的主人。还有刘放投靠占据涿郡的刘松，曹操攻克冀州以后，刘放劝说刘松投靠曹操："往者董卓作逆，英雄并起，阻兵擅命，人自封殖，惟曹公能拔拯危乱，翼戴天子，奉辞伐罪，所向必克。以二袁之强，守则淮南冰消，战则官渡大败；乘胜席卷，将清河朔，威刑既合，大势以见。速至者渐福，后服者先亡，此乃不俟终日驰骛之时也。昔黥布弃南面之尊，仗剑归汉，诚识废兴之理，审去就之分也。将军宜投身委命，厚自结纳。"[4]很多因为乱世隐居不仕朝廷的人也出来投靠曹操，例如，邢颙，举孝廉，司徒辟他都不应，在曹操定冀州以后，他认为："黄巾起二十余年，海内鼎沸，百姓流离。今闻曹公法令严。民厌乱矣，乱极则平。请以身先。"[5]周瑜劝说鲁肃投靠孙权，"昔马援答光武云'当今之世，非但君择臣，臣亦择君'。今主人亲贤贵士，纳奇录异，且吾闻先哲秘论，承运代刘氏者，必兴于东南，推步事势，当其历数。终构帝基，以协天符，是烈士攀龙附凤驰骛之秋。"[6]

还有一批士人直接为曹操代汉服务，积极支持曹操建立新的政权。陈群在父亲陈纪遭遇党锢之祸以后，不思仕进之事，一心钻研学问，走的是退隐之路。而陈群一直为曹操服务，先后任司空西曹掾属、治书侍御史等职，魏国建立后曾任御史中丞、侍中等职，他积极支持曹操代汉，早在孙权上书劝曹操称帝时，他说："汉自安帝已来，政去公室，国统数绝，至于今者，唯有名号，尺土一民，皆非汉有，期运久已尽，历数久已终，非适今日也。是以桓、灵之

---

[1] 陈寅恪：《金明馆丛稿初编》，上海古籍出版社1980年版，第43—45页。
[2] 《册府元龟》卷836《总录部·韬晦》。
[3] 《三国志·魏书·郭嘉传》，第431页。
[4] 《三国志·魏书·刘放传》，第456页。
[5] 《三国志·魏书·邢颙传》，第382页。
[6] 《三国志·吴书·周瑜传》，第1268页。

间，诸明图纬者，皆言'汉行气尽，黄家当兴'。殿下应期，十分天下而有其九，以服事汉，群生注望，，遐迩怨叹，是故孙权在远称臣，此天人之应，异气齐声。臣愚以为虞、夏不以谦辞，殷、周不吝诛放，畏天知命，无所与让也。"[1]

（二）坚持为旧的政权守节

西汉末年，王莽篡权的意图暴露以后，还是有许多的士大夫和士人仍然坚持为汉室效忠，以或激烈或平静的方式反抗王莽的行为。虽然在当时拥戴、赞誉王莽的声浪占据了主导地位，但非议、反对之人还是有的。"汉室中微，王莽篡位，士之蕴藉义愤甚矣。是时裂冠毁冕，相携持而去之者，盖不可胜数。杨雄曰：'鸿飞冥冥，弋者何篡焉。'言其违患之远也。光武侧席幽人，求之若不及，旌帛蒲车之所征贲，相望于岩中矣。若薛方、逢萌，聘而不肯至，严光、周党、王霸，至而不能屈。群方咸遂，志士怀仁，斯固所谓'举逸民天下归心'者乎！"[2]王莽杀害了自己的儿子王宇，当时正在长安学习经学的逢萌被震惊了，他对友人说："三纲绝矣！不去，祸将及人。"随即解冠挂城门上，带着家人浮海而去。《后汉书·陈宠列传》载陈宠"曾祖父咸，成、哀间以律令为尚书。平帝时，王莽辅政，多改汉制，咸心非之。及莽因吕宽事诛不附己者何武、鲍宣等，咸乃叹曰：'《易》称'君子见几而作，不俟终日'，吾可以逝矣！'即乞骸骨去职。及莽篡位，召咸以为掌寇大夫，谢病不肯应。时，三子参、丰、钦皆在位，乃悉令解宫，父子相与归乡里，闭门不出入，犹用汉家祖腊。人问其故，咸曰：'我先人岂知王氏腊乎？'其后莽复征咸，遂称病笃。于是乃收敛其家律令书文，皆壁藏之"。

东汉末年，虽然士心已经分崩离析，但还是有很多的士人坚守忠于东汉皇权的信念，试图努力挽救王朝的危机。护卫长安而战死的种拂就是其中的代表人物之一。还有一些士人采取了其他方法来试图匡复汉室。其方法之一就是想借助割据势力的力量匡复汉室，著名的例子是荀彧。汉末名士荀彧在董卓之乱时，求出补吏。除亢父令，弃官归，后来跟随袁绍，但他认为袁绍不足以成大事，初平二年，他离开袁绍投靠曹操，建议曹操迎汉献帝，他的目的是想依靠曹操匡复汉室，但曹操的野心却不止于此。在曹操征伐其他割据势力时，荀彧为他出谋划策，十分积极。建安十七年，董昭等官员谓曹操宜晋爵国公，九锡备物，以彰殊勋。曹操篡汉的迹象显露以后，荀彧开始坚决反对："太祖本兴

---

[1] 《三国志·魏书·武帝纪》，第52—53页。
[2] 《后汉书·逸民列传》，第2756—2757页。

义兵以匡朝宁国，秉忠贞之诚，守退让之实；君子爱人以德，不宜如此。"[1]曹操对此非常不高兴，最后荀彧被迫饮毒药而死。荀彧是想借助曹操的力量匡复汉室，因此暂时投靠了曹操。而孔融则是一开始就认清了曹操试图篡汉的阴谋，对曹操的行为非常不满意，经常出言不逊。后来曹操以不忠不孝的罪名将孔融杀害了。

"以出处进退为人生基本形式的士人，面对非常时世，各依其所禀对人生重新加以定位和选择。"[2]无论是为旧政权守节的士人还是为新政权奔波的士人都是根据社会的实际情况来选择自己的行为的。

第三节　士人犯罪及受罚对政权的影响

士人对政权的重要性是历代明君都很看重的问题，只是到了庸君时，他们看不到士人的重要作用，因此逐渐失去了对政权有关键作用的士人，从而导致了政权的覆灭。《荀子集解·大略》中认为尊士则国兴，贱士则国衰："国将兴，必贵师而重傅，贵师而重傅，则法度存。国将衰，必贱师而轻傅。贱师而轻傅，则人有快，人有快而法度坏。"引申一下，可以说失士则国亡。《白虎通德论·封公侯》："圣人虽有万人之德，必须俊贤。"《汉书·王嘉传》："圣人之功在于得人。"能否得到贤能的人来辅佐皇帝，是关系到王朝兴衰的重要问题。"人主贵正而尚忠，忠正在上位，执政营事，则谗佞奸邪无由进矣"，"是故人主之一举也，不可不慎也，所任者得其人，国家治，上下和，群臣亲，百姓附；所任非其人，则国家危，上下乖，群臣怨，百姓乱，"[3]所以人君在择贤问题上必须要慎重。

随着两汉经学的广泛传播，通经入仕的士人占据了官员的主体，士人的大量入仕对提高政治的清明、文明程度是至关重要的。士人所受的教育和被灌输的理念使他们的行为总不能脱离仁义和理智，基本能够明辨是非，具有恻隐、忍让和恭敬之心，士人的这些品德必定能体现在为官的行为中，对维系王朝的政治生命是必不可少的。士人的隐居不仕不是王朝末期独有的现象，只不过在

[1]　《三国志·魏书十》，第317页。
[2]　于迎春：《秦汉士史》，第270页。
[3]　《淮南子·主术训》，《诸子集成》（七），中华书局1954年版，第135页。

王朝末年，士人们的行为表现得更加明显而已，尤其是在东汉末年。士人的隐居不仕对王朝造成的损害是巨大的，官员的质量直接影响到政治的清明与否，正直的士人隐居不仕，朝中的官员大多是为了保全性命不肯直言之士，如此以来，王朝的衰败和灭亡肯定是迟早的事情。

在每个王朝的末期，农民起义或其他叛乱行为发生时，封建国家机器濒于解体，统治阶级为了维护摇摇欲坠的统治忙得焦头烂额，失去了控制社会局面的能力。这个时期的法律自然也不能像王朝太平时那么井然有序。安作璋先生称之为"失控期"。在这个时期的法律，其制定和执行已经偏向于统治集团中某个小集团的利益了，这种情况还会出现在新帝即位、权臣当道的时候。秦朝和两汉初期是法律执行最严格、最公正的时期。而到了王朝的末期，法律的执行就趋向了失控期。

秦二世即位后，赵高对他说："夫沙丘之谋，诸公子及大臣皆疑焉，而诸公子尽帝兄，大臣又先帝之所置也。今陛下初立，此其属意怏怏皆不服，恐为变。且蒙恬已死，蒙毅将兵居外，臣战战栗栗，唯恐不终。且陛下安得为此乐乎？"二世曰："为之奈何？"赵高曰："严法而刻刑，令有罪者相坐诛，至收族，灭大臣而远骨肉；贫者富之，贱者贵之。尽除去先帝之故臣，更置陛下之所亲信者近之。此则阴德归陛下，害除而奸谋塞，群臣莫不被润泽，蒙厚德，陛下则高枕肆志宠乐矣。计莫出于此。"二世然高之言，乃更为法律。[1]于是从大臣到宗室的公子、公主都惨遭杀戮。"失控期的司法特点是向两个极端发展，或过宽，或过严，都是违背法律的公正精神的。"[2]如秦末，司马欣说赵高用事于中，一些将军有功亦诛，无功亦诛。秦末法律的不公正使得大批的士人走到了政权的对立面，并充当了秦末农民起义军的智囊团，直接参与了灭秦的行动。

在政治清明时，士人有机会一展宏图，实现治国为君的理想；而到王朝的末期，士人的从政愿望已经没有实现的机会了。仲长统对政局的论述很有道理，他认为在王朝初年，即便是统治者才能平平，也可以维持统治：

> 及继体之时，民心定矣。普天之下，赖我而得生育，由我而得富贵，安居乐业，长养子孙，天下晏然，皆归心于我矣。豪杰之心既绝，士民之志已定，贵有常家，尊在一人。当此之时，虽下愚之才居

[1] 《史记·李斯列传》，第2552页。
[2] 安作璋：《秦汉官吏法研究》，第286页。

之，犹能使恩同天地，威侔鬼神。暴风疾霆，不足以方其怒；阳春时雨，不足以喻其泽；周、孔数千，无所复角其圣；贲、育百万，无所复奋其勇矣。[1]

当然，王朝初期的统治者比较注意拉拢士人为朝廷服务，在士人的忠心护卫下维持着相对稳定的统治；而到了王朝末期，统治者日益腐化堕落，对人民的压迫和剥削也开始加重，士人被无端治罪的情况也开始增多，士人对政权的离心力逐渐增强，最终王朝会被新出现的力量消灭，开始又一次的轮回：

> 彼后嗣之愚主，见天下莫敢与之违，自谓若天地之不可亡也，乃奔其私嗜，聘其邪欲，君臣宣淫，上下同恶。目极角抵之观，耳穷郑、卫之声。入则耽于妇人，出则驰于田猎。荒废庶政，弃亡人物，澶漫弥流，无所底极。信任亲爱者，尽佞谄容说之人也；宠贵隆丰者，尽后妃姬妾之家也。使饿狼守庖厨，饥虎牧牢豚，遂至熬天下之脂膏，斫生人之骨髓。怨毒无聊，祸乱并起，中国扰攘，四夷侵叛，土崩瓦解，一朝而去。[2]

仲长统认为王朝的治乱一方面与统治者的清明与否有关，另一方面就是是否注重对人才的利用和开发。

士人犯罪会因王朝政治状况的变化而呈现不同的特点。随着政权的衰弱，法律也渐渐失去了约束臣民的力量，最高统治者会比较频繁地无视既定的律法而按照自己的意志行事。如桓帝时，与桓帝"有旧"的盖升在为南阳太守时，贪赃数十亿，桥玄"奏免升禁锢，没入财贿。帝不从，乃升迁为侍中"[3]。这在王朝末期是一种常见的现象，当然这种现象是贯穿整个封建社会始终的，只不过是在王朝末年表现得更为明显罢了。由皇帝对在朝官员的滥施赏罚可以推知对士人也是如此。如果最高统治权旁落到某个集团或一小部分人手里，那么皇帝也就无权决定一些正常的犯罪判定或赦免了。最明显的是在东汉后期的党锢之祸中。对于某些官员或士人的禁锢或解除禁锢，重新启用，在宦官或外戚掌权的时候，皇帝已经没有了最高的决定权。掌握实权的宦官把持了禁锢令的下达和解除权。张让等与张角交通，后中常侍封谞、徐奉事独发觉坐诛，灵帝诘责张让等曰："汝曹常言党人欲为不轨，皆令禁锢，或有伏诛。今党人更

[1] 《后汉书·仲长统列传》，第1647页。
[2] 《后汉书·仲长统列传》，第1647页。
[3] 《后汉书·桥玄传》，第1696页。

为国用，汝曹反与张角通，为可斩未？"皆叩头云："故中常侍王甫、侯览所为。"[1]帝乃止。由此可知，虽然禁锢令仍由皇帝之口下达，但实际上是由宦官操纵的。在宦官的操纵之下，张奂复出以后，上书要求解除禁锢，"天子深纳奂言，以问诸黄门常侍，左右皆恶之，帝不得自从"[2]。在此时，即使是皇帝想解除禁锢，也已经无能为力了。

另一方面，当与宦官对立的士人官僚一派得势时，他们对宦官的诛伐也没有以法律为准绳。例如，岑晊在处决外戚张泛时就过于严酷了。"宛有富贾张泛者，桓帝美人之外亲，善巧雕镂玩好之物，颇以赂遗中官，以此并得显位，恃其伎巧，用势纵横。晊与牧劝璠收捕泛等，既而遇赦，晊竟诛之，并收其宗族宾客，杀二百余人，后乃奏闻。"[3]宦官张让也说过："天下愦愦，亦非独我曹罪也。"[4]既然当权者不再以法律为准绳处置犯罪，势必会出现判罪混乱的现象，而士人之中颇有救国之心的那部分人难免会对时局不满，在没有其他方法干预政权的情况下，他们便利用口舌之辩，阐发自己对时局的看法以及挽救之策。而日渐昏庸的统治集团便会自掘坟墓，将各种罪名扣到他们的头上，由此大批士人犯罪便是一种经常的现象了。

法律公正的偏离使得大批的知识分子走到了政权的对立面，成为了现存政权的反对力量。其中就包括大量的士人。他们可以加入到农民起义队伍中去，为他们出谋划策，加速旧王朝的瓦解。这便是谋反的大罪。秦末"法令诛罚日益刻深，群臣人人自危，欲畔者众"[5]。诛罚刻深受害更大的还是百姓，包括士人。官吏造反可能有顾虑，他们就在皇帝的眼皮底下，而且如果反意一旦泄漏，小则官爵不保，大则丢掉全家人的性命。而士人则不同，即便谋反不成功，他们仍旧是百姓中的一员；而如果一旦成功，那么改朝换代之后，他们的处境必然与前朝有很大的不同，或许可以借此实现自己在当朝不能实现的理想。而这种靠智力参与谋反的行为对王朝的打击也是致命的。《史记·儒林列传》载："陈涉起匹夫，驱瓦合适戍，旬月以王楚，不满半岁竟灭亡，其事至微浅，然而缙绅先生之徒负孔子礼器往委质为臣者，何也？以秦焚其业，积怨而发愤于陈王也。"扬雄也在其《法言》中分析了楚汉战争中，项羽之所以失

---

[1] 《后汉书·宦者列传》，第2535页。
[2] 《后汉书·张奂列传》，第2141页。
[3] 《后汉书·党锢列传》，第2212页。
[4] 《后汉书·何进列传》，第2251页。
[5] 《史记·李斯列传》，第2553页。

败，并不是项羽自己认为的"天"的原因，而是没有充分利用群策群力。扬雄说："汉屈群策，群策屈群力。楚憞群策而自屈其力。屈人者克，自屈者负。天曷故焉？"[1]士人是封建统治者主要的智囊团，人心向背在很大程度上决定了一个政权的盛衰。

在此，引用邓拓的一首诗作为本书的结尾。邓拓《歌唱太湖》一诗在形容明朝士人时说："东林讲学继龟山，事事关心天地间。莫谓书生空议论，头颅掷处血斑斑。"这是中国知识分子的传统延绵不绝的明证。而这个传统的发端就在于秦汉知识分子。秦汉士人犯罪最重要的一个原因就是他们对于政治的超乎平常百姓的关心。正是这种"书生意气"使得他们在不断被统治者误解或治罪的情况下，仍然坚持自己的人生理想，并且为了实现这个理想而奋斗不息。

◎ 第六章 士人犯罪及受罚产生的影响 ——

---

[1] 《法言义疏十四》，第361页。

结　语

　　西周时期，"士"是最末一等的贵族，属于统治阶级的一部分。他们自诞生起就掌握着社会文化、道德的传播和导向的功能，主要承担文化和思想层面的统治任务。春秋战国时期的社会巨变使得士人从贵族阶层中剥离了出来，同时一些庶民通过接受教育，从下层进入了士人的行列，士的队伍空前壮大。春秋战国时期的士人是个体的，身份比较自由，诸侯国林立且互相竞争的局面为他们提供了施展聪明才智的大空间，士人在春秋战国时期的社会舞台上表现得慷慨激昂，这种人格上的相对独立和面对统治者时的趾高气扬对秦汉时期的士人来说已经不复存在。

　　秦朝建立专制主义中央集权以后，真正实现了"天无二日，民无二王"的局面，从战国时期走来的士人变得有些无所适从了，大多数士人选择了对政权持观望的态度，一些勇于参与新政权建设的士人却与统治者发生了激烈的冲突，这就是秦朝的"焚书坑儒"。秦末，对政权失望的士人参加了农民起义军，为他们献计献策，加速了秦朝的灭亡。秦朝士人的不适感一是士人本身的原因，他们对时局的根本性变化认识不足，还没有领略君主的独一无二的具体涵义；二是秦朝初灭六国，需要用较为严格的措施统治臣民，秦以法家思想治国，势必会对妄发议论、无视皇帝权威的士人大开杀戒。士人必须在新的政治环境中寻找自己的位置。"士不可以不弘毅，任重而道远"，无论是孔孟先贤的提倡还是士人的具体行动都表现了比较积极的入世倾向，因此，士人对随后建立的汉朝也充满了政治热情。

　　汉初的统治者也没有充分意识到士人对政权的作用，开国之主刘邦甚至将小便解到儒生的帽子里，表示了对士人的极端蔑视。但历史证明，士人是统治者维持统治必须依靠的力量。以道德、学识为人生之本的士人与政治有着不可分割的联系。士人上连着统治者，下与普通民众也密不可分，既了解民情又可以用其文化知识为统治者出谋划策。士人与统治者是互相依赖的。没有统治者的赏识，士人的人生理想和抱负就无法实现，统治者"用之则为虎，不用则为鼠"，士人价值的实现在一定程度上是仰仗统治者的。士人虽然拥有文化、教育上的优越性，但他们必须进入统治者的视野，从统治者手中求得一杯羹。政治是士人寻求衣食和荣宠的必经之路。事实也证明，士人和统治者彼此是相互需要的，他们能够互相满足和适应。随着汉朝以察举、征辟为主要内容的选官制度的建立和完善，士人入仕有了正常的途径。与士人人数的增加相伴而来的就是入仕的艰难，士人为了入仕必须想办法引起统治者的注意。

士是封建社会里独一无二的精神贵族，为了实现人生理想和价值他们必须屈居于统治者的麾下，在一定程度上丧失了独立人格，他们的价值会被官方化、政策化。但是，"士志于道"却是一直深埋于士人心中的教条，在很多情况下，"从道不从君"是大多数士人所标榜的。两汉的统治者竭力给士人灌输忠君不二的观念，经过士人头脑的过滤，也变成了有条件的忠君。士人的出发点是为了维持王朝的统治，而不是顺从君主的主观意志，客观上取得了荣宠有加的地位，却将王朝送上了断头台。在士人与统治者的相处中，统治者总是居于优势地位。皇帝的权威和至尊地位是封建社会里每一个人都要认同和遵守的，不管士人的出发点如何，他必须与统治者的主观意志相符。"君主独制于天下而无所制"，"道"与"君"发生冲突的情况是时常出现的。因此，士人与统治者的矛盾冲突就是不可避免的了。君主专制条件下的法律也带有很大的主观性，其中掺杂了君主的主观意志。"前主所是著为律，后主所是疏为令；当时为是，何古之法乎！"在法律不能客观、严格执行的情况下，与统治者关系如此密切的士人犯罪就在所难免了。

士人犯罪与专制主义中央集权是相始终的。士人与政权彼此互相需要，互相满足。两者都对自身做着调整，尤其是统治者加强了对士人的思想控制和物质引诱，试图减少士人对统治的不利因素。士人也在尽量用比较温和、婉转的方式让统治者接受自己提出的意见。如果士人对政权丧失了信心，开始有意识地远离政治，王朝失去了智囊团，那么它的灭亡之日也就快要到来了。但因为两者是彼此需要和依存的，他们的关系如同一个硬币有两面，所以士人与统治者的关系可以说是既对立又统一，在矛盾中发展。

秦汉时期的士人犯罪虽然有独特的时代特点，但基本代表了后世士人犯罪的概况。士人犯罪主要集中在政治、文化领域，作为官僚的后备军，士人的动向与统治状况的好坏直接相关。日益扩大的士阶层必须在现实中走向成熟，不断调整自身以期与统治者有更好的默契，还要学会认识到自身力量的渺小与脆弱，化解人生的失意。士人无时无刻不在关心着统治者的一举一动，关心着政治状况。

主要参考书目

司马迁　《史记》，中华书局，1959年。

班　固　《汉书》，中华书局，1962年。

范　晔　《后汉书》，中华书局，1965年。

陈　寿　《三国志》，中华书局，1959年。

房玄龄　《晋书》，中华书局，1974年。

《孔子家语》，上海书店，1989年。

刘　向　《战国策》，上海古籍出版社，1998年。

杨伯峻　《春秋左传注》，中华书局，1990年。

吕不韦著，陈奇猷校释　《吕氏春秋新校释》，上海古籍出版社，2002年。

贾谊撰，阎振益、钟夏校注　《新书校注》，中华书局，2000年。

《诸子集成》，中华书局，1954年。

桓宽著，王利器校注　《盐铁论校注》，中华书局，1992年。

桓　谭　《新论》，上海人民出版社，1977年。

陆　贾　《新语》，中华书局，1954年。

董仲舒撰，凌曙注　《春秋繁露》，中华书局，1991年。

陈立撰，吴则虞点校　《白虎通疏证》，中华书局，1994年。

刘向编著，石光英校释，陈新整理　《新序校释》，中华书局，2001年。

汪荣宝撰，陈仲夫校点　《法言义疏》，中华书局，1987年。

孙楷撰，徐复订补　《秦会要订补》，中华书局，1959年。

徐天麟　《西汉会要》，中华书局，1955年。

徐天麟　《东汉会要》，中华书局，1955年。

杨　晨　《三国会要》，中华书局，1956年。

刘向撰，向宗鲁校证 《说苑校证》，中华书局，1987年。

应劭撰，吴树平校释 《风俗通义校释》，天津人民出版社，1980年。

杜 预 《春秋释例》，中华书局，1985年。

长孙无忌等 《唐律疏议》，法律出版社，1998年。

李昉等撰 《太平御览》，中华书局，1960年。

洪 适 《隶释》，中华书局，1985年。

司马光等 《资治通鉴》，中华书局，1956年。

顾炎武撰，黄汝成集释 《日知录集释》，上海古籍出版社，1985年。

赵 翼 《廿二史札记》，中华书局，1963年。

赵 翼 《陔余丛考》，商务印书馆，1957年。

王先谦 《汉书补注》，中华书局，1993年。

王鸣盛 《十七史商榷》，商务印书馆，1959年。

梁玉绳 《史记志疑》，中华书局，1981年。

陈寅恪 《金明馆丛稿初编》，上海古籍出版社，1980年。

刘珍等撰，吴树平校注 《东观汉纪校注》，中州古籍出版社，1987年。

周天游辑注 《八家后汉书辑注》，上海古籍出版社，1986年。

王符著，汪继培笺 《潜夫论笺校正》，中华书局，1985年。

商鞅著，高亨注释 《商君书注释》，中华书局，1974年。

睡虎地秦墓竹简整理小组 《睡虎地秦墓竹简》，文物出版社，1975年。

张家山二七四号汉墓竹简整理小组 《张家山汉墓竹简释文》，文物出版，2001年。

侯外庐等 《中国思想通史》，人民出版社，1957年。

瞿同祖 《中国法律与中国社会》，中华书局，1981年。

许倬云 《秦汉知识分子》，《中央研究院国际汉学会议论文集》，历史考古组，中册，1981年。

李泽厚 《美的历程》，文物出版社，1981年。

（日）大庭修 《秦汉法制史研究》，创文社，1982年。

吕思勉 《吕思勉读史札记》，上海古籍出版社，1982年。

熊铁基 《秦汉新道家论稿》，上海人民出版社，1984年。

安作璋、 熊铁基 《秦汉官制史稿》，齐鲁书社，1984年。

黄留珠 《秦汉仕进制度》，西北大学出版社，1985年。

沈家本 《历代刑法考》，中华书局，1985年。

张传玺　《秦汉问题研究》，北京大学出版社，1985年。

栗　劲　《秦律通论》，山东人民出版社，1985年。

冷鹏飞　《汉代太学述论》，北京大学历史系1985年硕士论文，北京大学图书馆。

毛礼锐、沈灌群主编　《中国教育通史》（第二卷），山东教育出版社，1986年。

金春峰　《汉代思想史》，中国社会科学出版社，1987年。

余英时　《士与中国文化》，上海人民出版社，1987年。

傅乐成　《西汉的几个政治集团》，《汉唐史论集》，联经出版事业公司，1987年。

祝瑞开　《两汉思想史》，上海古籍出版社，1989年。

钟兆鹏　《谶纬略论》，辽宁教育出版社，1991年。

孔庆明　《秦汉法律史》，陕西人民出版社，1992年。

俞荣根　《儒家法思想通论》，广西人民出版社，1992年。

安作璋、陈乃华　《秦汉官吏法研究》，齐鲁书社，1992年。

杨生民　《汉代社会形态研究》，北京师范学院出版社，1993年。

李禹阶、秦学顾　《外戚与皇权》，西南师范大学出版社，1993年。

王廷洽　《中国早期知识分子的社会职能》，河南人民出版社，1994年。

高　恒　《秦汉法制论考》，厦门大学出版社，1994年。

汤志钧、华友根、承载、钱杭　《西汉经学与政治》，上海古籍出版社，1994年。

周桂钿　《董仲舒评传——独尊儒术　奠定汉魂》，广西教育出版社，1995年。

费正清、赖肖尔著，陈仲丹等译　《中国：传统与变革》，江苏人民出版社，1996年。

程蔷、董乃斌　《唐帝国的精神文明——民俗与文学》，中国社会科学出版社，1996年。

杨　柳　《先秦游士》，当代中国出版社，1996年。

任继愈　《中国哲学史》（第二册，两汉魏晋南北朝部分），人民出版社，1996年。

王长华　《春秋战国士人与政治》，上海人民出版社，1997年。

宋　杰　《先秦战略地理研究》，首都师范大学出版社，1997年。

（日）堀　毅　《秦汉法制考论》，法律出版社，1998年。

葛志毅、张惟明　《先秦两汉的制度与文化》，黑龙江教育出版社，1998年。

王子今　《“忠”观念研究——一种政治道德的文化源流与历史演变》，吉林教育出版社，1999年。

赵敏俐　《先秦君子风范》，东方出版社，1999年。

于迎春　《秦汉士史》，北京大学出版社，2000年。

李小树　《秦汉魏晋南北朝监察史纲》，社会科学文献出版社，2000年。

方　彪　《北京士大夫》，京华出版社，2000年。

郑杭生主编　《社会学概论新修》，中国人民大学出版社，2000年。

陈桐生　《天柱断裂之后——战国文人心态史》，河北教育出版社，2001年。

徐复观　《两汉思想史》，华东师范大学出版社，2001年。

方　铭　《期待与坠落——秦汉文人心态史》，河北教育出版社，2001年。

陈苏镇　《汉代政治与〈春秋〉学》，中国广播电视出版社，2001年。

张　涛　《经学与汉代社会》，河北人民出版社，2001年。

汪涌豪　《中国游侠史》，复旦大学出版社，2001年。

孙　筱　《两汉经学与社会》，中国社会科学出版社，2002年。

梁治平　《法辨》，中国政法大学出版社，2002年。

庞天佑　《秦汉历史哲学思想研究》，中国社会科学出版社，2002年。

曹旅宁　《秦律新论》，中国社会科学出版社，2002年。

程树德　《九朝律考》，中华书局，2003年。

姜广辉　《中国经学思想史》，中国社会科学出版社，2003年。

王继训　《两汉诸子与经学》，陕西人民出版社，2003年。

葛　荃　《权力宰制理性》，南开大学出版社，2003年。

马良怀　《士人　皇帝　宦官》，岳麓书社，2003年。

孙立群　《中国古代的士人生活》，商务印书馆，2003年。

廖伯源　《秦汉史论集》，五南图书出版公司，2003年。

傅绍良　《唐代谏议制度与文人》，中国社会科学出版社，2003年。

冯良方　《汉赋与经学》，中国社会科学出版社，2004年。

程世和　《汉初士风与汉初文学》，中国社会科学出版社，2004年。

蓝　旭　《东汉士风与文学》，人民文学出版社，2004年。

林　干　《中国古代权力与法律》，中国政法大学出版社，2004年。

李天石　《中国中古良贱身份制度研究》，南京师范大学出版社，2004年。

张分田　《中国帝王观念——社会普遍意识中的"尊君—罪君"文化范式》，中国人民大学出版社，2004年。

马小虎　《魏晋以前个体"自我"的演变》，中国人民大学出版社，2004年。

罗宗强　《玄学与魏晋士人心态》，天津教育出版社，2005年。

阎步克　《士大夫政治演生史稿》，北京大学出版社，1996年。

阎步克　《察举制度变迁史稿》，辽宁大学出版社，1991年。

阎步克　《品位与职官——秦汉魏晋南北朝官阶制度研究》，中华书局，2002年。

刘泽华　《士人与社会——先秦卷》，天津人民出版社，1988年。

刘泽华　《士人与社会——秦汉魏晋南北朝卷》，天津人民出版社，1992年。

刘泽华　《中国的王权主义》，上海人民出版，2000年。

刘泽华　《中国古代政治思想史》，南开大学出版社，1992年。

主要参考论文

钱大群　《谈我国古代法律中官吏的受贿、贪污、盗窃罪》，《南京大学学报》1983年第2期。

宋　杰　《汉末三国时期的"质任"制度》，《首都师范大学学报（社会科学版）》1984年第1期。

孙家洲　《先秦儒家与法家"忠孝"伦理思想述评》，《贵州社会科学》1987年第4期。

孙家洲　《论汉代"不奉诏"的类型及其内涵》，《中国人民大学学报》2005年第6期。

孙家洲　《谷永政论及其"党附王氏"评议》，《贵州社会科学》1996年第6期。

孙家洲 《西汉矫制考论》，《中国史研究》1998年第4期。

路 遥 《秦代对官吏实施法律管理》，《中国法制报》1987年10月9日。

刘修明、卞湘川 《秦汉历史变迁中的知识分子及其作用》，《学术月刊》1989年第7期。

郭 杰 《春秋战国时代"士"阶层的类型分析》，《延边教育学院学刊（综合版）》1990年第1、2期。

阎步克 《士、事、师论——社会分化与中国古代知识群体的形成》，《北京大学学报（哲社版）》1990年第2期。

周天游 《两汉复仇盛行的原因》，《历史研究》1991年第1期。

郭 杰 《先秦"士"阶层的文化心态与历史命运》，《贵州文史丛刊》1991年第2期。

朱子彦、陈生民 《汉代选官制度与朋党势力的形成》，《上海大学学报（社科版）》1992年第2期。

马 彪 《东汉士风中的"禄利"、"名节"之变》，《北京师范大学学报（社科版）》1992年第3期。

李振宏 《两汉官吏法研究》，《中国史研究》1992年第4期。

陈桐生 《战国时期的价值观和士林文化心态》，《江汉论坛》1992年第7期。

孙福喜 《"焚书坑儒"与"独尊儒术"原因的双向考察》，《宁夏大学学报（社科版）》1993年第1期。

邱少平 《从"文景之治"看汉初知识分子的作用与特性》，《益阳师专学报》1993年第2期。

祝总斌 《马援的悲剧与汉光武》，《北京大学学报（哲社版）》1993年第2期。

段化民 《俸禄与吏治：两汉廉政建设得失浅议》，《唐都学刊》1993年第2期。

周连勇 《关于我国古代廉政制度的探讨》，《学海》1993年第4期。

方 竞 《论中国古代官吏腐败与制度的关系》，《中国人民大学学报》1993年第5期。

张 诚 《中国古代惩贪倡廉的措施》，《领导科学》1993年第10期。

魏良弢 《忠节的历史考察：先秦时期》，《南京大学学报（哲学社会科学版）》1994年第1期。

魏良弢　《忠节的历史考察：秦汉至五代时期》，《南京大学学报（哲学社会科学版）》1995年第2期。

胡新中、朱永良　《关于我国文人为官的几个问题》，《行政论坛》（哈尔滨）1994年第2期。

胡　新　《中国古代的犯罪原因论》，《法商研究》1994年第2期。

奚椿年　《秦始皇实行法治疑论》，《江海学刊》1994年第3期。

李德平　《论中国古代知识分子的自觉意识：从春秋战国到魏晋南北朝》，《江苏社会科学》1994年第3期。

范天成　《刘邦〈大风歌〉情感底蕴新探》，《人文杂志》1994年第3期。

王丽娟　《谈中国古代的依法治吏》，《辽宁大学学报（哲社版）》1994年第4期。

郭洪纪　《古代儒士群体的社会构成及文化特征》，《唐都学刊》1994年第4期。

刘绪贻　《中国儒学统治是怎样开始的》，《华中理工大学学报（社会科学版）》1994年第4期。

王晓毅　《汉魏之际士族文化性格的双重裂变》，《史学月刊》1994年第6期。

朱广贤　《党锢震撼洛阳城》（上、下），《中州古今》1994年第6期，1995年第1期。

刘厚琴　《儒学与后汉士人的归隐之风》，《齐鲁学刊》1995年第3期。

陈　勇　《论光武帝"退功臣而进文吏"》，《历史研究》1995年第4期。

朱绍侯　《刘秀与他的功臣》，《中国史研究》1995年第4期。

杨静婉　《汉代循吏的治民原则、措施及其实施效果》，《湘潭大学学报（哲学社会科学版）》1995年第4期。

曾敏之　《关于"愚民"、"焚书坑儒"：读史札记》，《东方文化》（广州）1995年第5期。

雷生友　《焚书坑儒别论》，《武陵学刊》1995年第5期。

华友根　《西汉的礼法结合及其在中国法律史上的地位》，《复旦学报（社科版）》1995年第6期。

杜宇民　《从"内圣外王"到"外儒内道"——论中国古代士人理想人格之转型》，《天府新论》1995年第6期。

串田久治　《汉代的"谣"与社会批判意识》，《中国哲学史》1996年第1—2期。

黄宛峰　《儒生与秦政》，《学术月刊》1996年第1期。

易思平　《〈战国策〉士人种种》，《文史杂志》1996年第2期。

黄宛峰　《汉代的太学生与政治》，《南都学坛（哲学社会科学版）》1996年第2期。

王长华　《论秦国士人与政治之关系》，《河北学刊》1996年第3期。

张远煌　《论犯罪预防的概念》，《法商研究》1996年第5期。

陈筱芳　《试论春秋时期奔者与本国和奔国的关系》，《西南民族学院学报》1996年第6期。

李健国　《汉末士风与郑玄经学》，《安顺师专学报（社会科学版）》1997年第1期。

李伯齐　《博士议论与两汉政治》，《管子学刊》1997年第1期。

刘则鸣　《〈古诗十九首〉的孤独伤痛与汉末士人的生存焦虑》，《内蒙古大学学报（人文社科版）》1997年第2期。

杨凯毅　《浅谈东汉末年"党锢之祸"——范晔〈后汉书·党锢列传〉简评》，《惠州大学学报（社科版）》1997年第2期。

高　兵　《秦前后期统治思想的变化及原因》，《北方论丛》1997年第4期。

赵世超　《巫术盛衰与西汉文化》，《北京师范大学学报（社科版）》1997年第5期。

张荣芳　《论汉代太学的学风》，《中山大学学报（社科版）》1998年第1期。

袁　刚　《漫谈东汉的举民谣纠察官吏职行监督》，《法学杂志》1998年第1期。

魏良弢　《中国历史上社会大动乱时期士人的价值取向》，《江海学刊》1998年第1期。

赵玉洁　《晁错死因探析》，《河北大学学报（哲学社会科学版）》1998年第1期。

张斌荣　《贾谊的心态历程及其特点》，《青海师专学报（社会科学版）》1998年第2期。

王彦辉　《汉代的"去官"与"弃官"》，《中国史研究》1998年第4期。

刘太祥　《汉代游学之风》，《中国史研究》1998年第4期。

高　兵　《东汉末年皇权对三大政治集团的态度》，《齐鲁学刊》1998年第5期。

刘范弟　《东汉的"贪赃有理无害论"》，《真理的追求》1998年第6期。

张华松　《秦代的博士与方士》，《孔子研究》1999年第1期。

侯林莉　《党锢之祸与知识分子气节》，《历史教学》1999年第2期。

许凌云　《古今之争与焚书坑儒》，《孔子研究》1999年第2期。

赵瑞民、郎保利　《东汉士大夫阶层的领袖人物——郭泰》，《沧桑》1999年第2期。

江锡华　《犯罪威慑与犯罪控制》，《福建公安高等专科学校学报》1999年第2期。

蔡明伦　《东汉后期党锢之祸与天人感应神学的衰微》，《湖北师范学院学报（哲学社会科学版）》1999年第4期。

孙　生　《门生举主之关系与汉室覆亡》，《西北民族学院学报（哲学社会科学版）》1999年第4期。

王永平　《汉灵帝之置"鸿都门学"及其原因论考》，《扬州大学学报（人文社科版）》1999年第5期。

王继训　《新莽时代儒士、儒臣数量的地域分布研究》，《济南大学学报》1999年第3期。

李宜霞　《论汉初分封制的作用》，《社会科学家》1999年第5期。

方　燕　《略论东汉"党人"集团》，《西南民族学院学报（哲学社会科学版）》1999年第10期。

唐元林　《先秦儒家犯罪预防和社会控制》，《河南公安高专学报》2000年第2期。

李宜春　《论西汉的内朝政治》，《史学月刊》2000年第3期。

赵国华　《汉鸿都门学考辨》，《华中师范大学学报（人文社科版）》2000年第3期。

唐子弈　《试论两汉士人的社会性格与诗赋的关系》，《甘肃社会科学》2000年第3期。

张鹤泉　《东汉辟举问题探讨》，《吉林大学社会科学学报》2000年第4期。

王继训　《两汉之际士人与士风》，《齐鲁学刊》2000年第5期。

杨生民　《汉武帝"罢黜百家，独尊儒术"新探——兼论汉武帝"尊儒术"与"悉延（引）百端之学"》，《首都师范大学学报（社科版）》2000年第5期。

马亮宽　《略论汉中期的儒学与儒士》，《聊城师范学院学报（哲社版）》2000年第6期。

王志超　《东汉名士郭泰》，《沧桑》2001年s1期。

姚静波　《试析东汉末年太学生离心倾向之成因》，《史学集刊》2001年第1期。

张京华　《论秦汉政治思想之嬗替》，《洛阳工学院学报（社科版）》2001年第2期。

张玉书、杨晓青　《"焚书坑儒"与"独尊儒术"》，《管子学刊》2001年第3期。

江俐蓉　《论黥布之悲剧》，《浙江师大学报（社会科学版）》2001年第5期。

晋　文　《汉代太学浅说》，《山东师范大学学报（人文社科版）》2001年第6期。

席小华　《中国古代关于预防犯罪的思想》，《首都师范大学学报（社科版）》2001年第6期。

郭秀琦　《〈通鉴〉所记"除汉宗室禁锢"辨误》，《阴山学刊》2001年第3期。

杨建宏　《试论东汉的布衣论政》，《求索》2002年第1期。

王继训　《试论西汉游士之流变》，《青岛海洋大学学报（社科版）》2002年第1期。

张彦修　《战国士人精神论》，《华夏文化》2002年第2期。

李广辉、于小满　《试论先秦儒家的犯罪学思想》，《河南大学学报（社会科学版）》2002年第2期。

赵　沛　《养士之风与汉初的豪族政治》，《河南师范大学学报（哲社版）》2002年第3期。

张　功　《秦朝逃亡犯罪探析》，《首都师范大学学报（社科版）》2002年第6期。

张　娟　《东汉末党锢之祸新解》，《惠州学院学报（社科版）》2002年第9期。

朱子彦、李迅　《论东汉末年汝南郡的月旦评》，《学术月刊》2002年第9期。

程敬恭、张仁玺　《秦汉时期的社会问题及解决措施》，《固原师专学报（社会科学版）》2003年第1期。

魏道明　《汉代的不道罪与大逆不道罪》，《青海社会科学》2003年第2期。

王保顶　《汉代士人阶层的演变》，《江苏行政学院学报》2001年第2期。

郑长兴、上官绪智　《汉明帝与"永平之政"》，《黄河科技大学学报》

2001年第1期。

杜振虎 《从史记、汉书透视西汉初年同姓王的政治生活》，《西安电子科技大学学报（社会科学版）》2003年第1期。

牟发松、李磊 《东汉后期士风之转变及其原因探析》，《武大学报（人文科学版）》2003年第3期。

陶贤都 《汉末士人择主心态试析》，《唐都学坛》2003年第4期。

刘泽华 《先秦时期的党、党禁与中央集权》，《广东社会科学》2003年第4期。

赵昆生、张娟 《论东汉末年传统才性观的危机》，《西南师范大学学报（人文社会科学版）》2003年第5期。

张仁玺 《秦汉家族成员连坐考》，《思想战线》2003年第6期。

程世和 《汉初藩府士人的精神转型与赋家之心的初步形成》，《陕西师范大学学报（哲学社会科学版）》2003年9月。

赖华明 《汉代察举制的内容及其功过》，《西南民族大学学报（人文社科版）》2003年第11期。

陈松青 《汉代"禁锢"说略》，《历史教学》2003年第12期。

刘绪贻 《西汉早期中国社会的重新分层》，《华中理工大学学报（社会科学版）》2004年第1期。

马亮宽 《略论士人知识群体的形成及社会属性》，《聊城大学学报（社会科学版）》2004年第4期。

周金华 《从"百家争鸣"看春秋战国时期知识分子的个性解放》，《湖南学院学报》2004年第4期。

潘良炽 《秦汉妖言、诽谤罪同异辨析》，《中华文化论坛》2004年第4期。

郝建平 《汉代太学生的干政之举》，《北方论丛》2004年第5期。

赵 凯 《论社会舆论在王朝兴替过程中的作用》，《中国人民大学汉唐盛世学术研讨会》2004年6月。

周金华 《论春秋战国时期知识分子的独立人格及其成因》，《贵州大学学报》2004年第6期。

李禹阶 《秦始皇"焚书坑儒"新论——论秦王朝文化政策的矛盾冲突与演变》，《重庆师范大学学报（哲学社会科学版）》2004年第6期。

王凯旋 《汉代谣谚与世风》，《聊城大学学报》2004年第6期。

胡守为 《举谣言与东汉吏政》，《中山大学学报》2004年第6期。

王子今　《秦汉时期法家的命运》，《社会科学》2004年第9期。

高　洁　《汉末士人政治品格转向的递进轨迹》，《史学月刊》2004年第10期。

刘厚琴　《东汉王朝的励忠举措及其社会效应》，《理论学刊》2004年第10期。

王保项　《由扶汉到附莽：西汉后期士人政治取向的转变》，《历史研究》2002年第2期。

王中华　《秦汉禁儒运动质疑》，《云南社会科学》2005年第5期。

林成西　《三国时期士大夫价值取向的变化及其影响》，《西南民族大学学报（人文社科版）》2005年12期。

张培锋　《论中国古代"士大夫"概念的演变与界定》，《天津大学学报（社会科学版）》2006年第1期。